FICHES BAC Tle ES

La Compil'

W0315154

Sciences économiques et sociales

Jean-Marc Gauducheau
Professeur agrégé de Sciences sociales
Rozenn Guéguen
Professeur certifiée de Sciences économiques et s

Mathématiques

Laurent Darré
Professeur agrégé de mathématiques

Histoire

Élisabeth Brisson
Professeur agrégée d'histoire, docteur en histoire
Florence Holstein
Professeur agrégée d'histoire-géographie

Géographie

Christophe Clavel
Professeur certifié d'histoire-géographie, chargé de cours à l'université de Rouen
Claire Vidallet
Professeur agrégée d'histoire

Philosophie

Gérard Durozoi
Professeur agrégé de philosophie

© Hatier, Paris, 2015 – ISBN 978-2-218-99677-1

Hatier

SOMMAIRE GÉNÉRAL

SES

MATHÉMATIQUES

HISTOIRE

GÉOGRAPHIE

L'épreuve et les méthodes du bac sont expliquées en fiches 85 à 89.

PHILOSOPHIE

Conception maquette : **Favre & Lhaïk** • *Édition :* **Carole San Galli** *(SES)*, **Agnès Nicot** *(mathématiques)*, **Claire Cornubert** *et* **Florence Bachatène** *(histoire et géographie)*, **Doriane Giuili** *(philosophie)* • *Relecture :* **Monika Gabbay** *et* **Claire-Marie La Sade**
Schémas : **Domino, Lasergraphie** *et* **STDI** • *Cartographie :* **Légendes Cartographie**
Mise en pages : **STDI**

SES

SOMMAIRE
SES

CHECK LIST
OK ☑

Épreuve et méthodes du bac

SCIENCE ÉCONOMIQUE

Croissance, fluctuations et crises

OK ☑

Mondialisation, finance internationale et intégration européenne

OK ☑

REGARDS CROISÉS

Justice sociale et inégalités

OK ☑

Travail, emploi, chômage

OK ☑

Crédits iconographiques

p. 10 : ph © J. Haillot/Corbis • p. 12 : ph © Stéphane Gautier/Sagaphoto.com • p. 14 : ph © Roger Viollet/Robert Harlingue • p. 24 : ph © Dagliorti/The Picture Desk • p. 42 : ph © Fotolia • p. 53 : ph © Fotolia • p. 67 : ph © Christophe Lartige/Sipa • p. 73 : ph © Corbis/Bettman • p. 79 : ph © Akg/North Wind Picture Archives • p. 83 : ph © André Létzel/Fotolia • p. 90 : ph © Fotolia • p. 105 : ph © Corbis

L'épreuve de SES au bac

1

Il s'agit des épreuves portant sur le programme d'enseignement spécifique de SES : l'épreuve écrite et l'épreuve orale de contrôle.

1 L'épreuve écrite

La durée de l'épreuve est de 4 heures, coefficient 7. Vous avez le **choix entre deux sujets** de nature différente : une épreuve composée ou une dissertation s'appuyant sur un dossier documentaire.

A L'épreuve composée

▶ Elle est constituée de **trois parties distinctes.**

Type d'exercice	Descriptif
Partie 1 : mobilisation des connaissances (6 points)	Cette première partie de l'épreuve, sans document, est composée de **deux questions**, notée chacune sur 3 points.
Partie 2 : étude d'un document (4 points)	Cette deuxième partie de l'épreuve comporte **une question générale et un document** de nature strictement factuelle.
Partie 3 : raisonnement s'appuyant sur un dossier documentaire (10 points)	• Le libellé du sujet vous invite à développer un **raisonnement**, à rassembler et à mettre en ordre des informations pertinentes issues du dossier documentaire et de vos connaissances personnelles. • Le dossier ne doit ni borner votre horizon, ni vous servir de prétexte à une paraphrase ou à un commentaire systématique et détaillé. Il comporte **2 ou 3 documents** de nature différente (texte, graphique, tableau statistique, schéma…).

▶ **Méthodes à mettre en œuvre**

• Pour la partie 1, il s'agit de répondre aux deux questions, en faisant appel à vos connaissances personnelles.

• Pour la partie 2, vous devez montrer que vous savez présenter un document, collecter et traiter l'information.

• Pour la partie 3, il vous est demandé de traiter le sujet :

– en développant un raisonnement ;

– en exploitant les documents du dossier et en faisant appel à vos connaissances personnelles ;
– en rédigeant un devoir composé d'une introduction, d'un développement et d'une conclusion.

B La dissertation s'appuyant sur un dossier documentaire

▶ Le libellé du sujet vous invite à poser et à traiter, d'une façon organisée et réfléchie, **un problème exigeant un effort d'analyse.**

▶ Pour vous aider, un dossier est mis à votre disposition. Ce dossier ne doit ni borner votre horizon, ni vous servir de prétexte à un commentaire systématique et détaillé. Il comporte **3 ou 4 documents de nature strictement factuelle** (graphique, tableau statistique, chronologie, extrait d'entretien, monographie, récit de vie…).

▶ Il vous est demandé :
– de **répondre à la question** posée par le sujet ;
– de construire une argumentation à partir d'une **problématique** que vous devrez élaborer ;
– de **mobiliser vos connaissances et des informations pertinentes** pour traiter le sujet, notamment celles figurant dans le dossier ;
– d'organiser le développement sous forme d'un **plan cohérent** qui ménage l'équilibre des parties ;
– d'utiliser le **vocabulaire économique et social spécifique** et approprié à la question.

2 *L'épreuve orale de contrôle*

▶ La durée de l'épreuve est de 20 minutes. Le temps de préparation est de 30 minutes.

▶ Vous avez le **choix entre deux sujets.** Chaque sujet comprend :
– une question principale, notée sur 10 points, qui prend appui sur deux documents ;
– trois questions simples, notées sur 10 points, dont une en lien avec l'un des deux documents.

CONCLURE

La plupart des sujets de bac en SES prennent appui sur des documents. Attention cependant à ne pas tomber dans le piège de la paraphrase. Pour ce faire, commencez par mobiliser les connaissances acquises sur le thème du programme correspondant au sujet.

La croissance économique

2

Qu'est-ce que la croissance économique ?
Quelle est la pertinence des indicateurs utilisés pour la mesurer ?

1 La croissance : définition et mesure

A Définition de la croissance

▶ La croissance économique correspond à **l'augmentation**, pendant une période longue, **de la production de biens et services** dans une économie.

▶ C'est un **phénomène durable et irrégulier**.

▶ L'indicateur de croissance retenu est généralement la variation du PIB réel (exprimée en %).

B Le produit intérieur brut (PIB)

▶ Le PIB est un **indicateur quantitatif** qui permet de mesurer les richesses produites. C'est un agrégat représentant la valeur des biens et services produits pendant une année par les agents résidant sur le territoire national (→ CHIFFRES CLÉS, FICHE 8).

▶ Il existe **trois modes de calcul du PIB**.
- Si l'on mesure les richesses créées :
PIB = ∑ valeurs ajoutées + impôts sur les produits – subventions sur les produits.
- Si l'on observe l'utilisation de ce qui a été produit :
PIB = consommation finale + investissement + variation des stocks + exportations – importations.
- Si l'on calcule les revenus distribués lors de la production :
PIB = rémunération des salariés + EBE (excédent brut d'exploitation) + impôts sur la production et les importations – subventions.

2 Les limites du PIB et les nouveaux indicateurs

A Le PIB, un indicateur de mesure imparfait

▶ Le PIB ne comptabilise que la **production résultant d'une activité rémunérée**. Il ne tient compte :
– ni de l'économie souterraine (travail non déclaré ou illégal) ;

– ni des activités hors marché (troc, tâches ménagères, bénévolat) qui représentent pourtant une part non négligeable de la production de biens et services.

▶ Le PIB **mesure mal la production non marchande** (administrations, services publics…) : il considère que la valeur des services non marchands est égale à leur coût de production.

▶ Le PIB **n'intègre pas les externalités**, c'est-à-dire les conséquences, positives ou négatives, pour un agent économique, de l'activité d'autres agents. Par exemple, un apiculteur qui profite de la proximité d'un arboriculteur pour obtenir un miel de meilleure qualité pourra le vendre à un prix plus élevé sans augmentation de ses coûts de production (externalité positive). Le PIB ignore notamment les effets de l'activité économique sur l'environnement.

▶ Le PIB **ne donne aucune information sur la répartition des revenus**. Par ailleurs, si le PIB augmente, rien n'indique que le bien-être de la population s'est amélioré.

B Les nouveaux indicateurs

Il est donc apparu indispensable de développer de nouveaux indicateurs de richesse.

▶ L'**indicateur de développement humain (IDH)** du Programme des Nations unies pour le développement (PNUD) a été conçu en 1990 pour prendre en compte la dimension qualitative du progrès socio-économique. Il se calcule comme la moyenne géométrique d'un indice d'espérance de vie, d'un indice d'éducation et d'un indice de niveau de vie apprécié par le RNB/habitant en PPA (parité de pouvoir d'achat). L'IDH est compris entre 0 et 1 ; plus il est proche de 1, plus le niveau de développement est élevé (→ CHIFFRES CLÉS, FICHE 8).

▶ D'**autres indicateurs** proposent une **approche plus qualitative** :
– l'indice de bien-être économique (IBEE) ;
– l'épargne nette ajoutée (ENA) ;
– l'indicateur de pauvreté humaine (IPH).

CONCLURE

La croissance, phénomène quantitatif et durable, est mesurée à l'aide du PIB mais cet indicateur purement quantitatif est aujourd'hui remis en cause.

Les déterminants de la croissance 3

Quels sont les différents facteurs de la croissance économique ?

1 Production et productivité

A Qu'est-ce que la production ?

▶ La production est définie par l'INSEE comme « l'activité économique socialement organisée consistant à créer des biens et des services s'échangeant habituellement sur le marché ou obtenus à partir de facteurs de production rémunérés ».

▶ On distingue la **production marchande** (vendue sur un marché à un prix qui couvre au moins les coûts de production) de la **production non marchande** (fournie à ses bénéficiaires gratuitement ou à un prix nettement inférieur à son coût de production).

B Les facteurs de production

▶ Pour produire des biens et des services, les organisations productives combinent des facteurs de production :
– le **travail**, qui correspond à l'activité humaine nécessaire à la production de biens et services ;
– le **capital fixe**, qui comprend l'ensemble des biens qui sont utilisés durablement (plus d'un an) dans le processus de production (outils, terrains, machines, bâtiments).

▶ Le **niveau de la production** (Y) peut s'exprimer ainsi comme une fonction des facteurs de production, travail (L) et capital (K) :
$Y = f(K, L)$.

C La productivité mesure l'efficacité de la production

▶ La productivité correspond au rapport entre ce qui a été produit (*output*) et les facteurs de production mis en œuvre pour obtenir cette production (*input*).

▶ On peut mesurer **différents types de productivité** :
– la productivité du travail ;
– la productivité du capital ;
– la productivité globale des facteurs qui renseigne sur l'efficacité globale des facteurs de production.

2 *L'analyse traditionnelle de la croissance*

A La croissance extensive

▶ La croissance est dite extensive si elle résulte d'une **augmentation des facteurs de production**.

▶ L'augmentation de la **quantité de travail** doit permettre de produire davantage.

▶ L'augmentation du **capital fixe** (investissement) a un impact majeur sur la croissance car il augmente à la fois la demande et l'offre.

B La croissance intensive

▶ La croissance est dite intensive si elle résulte d'une **augmentation de la productivité globale** des facteurs de production.

▶ Les économistes attribuent en général la croissance au **progrès technique**, qui permet à la combinaison du travail et du capital d'être de plus en plus efficace.

CITATION « On appelle progrès technique une capacité d'action de plus en plus efficace que l'homme acquiert par l'effort intellectuel sur les éléments matériels. » J. Fourastié, 1952

3 *Les nouvelles théories de la croissance*

▶ Dans la seconde moitié des années 1980, de nouvelles théories de la croissance considèrent que la croissance est **endogène**, c'est-à-dire qu'elle dépend de l'incitation des agents à investir dans des biens d'équipement, à réaliser des infrastructures, à effectuer des dépenses de recherche et développement ou encore des dépenses d'éducation.

▶ Dans ces modèles, l'augmentation de la productivité globale des facteurs provient de l'**accumulation de diverses formes de capital** : capital humain, technologique ou public.

▶ Cette accumulation génère des **externalités positives**, elles-mêmes favorables à la croissance.

CONCLURE

La croissance peut avoir des facteurs exogènes (augmentation des facteurs de production, plus grande efficacité de ces facteurs) ou endogènes (elle dépend alors du comportement des agents).

État et croissance

4

Comment l'État et les institutions influencent-ils la croissance économique ?

1 *L'État peut encourager l'innovation*

A Les défaillances du marché

▶ L'innovation est coûteuse (elle provoque des dépenses sur une période parfois longue avant de s'avérer rentable) et risquée (un concurrent peut s'approprier les résultats de la recherche sans en supporter les coûts).

▶ Le risque est alors que les entreprises adoptent un **comportement de « passager clandestin »**, se contentant de chercher à obtenir l'information produite à peu de frais.

B Comment l'État intervient-il ?

L'intervention de l'État s'avère indispensable pour limiter le sous-investissement dans les activités de recherche et développement, qui serait néfaste à la croissance.

▶ L'État finance largement la **recherche fondamentale** qui profite à de nombreux agents économiques mais dont la rentabilité est incertaine et lointaine.

▶ L'État met en place des **règles qui protègent les inventeurs**. C'est le cas des droits de propriété intellectuelle (DPI), comme les brevets.

▶ L'État participe au financement de l'**effort de recherche des entreprises** en leur versant des subventions ou en accordant des crédits d'impôt.

2 *L'État peut favoriser l'accumulation de capital humain et public*

A Les politiques d'éducation

▶ Les modèles de croissance endogène ont mis en évidence le rôle essentiel de l'accumulation du capital humain pour la croissance.

▶ L'État favorise cette accumulation notamment par le financement des **dépenses d'éducation** et de **formation professionnelle** qui permettent d'accroître le stock de connaissances.

B La prise en charge des infrastructures permet d'augmenter le capital public

▶ L'accumulation de capital public joue également un rôle moteur dans la croissance.

▶ L'État favorise alors la croissance **en investissant et en finançant les infrastructures** telles que les réseaux de transport ou de télécommunication.

3 L'intervention publique peut modifier l'environnement institutionnel

A La croissance nécessite des institutions stables

Le rôle de l'État sur la croissance consiste aussi à **mettre en place des institutions** qui assurent un environnement favorable à la croissance. Il peut s'agir d'institutions financières, juridiques ou politiques (la stabilité politique de l'État est en effet essentielle).

CITATION « L'efficience des marchés n'est que celle des institutions qui les encadrent. » S. J. Grossman et J. E. Stiglitz, 1980

B Les institutions financières

La croissance nécessite des institutions financières efficaces : monnaie stable, possibilité d'accès au crédit pour financer l'investissement…

▶ Un système financier développé permet une plus grande **mobilisation de l'épargne** : les institutions financières favorisent en effet l'investissement en mutualisant les risques et en favorisant des placements moins liquides (placements qui peuvent être moins facilement convertis en liquidité).

▶ Il permet aussi de sélectionner des projets d'investissement plus rentables qui génèrent des externalités positives ; de cette sélection résultent une **meilleure allocation du capital** (répartition du capital sur des projets d'investissement plus productifs) et plus de croissance.

CONCLURE

En encourageant l'innovation, en favorisant l'accumulation de capital et en garantissant des infrastructures et un cadre institutionnel propice, l'État contribue à créer un environnement favorable à la croissance.

L'instabilité de la croissance

5

SES

Comment étudier les fluctuations de la croissance ?

1 *Les cycles économiques*

A La croissance est irrégulière

▶ La croissance économique n'est pas linéaire, elle se caractérise par une succession de **phases d'expansion puis de ralentissement** de l'activité économique.

▶ Si, à long terme, l'économie connaît une hausse de la croissance autour d'un *trend* (mouvements de longue durée affectant les phénomènes économiques), l'activité économique connaît à court terme des **fluctuations** : production, emploi…

▶ Quand les fluctuations de la croissance présentent une certaine régularité et périodicité, on peut alors parler de **cycle économique**.

B Cycle et crise

▶ Un cycle économique est constitué de quatre phases :
– une phase d'**expansion** (augmentation de la production, des prix) ;
– un point de **retournement**, la crise au sens strict ;
– une phase de **récession** (au sens de l'INSEE, la récession est constatée par la contraction du PIB durant au moins deux trimestres consécutifs) et/ou de **dépression** (c'est-à-dire une baisse, pendant plusieurs années consécutives, de la production d'un pays) ;
– une phase de **reprise**, ou de retournement vers la croissance. C'est le second point d'inflexion de la crise (→ SCHÉMA, FICHE 8).

▶ La **crise économique** (au sens strict) correspond donc au retournement brutal de la conjoncture économique qui fait succéder une phase de récession à une phase d'expansion. Au sens large, on y ajoute la phase de récession et/ou de dépression.

2 *Typologie des cycles selon leur durée*

A Les cycles courts

▶ Les cycles courts, dits aussi **cycles de Kitchin** du nom du statisticien Joseph Kitchin, durent 3 à 4 ans (environ 40 mois).

▶ Ils sont dus aux variations de stocks des entreprises. En période de croissance, les entreprises augmentent leur production pour répondre à la demande mais constituent aussi des stocks. En période de récession, elles réduisent leur production et déstockent, ce qui accentue le ralentissement de l'activité.

B Les cycles moyens

▶ Les cycles moyens, appelés cycles des affaires ou **cycles Juglar**, ont été mis en évidence par l'économiste français Clément Juglar.

▶ Ces cycles ont une durée de 8 à 10 ans et comportent quatre phases : expansion, crise, récession et/ou dépression et reprise.

C Les cycles longs

▶ Les cycles longs, ou **cycles Kondratiev**, ont une périodicité de 30 à 50 ans. Ces cycles présentent deux phases.

- Phase A (ascendante) : les prix, la production et l'emploi varient à la hausse.
- Phase B (descendante) : ces indicateurs varient à la baisse.

▶ Selon Joseph Aloïs Schumpeter, chaque cycle peut être rattaché à l'**introduction d'innovations majeures** qui se déclinent ensuite sous plusieurs formes (innovations mineures) dans d'autres branches. Ainsi les innovations apparaissent par « grappes », entraînant d'importants gains de productivité et une phase d'expansion économique. Au fil du temps, on assiste à un épuisement des innovations majeures et le progrès technique se ralentit (**processus de destruction**). Arrive alors une période de crise qui incite les entrepreneurs à innover et enclencher un nouveau **processus de création** .

CITATION « Le capitalisme constitue, de par sa nature, un type ou une méthode de transformation économique, et non seulement il n'est jamais stationnaire, mais il ne pourrait le devenir. [...] Ce processus de destruction créatrice constitue la donnée fondamentale du capitalisme. » J. A. Schumpeter, 1942

CONCLURE

L'activité économique n'étant pas linéaire, il est possible de repérer des cycles économiques de durée et d'ampleur variables.

Les crises économiques des XXe et XXIe siècles

6

Comment expliquer les crises économiques qui ont touché les pays occidentaux depuis la crise de 1929 ?

1 Les crises du XXe siècle

A La crise de 1929

▶ La crise de 1929 est une **crise de surproduction** : les entreprises produisent en masse… mais la consommation de masse n'existe pas.

▶ Une bulle spéculative se développe, qui conduit au **krach boursier** du jeudi 24 octobre 1929.

▶ Ce choc boursier provoque une **spirale récessionniste et déflationniste** qui s'étend à l'ensemble des pays capitalistes.

B La crise des années 1970

▶ Cette crise fait suite aux Trente Glorieuses. Dès la fin des années 1960, on observe un ralentissement de la productivité, de la demande des ménages et de l'investissement des entreprises.

▶ À l'automne 1973, le **premier choc pétrolier** est un facteur déclenchant de la crise, qui se manifeste par une récession économique, une très forte poussée inflationniste et le développement du chômage de masse. Entre 1973 et 1974, le prix du baril brut de pétrole est multiplié par quatre.

2 La crise de 2008

A Une crise financière

▶ Après l'**explosion de la « bulle Internet »** et les événements du 11 septembre 2001, les États-Unis abaissent les taux d'intérêt pour relancer l'activité économique via la consommation et l'investissement.

▶ À partir de 2004, **les taux d'intérêt augmentent**. De nombreux ménages, ne pouvant rembourser leurs crédits, doivent vendre leurs biens, ce qui fait chuter les prix de l'immobilier.

▶ Les banques, pour se décharger des risques liés aux ***subprimes*** (crédits accordés aux ménages peu solvables présentant des risques de non-remboursement) procèdent à leur **titrisation** en les transformant en titres financiers. Mais l'absence d'acheteurs entraîne la chute des cours de ces titres sur les marchés financiers.

B Une crise économique

▶ En 2007, la crise **s'étend au marché monétaire**, entraînant une crise de confiance sur l'ensemble des marchés de capitaux.

▶ La crise financière et boursière **s'étend finalement à l'économie réelle** avec un ralentissement de l'investissement et de la consommation.

CHIFFRES CLÉS En 2008, en France, la consommation a augmenté de 1 % et l'investissement de 2,6 %, contre respectivement 2,4 % et 8,7 % en 2007.

3 Les schémas explicatifs

A Les chocs d'offre ou de demande

On appelle chocs d'offre ou de demande les modifications importantes et inattendues des conditions de la production (hausse de la productivité ou du prix d'un facteur de production) ou de la demande.

▶ Les chocs pétroliers des années 1970 ont ainsi constitué des **chocs d'offre** (hausse des coûts de production, baisse de la productivité et de la production).

▶ La crise actuelle s'explique par un **choc de demande** : recul de la demande privée financée par une hausse de l'endettement et recul des exportations (baisse de la demande intérieure dans les pays où le désendettement a lieu).

B Le rôle des banques

Pour les tenants de la **théorie du « cycle du crédit »**, les récessions sont aggravées par le comportement des banques :
– en phase d'expansion, les banques accordent davantage de crédits aux ménages et aux entreprises ;
– en période de récession, les agents cherchent à se désendetter et les banques durcissent les conditions d'accès au crédit, ce qui amplifie le recul de la demande et approfondit la dépression.

CONCLURE

L'étude des crises du XXe siècle et de 2008 permet de mettre en évidence la variété des facteurs déclenchants : choc d'offre ou de demande et origine financière notamment.

Inflation, désinflation et déflation

7

Qu'est-ce qu'une crise inflationniste ?
Quels sont les dangers de la déflation ?

1 La crise inflationniste des années 1970

A Les causes de l'inflation

▶ La crise des années 1970 se caractérise en France par une inflation (hausse continue et durable du niveau général des prix) chronique, supérieure à 10 % par an, associée à un ralentissement de la croissance : c'est la **stagflation**.

▶ L'inflation peut s'expliquer par la **conjugaison de différents facteurs** :
– une hausse des coûts de production ;
– une création monétaire trop abondante ;
– une augmentation de la demande globale à laquelle l'offre ne parvient pas, à court terme, à s'adapter.

B Une trop forte inflation limite la croissance économique

▶ L'inflation est un phénomène auto-entretenu et généralisé qui a de multiples effets négatifs. Elle **diminue le pouvoir d'achat** des consommateurs, ce qui risque de freiner la consommation.

▶ Elle **décourage l'épargne**, ce qui est préjudiciable à l'investissement.

▶ Une inflation trop élevée **dégrade la compétitivité-prix** des entreprises nationales, ce qui peut conduire à une baisse des exportations et à un déséquilibre des échanges extérieurs.

▶ La baisse de la consommation, de l'investissement et des exportations a un impact négatif sur la demande globale, la croissance et l'emploi.

C Les politiques de désinflation

Depuis le début des années 1980, les gouvernements des pays développés ont cherché à lutter contre l'inflation par des politiques de désinflation (ralentissement de la hausse des prix). Depuis les années 1990, l'inflation est maîtrisée.

▶ Les **politiques monétaires restrictives** (hausse des taux d'intérêt et ralentissement des crédits accordés) ont permis de ralentir la création monétaire.

▶ Les **politiques salariales restrictives** (réduction des effectifs et stagnation des salaires réels) ont cherché à freiner la demande et à limiter les coûts de production.

▶ Les **politiques budgétaires restrictives** ont visé à réduire les dépenses (pour freiner la hausse de la demande) et le déficit budgétaire (lui-même conduisant à de la création monétaire).

2 *Le cercle vicieux de la déflation*

A Les causes de la déflation

La crise de 2008 a fait ressurgir les craintes d'une déflation (processus permanent et général de baisse des prix).

▶ Dans un **environnement concurrentiel**, si la demande est faible, les entreprises sont amenées à baisser leurs prix pour attirer les consommateurs, ce qui favorise la déflation. La **mondialisation**, qui accroît la concurrence, influence également la baisse des prix.

▶ Le **progrès technique**, en abaissant les coûts de production, peut également expliquer la déflation si les entreprises répercutent cette baisse sur les prix.

B Des conséquences néfastes pour la croissance et l'emploi

L'économie peut alors tomber dans un cercle vicieux dans lequel la déflation accroît les difficultés économiques.

▶ Une baisse généralisée des prix peut d'abord **amener les consommateurs**, qui anticipent une nouvelle baisse, **à retarder leurs achats**. La baisse de la consommation et de la demande oblige les entreprises à baisser leurs prix (processus cumulatif) et à réduire leur production, ce qui entraîne une hausse du chômage.

▶ Par ailleurs, la déflation **augmente la valeur des dettes**, ce qui peut pousser des entreprises à la faillite et renforce l'effet négatif sur la croissance et le chômage.

CONCLURE

La crise inflationniste des années 1970 a conduit les gouvernements des pays développés à lutter contre l'inflation par des politiques de désinflation. Les mesures prises pour faire face à la crise de 2008 ont permis d'éviter la déflation qui guettait nos économies. Cependant, en France en 2013, les prix n'ont augmenté que de 0,9 %.

Croissance, fluctuations et crises

UN SCHÉMA POUR MÉMORISER

Les quatre phases des cycles économiques

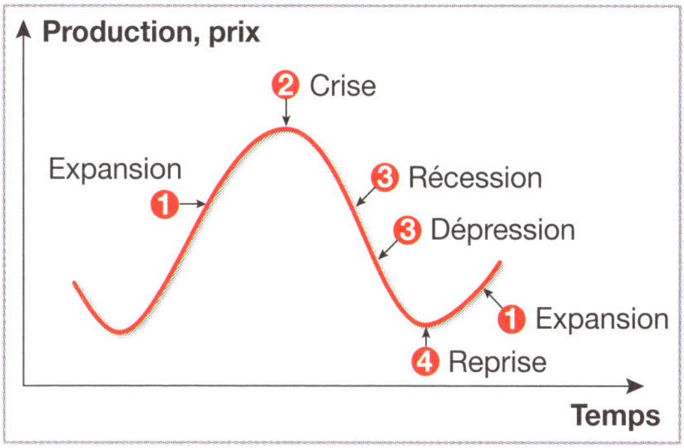

LES CHIFFRES CLÉS

L'évolution du PIB en volume en France

Évolution du PIB en volume en France (variation en %)					
2007	2008	2009	2010	2011	2012
2,3	– 0,1	– 3,1	1,7	2,0	0,0

Source : INSEE, comptes nationaux, base 2005.

Classement de cinq pays selon l'IDH

Pays (rang à l'IDH en 2012)	IDH en 2012	RNB par habitant en 2012 ($ constants 2005)
Norvège (1)	0,955	48 688
France (20)	0,893	30 277
Bahreïn (48)	0,796	19 154
Congo (142)	0,534	2 934
Niger (186)	0,304	701

Source : *Rapport sur le développement humain*, 2013.

LES DÉFINITIONS

La croissance et ses facteurs

▶ **produit intérieur brut (PIB)** : agrégat représentant la valeur des biens et services produits pendant une année par les agents résidant sur le territoire national.

▶ **indicateur de développement humain (IDH)** : indicateur qui prend en compte la dimension qualitative du progrès socio-économique.

▶ **facteur travail** : activité humaine nécessaire à la production de biens et services.

▶ **facteur capital** : ensemble des biens utilisés durablement (plus d'un an) dans le processus de production (outils, terrains, machines, bâtiments…).

▶ **investissement** : « valeur des biens durables acquis par les unités de production pour être utilisés pendant au moins un an dans le processus de production » (INSEE).

▶ **productivité globale des facteurs** : rapport entre la production obtenue et les facteurs de production qui ont permis de réaliser cette production.

▶ **progrès technique** : ensemble des innovations qui instaurent de nouvelles manières de produire, de nouvelles combinaisons productives permettant des gains de productivité.

▶ **croissance endogène** : croissance qui résulte des comportements et des décisions des agents économiques.

Les fluctuations économiques

▶ **fluctuations économiques** : variations de l'activité économique à court terme ; quand ces fluctuations présentent une certaine régularité et périodicité, il s'agit alors de cycle économique.

▶ **crise économique** : retournement brutal de la conjoncture économique qui fait succéder une phase de récession à une phase d'expansion (au sens strict).

▶ **dépression** : baisse de la production (taux de variation négatif).

▶ **déflation** : baisse du niveau général des prix.

▶ **désinflation** : ralentissement de la hausse des prix.

Les fondements du commerce international

9

Quels sont les fondements et les déterminants de la croissance des échanges internationaux ?

1 L'évolution du commerce mondial

▶ Depuis 1945, le commerce mondial est **en plein essor**. De 1948 à 2014, le commerce international de marchandises a été multiplié par 260.

▶ Si le commerce mondial a été multiplié par 8 entre 1980 et 2011, la **croissance** est **inégale** selon les zones. La part des pays émergents et en développement s'est fortement accrue, tandis que celle des pays avancés a régressé en valeur relative.

2 De l'internationalisation à la mondialisation

A Internationalisation des échanges

Ce terme désigne le processus d'**ouverture croissante** des pays vers le commerce international. Par exemple, la France exportait 10 % de son PIB en 1970 et 27,5 % en 2013 (biens et services).

B Mondialisation

Ce terme désigne la **globalisation** de l'économie à l'échelle de la planète. La mondialisation se caractérise par une **ouverture** et une **libéralisation** croissantes des économies, une **accélération des échanges** (biens, services, capitaux, informations).

C Comment expliquer ce processus ?

▶ La diffusion internationale du **progrès technique**, l'abaissement des barrières douanières, l'**homogénéisation** de la demande et la **déréglementation** de monopoles publics exposés à la concurrence ont favorisé la croissance des échanges.

▶ Des **espaces régionaux** ont été créés : Union européenne (UE), Accord de libre-échange nord-américain (ALENA), Union douanière entre pays d'Amérique latine (Mercosur). Il s'agit pour chacun d'eux de créer une zone de libre-échange et de mieux affronter la concurrence internationale en unissant leurs économies.

3 Les déterminants des échanges internationaux

Depuis le XIXe siècle, plusieurs facteurs ont incité les pays à ouvrir leurs frontières au commerce international.

A Les déterminants classiques

▶ Pour les économistes classiques, le commerce international repose sur l'existence d'**écarts de prix relatifs** entre pays. Les échanges internationaux se fondent sur la **spécialisation**.

▶ L'écart de productivité du travail est à l'origine des écarts de prix : selon la loi des **avantages absolus** (Adam Smith) et des **avantages comparatifs** (David Ricardo), les pays se spécialisent dans la ou les production(s) pour laquelle (lesquelles) leur productivité est supérieure à celle des autres partenaires à l'échange, ou pour laquelle (lesquelles) ils ont le meilleur avantage comparatif ou le moins mauvais désavantage comparatif.

CITATION « La maxime de tout chef de famille prudent est de ne jamais essayer de faire chez soi la chose qui lui coûtera moins à acheter qu'à faire. » A. Smith, 1776

▶ Pour **l'analyse HOS** (Heckscher, Ohlin, Samuelson), les différences entre pays sont liées aux différences internationales de **dotation en facteurs de production**.

B Les nouveaux déterminants

▶ 60 % du commerce entre pays développés est un **commerce intra-branche** (deux pays échangent des produits du même secteur d'activité), ce qui contredit l'idée de spécialisation.

▶ L'économiste américain Paul Krugman a montré que le **commerce international** engendrait :
– un effet de dimension : chaque nation peut produire en grande quantité certains produits pour réaliser des économies d'échelle ;
– un effet de diversification qui profite aux consommateurs ;
– un effet de concurrence entre pays qui stimule la production.

CONCLURE

Depuis 1945, on assiste à une internationalisation et une mondialisation des échanges. Ce processus n'est pas, aujourd'hui, uniquement fondé sur la spécialisation.

Libre-échange ou protectionnisme ? 10

Pourquoi certaines nations cherchent-elles à se préserver du libre-échange ?

1 *Le libre-échange dans l'histoire*

A Dès le XIXe siècle, un contexte d'internationalisation des échanges

▶ Le libre-échange, système de commerce international reposant sur l'**absence d'entraves à la circulation des biens et des services**, a évolué au fil du temps.

▶ Au XIXe siècle, l'accroissement des échanges est impulsé par la **Grande-Bretagne** et s'appuie sur les théories de la spécialisation de Smith et Ricardo.

B Après 1945, le libre-échange s'impose

▶ Après 1945, on assiste à une véritable explosion des échanges internationaux. Les **États-Unis** prennent l'initiative d'édifier un **nouvel ordre international** basé sur le libre-échange en créant le Fonds monétaire international (FMI), la Banque internationale de reconstruction et de développement (BIRD) et l'Accord général sur les tarifs douaniers et le commerce (GATT).

▶ L'**Organisation mondiale du commerce (OMC)**, qui succède au GATT en 1994, s'attache au démantèlement douanier en poursuivant les cycles de négociation appelés « *rounds* ». L'OMC jette ensuite les bases d'un multilatéralisme commercial.

2 *Avantages et limites du libre-échange*

A Avantages

▶ La concurrence internationale permet à chaque pays d'améliorer sa **compétitivité** grâce à la spécialisation.

▶ Les exportations favorisent la **croissance**, l'**investissement** et les **économies d'échelle.**

B Limites

▶ L'échange est souvent **inégal**, les pays ayant une faible compétitivité pouvant difficilement résister à la concurrence des pays développés et construire de façon autonome leur appareil productif. En particulier, les pays en développement (PED), trop spécialisés dans les produits bruts (arachide, soja, matières premières), ne maîtrisent pas les prix et les quantités demandées.

▶ Les pays qui ne peuvent se passer d'importations perdent leur **indépendance**.

▶ Les **firmes multinationales** imposent leurs règles aux pays faibles et provoquent la disparition d'industries locales.

3 *Le protectionnisme et ses dangers*

Le protectionnisme désigne une politique économique interventionniste consistant à **protéger ses producteurs contre la concurrence des producteurs d'autres États** (taxes douanières, quotas d'importations, par exemple).

▶ Il existe des cas de **protectionnisme limité** : par exemple, les quotas d'importations des voitures japonaises en Europe jusqu'en 1996. Un protectionnisme plus sournois se développe : nationalisme économique, normes de qualité…

▶ Le protectionnisme peut être nécessaire quand il fournit une **protection provisoire aux activités naissantes**. Les pays spécialisés dans les ressources naturelles et qui se sont orientés vers la production de biens industriels (Corée du Sud, par exemple) ont besoin de se protéger temporairement de produits industriels étrangers.

▶ Le protectionnisme présente également des **dangers** :
– il peut s'avérer contre-productif en protégeant des industries peu encouragées à évoluer ;
– un pays protectionniste s'expose à des mesures de rétorsion de la part de ses partenaires commerciaux ;
– les consommateurs sont pénalisés par des prix élevés.

CONCLURE

Depuis 1945, l'internationalisation a ouvert la voie au libre-échange. Le protectionnisme n'a pas disparu pour autant, même s'il reste limité à certains États ou secteurs.

Les firmes multinationales et la compétitivité

11

SES

Quelles sont les stratégies d'internationalisation mises en œuvre par les firmes multinationales ?

1 *L'essor des firmes multinationales*

A Définition

Les firmes multinationales (FMN) sont des firmes disposant de **filiales dans plusieurs pays.** Leur stratégie et leur organisation sont conçues à l'échelle mondiale.

CHIFFRES CLÉS En 2008, on compte 82 000 FMN (contre 37 000 en 1990). En 2009, elles représentent 11 % du PIB mondial et 80 millions de salariés.

B De la division internationale du travail à l'externalisation

▶ La division internationale du travail a permis le développement des **FMN primaires.** L'abaissement des droits de douane, des frais de transport et des coûts de communication permet de développer les **FMN globales.**

▶ Les FMN mettent en œuvre diverses **stratégies d'internationalisation de leur production.**

• Les FMN primaires investissent dans les pays possesseurs de matières premières et de produits bruts (United fruits en Amérique centrale et latine).

• Les FMN classiques implantent des filiales dans les pays qui offrent un important marché de consommation (Ford en Europe après 1945).

• Les FMN globales adoptent une division internationale des processus productifs ou DIPP (l'iPod d'Apple est fabriqué dans 7 pays).

2 *Les FMN ont favorisé la mondialisation*

A L'essor du commerce intra-firme

▶ L'échange intra-firme désigne le **commerce de filiale à filiale** d'une même FMN. Un tiers du commerce international concerne des échanges intra-firme.

▶ Les FMN favorisent une **économie mondiale sans frontières** qui leur permet d'échanger à l'intérieur même de leur groupe.

B Les investissements directs à l'étranger (IDE)

▶ L'essor des FMN favorise les IDE. Ceux-ci visent à obtenir un **pouvoir de décision** dans la gestion d'une entreprise via une prise de participation supérieure à 10 % de son capital.

▶ Le développement des IDE entraîne une circulation très importante de capitaux à travers le monde, ce qui alimente la **spéculation**.

3 *La compétitivité : un enjeu majeur*

On appelle compétitivité la capacité à affronter la concurrence.

A À l'échelle de l'entreprise et du territoire

▶ Il s'agit pour les entreprises d'être concurrentielles en matière de prix (**compétitivité prix**) et en matière de qualité (**compétitivité structurelle ou hors prix**).

▶ Les territoires (nations) cherchent eux aussi à attirer les IDE, qui sont favorables à la croissance. Ainsi, chaque pays recherche une bonne compétitivité prix (bas salaires) ou hors prix (produits de haute technologie, qualité de la main-d'œuvre…).

▶ Les détenteurs de moyens financiers investissent là où la compétitivité leur semble favorable. Cette compétitivité territoriale influence les entreprises dans leur choix de **délocalisation** vers les pays possédant les meilleurs atouts.

B Les effets des variations des cours de change sur la compétitivité

▶ Une **politique de change** consiste, de la part des pouvoirs publics, à acheter/vendre des devises ou à agir sur les taux d'intérêt pour faire varier le taux de change.

▶ Une **dépréciation** est une baisse du taux de change permettant, en théorie, d'améliorer le solde commercial.

▶ Une **appréciation** correspond à une hausse du taux de change permettant, en théorie, une hausse du pouvoir d'achat. Cependant, elle risque de conduire à une détérioration des échanges extérieurs.

CONCLURE

La montée en puissance des firmes multinationales (FMN) a bouleversé le commerce mondial. La compétitivité devient un enjeu essentiel, aussi bien pour les entreprises que pour les nations.

La construction de l'Union européenne

12

Comment l'Union européenne s'est-elle construite ? Quelle place occupe-t-elle aujourd'hui dans l'économie mondiale ?

1 La construction européenne, un processus d'intégration original

A Les étapes de la construction européenne

1951	Création de la Communauté européenne du charbon et de l'acier (CECA) par l'Allemagne, le Benelux, la France et l'Italie
1957	Signature du traité de Rome instituant la Communauté économique européenne (CEE)
1992	Signature du traité sur l'Union européenne (UE), qui remplace la CEE, à Maastricht
1993	Mise en place du marché unique. La libre circulation des marchandises, des services, des personnes et des capitaux devient réalité
1997	Signature du Pacte de stabilité et de croissance (PSC)
1998	Mise en place de la Banque centrale européenne (BCE)
1999	Naissance de l'euro (onze pays « qualifiés » font partie de la zone euro)
2009	Entrée en vigueur du traité de Lisbonne (signé en 2007) sous une forme amendée

B Une intégration croissante

Les pays européens, en passant d'une zone de libre-échange à un marché unique, puis à une union économique voire monétaire, ont mené une expérience originale d'intégration plus étroite de leurs économies.

2 L'Union européenne aujourd'hui

A Union européenne (UE) et Union économique et monétaire (UEM)

▶ L'Union européenne n'a cessé de croître depuis les débuts de l'intégration en 1951.

▶ Les **élargissements successifs** (1973, 1981, 1986, 1995, 2004, 2007 et 2013) ont permis à de nouveaux pays d'entrer dans l'UE.

▶ Au 1er janvier 2015, 19 des 28 États membres de l'UE ont adopté la monnaie commune et constituent l'Union économique et monétaire ou **zone euro**.

États membres de l'Union européenne		États candidats
États membres de la zone euro	États non membres de la zone euro	
• Allemagne • Autriche • Belgique • Chypre • Espagne • Estonie • Finlande • France • Grèce • Irlande • Italie • Lettonie • Lituanie • Luxembourg • Malte • Pays-Bas • Portugal • Slovaquie • Slovénie	• Bulgarie • Croatie • Danemark • Hongrie • Pologne • République tchèque • Roumanie • Royaume-Uni • Suède	• Albanie • Macédoine • Monténégro • Serbie • Turquie

B La place de l'Union européenne dans l'économie mondiale

▶ L'UE compte **505,7 millions d'habitants** au 1er janvier 2013, soit environ 7 % de la population mondiale.

▶ En 2013, le PIB de l'Union européenne à 27 s'élève à 17 320 milliards d'euros, soit **23,12 % du PIB mondial**.

▶ L'Union européenne est le **1er exportateur** et le **1er importateur** mondial avec 17 % des exportations et 17,5 % des importations mondiales en 2010.

▶ Environ deux tiers du volume total des échanges des pays de l'UE sont réalisés avec d'autres pays de l'UE.

(→ CHIFFRES CLÉS, FICHE 15)

CONCLURE

La construction de l'Union européenne s'est faite par étapes successives et a favorisé l'intégration croissante des pays européens. L'UE occupe aujourd'hui une place importante dans l'économie mondiale.

L'Union économique et monétaire 13

Quels étaient les objectifs et quelles sont les contraintes de l'euro pour les pays membres ?

1 La mise en place de l'Union économique et monétaire (UEM)

A Chronologie de l'UEM

1989	Le rapport Delors préconise la réalisation de l'Union monétaire en plusieurs étapes
1992	Signature du traité de Maastricht
1997	Adoption du Pacte de stabilité et de croissance (PSC)
1998	Mise en place de la Banque centrale européenne (BCE)
1999	Adoption de l'euro par onze pays pour leurs transactions commerciales et financières
2002	Mise en circulation des euros (pièces et billets)
2015	L'UEM compte 19 pays membres

B Les critères de convergence

▶ Pour accéder à l'UEM, les pays candidats doivent respecter cinq critères définis lors du traité de Maastricht.

- La **stabilité des prix** : le taux d'inflation ne peut dépasser de plus de 1,5 point la moyenne des trois États ayant la plus faible inflation.
- Des **taux d'intérêt bas** : les taux d'intérêt à long terme ne peuvent varier de plus de 2 points par rapport à la moyenne des taux des trois États ayant l'inflation la plus basse.
- Un **déficit budgétaire** inférieur à 3 % du PIB.
- Une **dette publique** qui ne peut excéder 60 % du PIB.
- Une **monnaie stable**.

▶ L'effort accompli par les États en vue de leur adhésion à la zone euro doit théoriquement se poursuivre après l'adhésion, dans le cadre du **Pacte de stabilité et de croissance** (PSC).

2 *Objectifs et contraintes de l'UEM*

A Des objectifs ambitieux

Les objectifs de la monnaie unique sont les suivants :
– favoriser la **croissance économique** (suppression des contraintes de change) et favoriser l'activité économique (baisse des taux d'intérêt et absence d'inflation) ;
– conduire à une **baisse des prix** (mise en concurrence des entreprises de la zone euro) ;
– encourager l'**investissement** et profiter à l'**emploi** (création d'une vaste zone de stabilité) ;
– être capable de concurrencer le dollar en ayant une **stature internationale** et être un symbole fort d'une **avancée dans la construction européenne**.

B Des résultats mitigés

▶ En 2012, la production a reculé de 0,6 % dans la zone euro et le **chômage** a explosé dans nombre de pays d'Europe (en 2012, 1 actif sur 4 était au chômage en Espagne et en Grèce).

▶ Des **écarts de croissance** importants demeurent. Si certains pays ont favorisé des stratégies de croissance tirées par l'endettement des ménages, le boom immobilier et le dynamisme de la consommation (Irlande, Grèce, Espagne), d'autres (Allemagne) ont poursuivi une croissance fondée sur la compétitivité de leur offre en contrepartie d'une compression des coûts salariaux et de la demande intérieure.

C Les contraintes liées à l'insertion dans la zone euro

▶ Pour respecter les critères de convergence, de nombreux pays ont mené des **politiques de rigueur** au coût élevé.

▶ L'adoption de l'euro a limité les marges de manœuvre des États membres dans le cadre des politiques budgétaires et entraîné une **perte d'autonomie en matière de politique monétaire**. Ainsi, les pays ne peuvent plus utiliser l'arme du taux de change (→ FICHE 11).

CONCLURE

L'Union économique et monétaire (UEM) et la monnaie unique sont sources de retombées positives, mais cette intégration plus étroite a aussi accru l'interdépendance entre les pays de la zone euro.

La coordination des politiques économiques dans l'UE

14

Pourquoi une coordination des politiques économiques doit-elle être mise en place au sein de l'Union européenne ?

1 Une coordination insuffisante des politiques économiques

A Les politiques économiques en Europe

Les politiques économiques sont partagées en Europe entre les institutions de l'UE et celles des États membres.

▶ La **politique monétaire** de la zone euro est menée depuis 1999 par la Banque centrale européenne (BCE).

▶ La **politique budgétaire** est une compétence nationale des États membres. Elle est cependant contrainte par les « critères de Maastricht » et le Pacte de stabilité et de croissance (→ FICHE 13).

B La crise a révélé les faiblesses de l'UEM

▶ La crise apparue en 2008 a mis en évidence l'**interdépendance des économies européennes**, les difficultés d'un pays pouvant avoir des répercussions sur l'ensemble de la zone euro (crise de la Grèce en 2011).

▶ Les **finances publiques** se sont détériorées tandis que les États se sont engagés dans des sauvetages de banques et des plans de relance coûteux. En 2012, aucun pays de la zone euro n'a respecté le PSC. La dette publique dans la zone euro est passée de 65 à 90 % du PIB entre 2007 et 2012.

▶ La confiance des marchés en la **solvabilité** de certains pays de l'UEM s'est érodée, ce qui a augmenté les intérêts et le coût de refinancement sur les marchés.

▶ Il est indispensable de **renforcer la coordination des politiques économiques** en déterminant un ensemble de pratiques et de règles de politiques monétaires et budgétaires permettant d'éviter des actions contradictoires entre elles et/ou entre pays.

2 La nécessité de nouvelles réformes

A Au sein de l'Union européenne

▶ Le **semestre européen** est un nouvel instrument de l'UE. Depuis 2011, la Commission européenne identifie les défis de l'UE et lui fournit des orientations stratégiques.

▶ La **stratégie Europe 2020** a pour objectif de jeter les bases d'une croissance « intelligente, durable et inclusive » en s'appuyant sur une plus grande coordination entre les politiques nationales et européennes.

Europe 2020	
3 axes	**5 objectifs quantitatifs**
• Favoriser l'innovation avec des politiques encourageant la recherche et les projets communs • Augmenter le taux d'emploi • Rechercher une croissance plus verte	• 3 % du PIB consacré à la recherche et au développement • Taux d'échec scolaire < 10 % • 40 % des trentenaires titulaires d'un diplôme de l'enseignement supérieur • Taux d'emploi > 75 % • Réduire le taux de pauvreté de 25 %

B Dans la zone euro

L'interdépendance des économies a conduit à l'adoption de mesures spécifiques en mars 2011.

▶ Le **Mécanisme européen de stabilité (MES)** est destiné à aider les États en difficulté à se refinancer.

▶ Le renforcement de la discipline budgétaire passe également par un **meilleur respect du PSC**.

▶ Les États doivent aussi chercher une meilleure coordination macroéconomique. Le **pacte euro** fixe des objectifs, qui vont plus loin que ceux du semestre européen, pour réduire les écarts de compétitivité.

CONCLURE

La crise financière, en mettant en évidence les faiblesses de la gouvernance économique au sein de l'UEM, l'a obligée à adopter des réformes nécessaires.

Mondialisation, finance internationale et intégration européenne

UN SCHÉMA POUR MÉMORISER

Facteurs et dimensions de la mondialisation

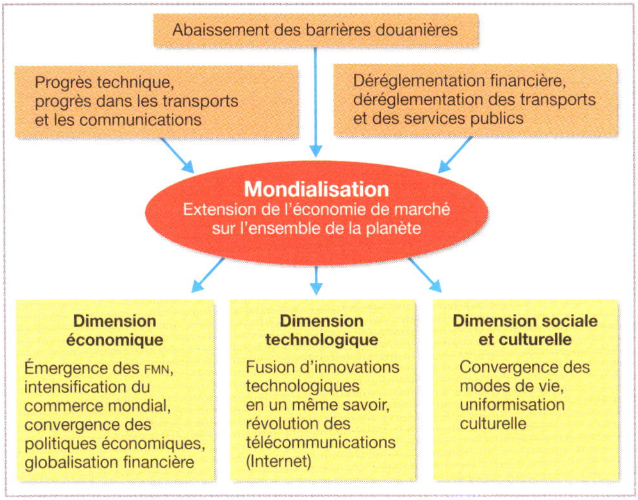

LES CHIFFRES CLÉS

L'Union européenne en quelques chiffres

Population	505,7 millions d'habitants en 2013
PIB	17 320 milliards d'euros en 2013
Rang dans le commerce mondial	1er exportateur et 1er importateur mondial avec 17 % des exportations et 17,5 % des importations mondiales en 2010
Part des échanges intra-européens	Environ deux tiers du volume total des échanges des pays de l'UE

LES DÉFINITIONS

Le commerce international

▶ **avantage comparatif** : un pays a intérêt à se spécialiser dans les productions pour lesquelles il dispose d'un avantage comparatif, c'est-à-dire d'une productivité plus forte comparée à celle des autres pays.

▶ **libre-échange** : système de commerce international reposant sur l'absence d'entraves à la circulation des biens et des services.

▶ **protectionnisme** : politique économique interventionniste qui consiste à protéger ses producteurs contre la concurrence des producteurs d'autres États.

▶ **spécialisation** : répartition des activités productives entre les différents pays qui participent à l'échange international.

Les firmes multinationales

▶ **firme multinationale** : firme disposant de filiales dans plusieurs pays.

▶ **commerce intra-firme** : commerce de filiale à filiale d'une même firme multinationale.

▶ **délocalisation** : fermeture d'un site de production sur le territoire national pour en ouvrir un autre à l'étranger.

▶ **dotation factorielle** : quantité donnée et fixe de facteurs de production (travail et capital) dans chaque pays.

▶ **compétitivité prix** : capacité de produire des biens et des services à des prix inférieurs à ceux des concurrents.

▶ **compétitivité hors prix** : compétitivité fondée sur la qualité des produits.

L'intégration européenne

▶ **euro** : monnaie unique commune à l'ensemble des pays membres de l'Union économique et monétaire (UEM).

▶ **Union économique et monétaire (UEM)** : zone de libre-échange formée par les 19 États membres de l'Union européenne (UE) qui ont adopté l'euro.

Types de capital et développement durable

16

Quels sont les fondements de l'analyse économique du développement durable ?

1 Le développement durable : une définition récente

▶ Le développement durable (*sustainable development*) est défini dans le rapport Brundtland (1987) comme « un développement qui répond aux besoins du présent sans compromettre la capacité des générations futures à répondre aux leurs ».

▶ Il intègre **trois dimensions** : économique, sociale et environnementale.

▶ Il s'agit notamment de déterminer si la croissance économique est compatible avec la préservation de l'environnement.

2 Quatre types de capital en interaction

L'analyse économique du développement durable s'intéresse au niveau et à l'évolution (accumulation et destruction) des stocks de quatre types de capital qui seront transmis aux générations futures (→ SCHÉMA, FICHE 19).

A Le capital naturel

▶ Le capital naturel est constitué du **stock des ressources naturelles** susceptibles d'engendrer un service productif (richesses du sol, du sous-sol, de la mer…).

▶ Le capital naturel contribue à la **croissance** et au **bien-être des populations**, de manière parfois difficilement mesurable. Ainsi, une forêt exploitée pour son bois (service productif mesurable) absorbe une partie de la production de gaz à effet de serre (service productif non mesuré) et est un lieu propice à la randonnée (service productif non marchand).

▶ Certaines ressources naturelles exploitées par l'homme, comme le pétrole, sont **épuisables** ; d'autres, comme l'eau, sont **renouvelables**, mais leur qualité peut se dégrader suite aux pollutions engendrées par l'activité humaine.

B Le capital physique produit

▶ Le capital physique produit correspond au **stock accumulé de biens ou de richesses** que l'on utilise pour produire de nouveaux biens. Il provient de l'accumulation des investissements réalisés par les entreprises, les ménages et l'État au cours du temps.

▶ Il peut parfois **se substituer au capital naturel** ou contribuer à **le préserver** pour les générations futures. Le développement de nouvelles technologies permet ainsi d'utiliser plus efficacement les ressources naturelles ou, dans le cas des énergies renouvelables, de réduire les émissions de polluants.

C Le capital humain

▶ Le capital humain est l'ensemble des **aptitudes, qualifications, expériences accumulées par un individu** qui déterminent en partie sa capacité à travailler ou à produire pour lui-même et pour les autres.

▶ C'est un **facteur de croissance** car il contribue à améliorer la rentabilité économique et génère des externalités positives.

▶ Le capital humain étant reproductible, il peut aussi être mobilisé comme **facteur de développement durable**. Cela suppose de sortir d'une gestion à court terme en investissant dans l'éducation et la recherche afin de constituer le capital humain des générations futures.

D Le capital institutionnel

▶ Les institutions sont des structures coutumières ou légales, faites d'un ensemble de règles tournées vers un objectif et qui participent à l'organisation de la société (lois, normes, valeurs…).

▶ Le capital institutionnel est formé de l'**ensemble des institutions** qui occupent une place cruciale dans le processus de croissance et de développement.

▶ Le capital institutionnel constitue un **cadre cohérent et réglementé** qui permet la bonne gestion des autres types de capital. Par exemple, le droit de propriété est un moyen pour résoudre les conflits liés au partage des ressources.

CONCLURE

L'analyse économique du développement durable est fondée sur l'étude des interactions entre quatre types de capital. Une question décisive consiste à déterminer le degré de substitution possible entre ces différents capitaux.

17 Les deux approches de la soutenabilité

Dans quelle mesure les capitaux naturel, physique, humain et institutionnel sont-ils substituables ? Quelles sont les différentes approches possibles pour fixer les objectifs des politiques environnementales ?

1 La soutenabilité faible

A Des capitaux substituables

▶ Les tenants de la soutenabilité faible font l'hypothèse que la nature est un capital productif comme les autres et que, par conséquent, les différents types de capital sont substituables. Il est donc possible de gérer ces capitaux en maintenant un **stock de capital global constant**.

▶ Une diminution du capital naturel peut entraîner des pertes de bien-être, mais sera compensée par davantage de revenus et de capital physique produit. Par exemple, la forte diminution des réserves halieutiques (poissons, crustacés et mollusques) sera compensée par le développement des élevages en mer ou en bassin.

▶ Chaque génération obtient ainsi un **maximum de bien-être** pour elle-même, sans empêcher les suivantes d'en bénéficier.

B Des objectifs limités

Dans cette hypothèse, les objectifs des politiques environnementales restent limités.

▶ La principale contrainte étant celle de la technologie disponible, l'accent est mis sur des mesures pour favoriser le **progrès technique**.

▶ On fait confiance au **marché** pour réorienter la production.

▶ Les partisans de la soutenabilité forte remettent en cause cette **vision optimiste du futur**. Les ressources non renouvelables ne risquent-elles pas de s'épuiser ? Les investissements de substituabilité seront-ils réalisés à temps ? Le progrès technique pourra-t-il toujours apporter une solution ?

2 La soutenabilité forte

A Pas de substitution absolue

▶ Il existe une **asymétrie forte** entre le capital reproductible par l'homme (physique, humain et institutionnel) et le capital naturel, beaucoup moins reproductible. Les possibilités de substitution se heurtent à des limites physiques. L'exemple de la déforestation au niveau planétaire montre qu'il n'y a pas d'autre solution que de limiter celle-ci et de gérer les forêts de façon durable.

▶ La **dégradation accélérée de l'environnement**, par exemple le phénomène d'augmentation de la température moyenne des océans et de l'atmosphère à l'échelle mondiale sur plusieurs années (changement climatique), exige d'agir rapidement. Dans les pays riches, l'émission de CO_2 par habitant est très supérieure au seuil absolu (1,8 tonne/hab.) qu'il faudrait atteindre pour préserver l'environnement.

CHIFFRES CLÉS Aux États-Unis, en 2008, les émissions de CO_2 par habitant étaient de 18 tonnes ; dans l'Union Européenne, 8 tonnes ; et dans le monde, en moyenne, 4 tonnes.

B Des objectifs plus ambitieux

▶ Un premier objectif consiste à **définir des seuils de ressources non remplaçables**, nommés « capitaux naturels critiques ». Cette définition est néanmoins difficile. Que doit-on préserver ? Qui fixe les seuils ? Par exemple, en matière de gestion des réserves halieutiques au niveau européen, la décision relève-t-elle seulement des experts ? Quel est le coût financier et social de ces mesures ?

▶ Il faut aussi **orienter la croissance**, qui est nécessaire à l'amélioration de l'environnement. Par exemple, pour limiter l'utilisation des ressources énergétiques non renouvelables, l'État peut favoriser l'isolation des logements ou encourager la construction d'éoliennes par un système de subventions.

CONCLURE

Les objectifs en matière de politique environnementale divergent selon les approches de la soutenabilité.
Dans l'hypothèse d'un épuisement du capital naturel, des mesures urgentes paraissent nécessaires, notamment pour lutter contre les dérèglements climatiques.

Les instruments économiques de la politique climatique

18

Quels sont les instruments pour lutter contre les dérèglements climatiques ?

1 Lutter contre les dérèglements climatiques

▶ Le climat a la nature d'un **bien commun**, terme qui désigne l'ensemble des ressources accessibles à tous (air, eau, biodiversité…). Les biens communs sont **rivaux** (leur utilisation par un agent empêche l'utilisation par un autre agent) et **non excluables** (il est difficile, voire impossible, d'empêcher leur utilisation par les individus). Cette situation conduit à des dérèglements climatiques.

▶ La **politique climatique** est une combinaison d'instruments réglementaires et/ou économiques destinés à préserver le patrimoine naturel en luttant contre les émissions de gaz à effet de serre et contre le réchauffement climatique (→ SCHÉMA, FICHE 19).

2 Combiner les trois instruments de la politique climatique

A La réglementation

▶ Les pouvoirs publics (État) peuvent décider d'intervenir pour corriger les conséquences des externalités négatives non prises en charge par le marché (la pollution, par exemple) et décider de mesures réglementaires. Ils fixent alors des **normes environnementales**, c'est-à-dire des niveaux de pollution à ne pas dépasser.

▶ Dans le cadre de la politique climatique, l'État établit des **règles** (interdiction des gaz CFC dans les produits aérosols, limitation des émissions de CO_2 des véhicules automobiles…) mais aussi les **sanctions** nécessaires pour les faire respecter.

▶ Signé le 11 décembre 1997, le **protocole de Kyoto** est un traité international visant à la **réduction des émissions de gaz à effet de serre** et qui vient s'ajouter à la Convention-cadre des Nations unies sur les changements climatiques, dont les pays participants se rencontrent une fois par an depuis 1995. Il est entré en vigueur le 16 février 2005.

B La taxation

▶ L'État peut aussi recourir à la fiscalité en créant des taxes écologiques, appelées **écotaxes**. L'objectif est alors de réguler la pollution en agissant sur le prix des produits.

CHIFFRES CLÉS

En Suède, en 2013, la taxe carbone sur les combustibles fossiles représente 20 % du prix d'un litre d'essence.

La taxe sur le dioxyde de soufre (SO_2) a permis de réduire de plus de 50 % la teneur en soufre des combustibles à base de pétrole (depuis 1991).

▶ L'avantage de cette fiscalité est double :

– d'une part, elle permet de **réduire les dommages** de la pollution selon le principe du « pollueur-payeur » ;

– d'autre part, les recettes obtenues peuvent être utilisées pour **financer des programmes environnementaux** (isolation des logements, par exemple).

C Les marchés de quotas d'émission

▶ Certains préconisent la réintroduction des **principes de marché**. Dans la lutte contre le réchauffement climatique, la réduction des émissions de gaz à effet de serre constitue un objectif, légalement contraignant et assorti de délais. On s'appuie alors sur des institutions marchandes qui fonctionnent selon la loi de l'offre et de la demande pour réguler (dans le sens d'une baisse) les émissions de CO_2.

▶ Les autorités ont ainsi mis en place un **marché de quotas d'émission de CO_2** qui oblige les pollueurs à acheter des permis d'émission aux non (ou peu) pollueurs. La confrontation de l'offre et de la demande aboutit à la fixation d'un prix de CO_2 d'équilibre, censé inciter les pollueurs à réduire leur pollution.

▶ Cependant, on constate depuis quelques années une **baisse du prix de la tonne de CO_2** sur le marché mondial des quotas : ce prix est passé de 29 euros la tonne en 2008 à 14 euros la tonne en 2012. Les entreprises pollueuses préfèrent alors acheter des quotas plutôt que de dépolluer.

CONCLURE

La politique climatique fait appel à l'État, qui peut prendre des mesures réglementaires et de taxation, mais aussi au marché.

Économie du développement durable

DES SCHÉMAS POUR MÉMORISER

Quatre types de capital en interaction

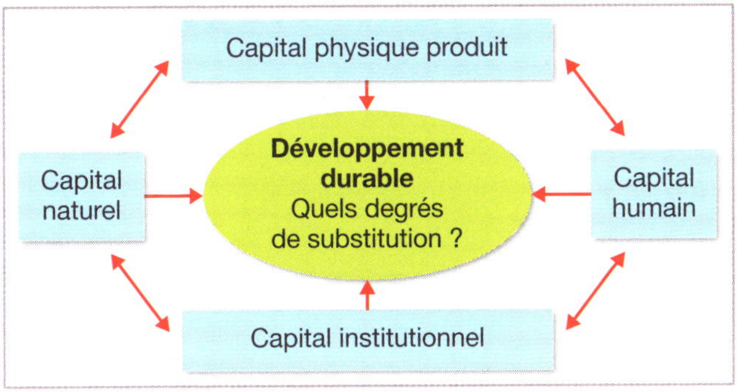

Les politiques environnementales et climatiques

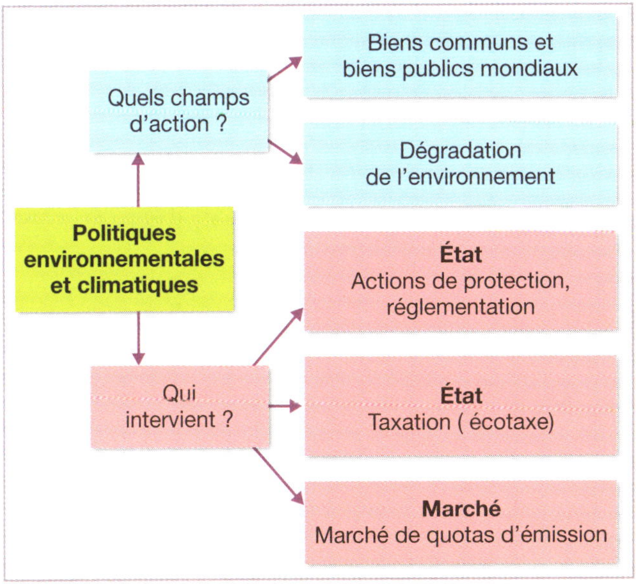

LES DÉFINITIONS

Les types de capital

▶ **capital naturel** : ensemble des ressources telles que minéraux, plantes, animaux, air qui sont des fournisseurs de services naturels et permettent d'estimer la valeur d'un écosystème.

▶ **capital physique produit** : stock accumulé de biens ou de richesses que l'on utilise pour produire de nouveaux biens ou revenus.

▶ **capital humain** : ensemble des aptitudes et des qualifications accumulées par un individu qui déterminent en partie sa capacité à travailler ou à produire.

▶ **capital institutionnel** : institutions qui occupent une place cruciale dans le processus de croissance et de développement.

▶ **droit de propriété** : droit de disposer d'une chose, d'en être le maître absolu et exclusif dans les conditions fixées par la loi.

▶ **soutenabilité** : mesure du progrès social évaluée en fonction du bien-être des générations futures.

Les politiques environnementales et climatiques

▶ **politiques environnementales et climatiques** : politiques qui ont pour objectif de cibler les mesures de préservation du patrimoine naturel et d'en définir les instruments.

▶ **biens communs** : biens qui n'appartiennent à personne et qu'il est donc possible d'utiliser sans payer.

▶ **externalités** : effets positifs ou négatifs d'une activité économique non pris en charge par la collectivité.

▶ **réglementation** : contraintes imposées par l'État (normes de pollution, limitation des émissions de gaz à effet de serre par le protocole de Kyoto…).

▶ **marché de quotas d'émission** : bourse d'échange des quantités de pollution qui se traduit par une confrontation de l'offre et de la demande des droits à polluer.

▶ **taxation** : action qui consiste à agir sur le système de prix par des taxes (écotaxe…).

Les inégalités en France

20

Quelles inégalités traversent aujourd'hui la société française ?

1 Qu'est-ce qu'une inégalité ?

▶ Une inégalité est une **différence** qui se traduit en termes d'avantages et de désavantages et qui fonde une **hiérarchie**. Ainsi, si être une femme entraîne des désavantages en termes de rémunération et d'accès à l'emploi, alors cette différence constitue une inégalité.

▶ L'**inégalité individuelle** ne devient **inégalité sociale** que si l'infériorité ou la supériorité est partagée par des personnes aux caractéristiques sociales identiques. Pour qu'il y ait des inégalités sociales, il faut donc qu'existent des ressources socialement valorisées inégalement réparties entre individus.

2 Les inégalités économiques

Les inégalités les plus visibles sont les inégalités économiques.

A Les inégalités salariales

▶ Le salaire est un **revenu du travail** perçu par un salarié, c'est-à-dire un travailleur lié par un contrat de travail (de subordination) à un employeur.

▶ En 2010, le **rapport interdécile des salaires** est de 2,9 : les 10 % des ménages ayant les salaires les plus élevés ont un salaire 2,9 fois supérieur à celui des 10 % des ménages ayant les plus faibles salaires.

B Les inégalités de revenus

▶ Le revenu des individus est constitué de l'ensemble des sommes perçues par les ménages. Le **revenu disponible** correspond au **revenu primaire** des ménages (revenu perçu en contrepartie de leur participation à l'activité économique) auquel on ajoute les **revenus de transfert** (revenus issus de la redistribution) et auquel on soustrait les **prélèvements obligatoires** (impôts et cotisations sociales). Les inégalités de revenus sont plus fortes que les inégalités salariales.

▶ En 2010, le revenu disponible des 10 % des ménages les plus modestes est 4,8 fois moins élevé que celui des 10 % les plus aisés.

C Les inégalités de patrimoine

▶ Le patrimoine est l'**ensemble des avoirs et des dettes** d'un agent économique à un moment donné. Les inégalités de patrimoine sont les inégalités économiques les plus fortes.

▶ Début 2010, les 10 % de ménages les mieux dotés en patrimoine possèdent un patrimoine 205 fois plus élevé que les 10 % les plus modestes. Ils concentrent 48 % du patrimoine total.

3 *Les inégalités sociales*

A Des conditions de vie inégales

▶ Les inégalités sociales sont moins visibles mais s'observent toutefois dans de nombreux domaines. Les individus sont inégaux en matière de conditions de vie, plus particulièrement en ce qui concerne l'**accès aux soins médicaux** et l'**accès au logement** qui dépend pour une large part du revenu, de l'âge et de la catégorie sociale.

▶ Si les **pratiques culturelles** se sont largement diffusées dans la société, elles sont toujours dépendantes du niveau de vie et du diplôme. En 2009, 61 % des cadres supérieurs sont allés au théâtre ou à un concert au moins une fois dans l'année, contre 20 % des ouvriers.

▶ On observe aussi des inégalités face aux **loisirs**. En 2011, 34 % des enfants d'ouvriers ne sont pas partis en vacances, contre 5 % des enfants de cadres supérieurs.

B Les inégalités scolaires et face à l'emploi

▶ Les individus sont inégaux face à la scolarité, car **le milieu social influence largement le parcours scolaire** (taux de redoublement, accès au baccalauréat, études poursuivies…).

▶ Les individus sont inégaux face au **chômage**. En 2011, le taux de chômage des non-diplômés est presque trois fois plus élevé que celui des diplômés du supérieur.

▶ **Âge** et **sexe** influencent la scolarité mais aussi les caractéristiques de l'emploi. En 2011, 30,1 % des femmes occupent un emploi à temps partiel, contre 6,9 % des hommes.

CONCLURE

La société française du début du XXIe siècle reste une société fortement inégalitaire, que les inégalités soient économiques ou sociales.

Les inégalités en Europe et dans le monde

21

Quelles sont les inégalités économiques et sociales observées en dehors de nos frontières ?

1 Les inégalités économiques

A Les inégalités salariales et de revenus en Europe

▶ L'Europe se caractérise par de **fortes inégalités salariales**. En moyenne, les **pays du nord et de l'ouest de l'Europe** présentent les salaires les plus élevés avec des écarts conséquents : le salaire minimum mensuel au Luxembourg est 12 fois plus élevé qu'en Roumanie en 2013.

▶ Si les inégalités de revenus sont plus faibles au sein des pays européens que dans la plupart des autres pays riches, on note toutefois des disparités. L'**indice de Gini**, qui compare la façon dont sont répartis les revenus avec une situation théorique d'égalité parfaite, est de 0,23 en Norvège en 2011, contre 0,31 en France et 0,35 en Bulgarie. Plus l'indice de Gini est proche de 0, plus l'égalité est importante ; plus il est proche de 1, plus la répartition est inégalitaire.

B L'inégale répartition mondiale des richesses

▶ Les richesses mondiales sont très inégalement réparties. Ainsi, en 2012, 10 % de la population mondiale (composée des personnes les plus riches) détient 86 % des richesses mondiales. À cette même date, la moitié des individus les plus pauvres ne détient que 1 % du patrimoine mondial.

▶ Les richesses sont par ailleurs inégalement réparties selon les régions du monde. Si l'**Amérique du Nord** et l'**Europe** concentrent une part importante de ces richesses, l'**Inde** et l'**Afrique** sont écartées du partage des richesses mondiales.

2 Les inégalités sociales

A En Europe, des conditions de vie inégales

▶ Même si les Européens bénéficient, avec l'Amérique du Nord, des meilleures conditions de vie au monde, on observe des **disparités**

importantes entre les pays du Nord et les anciens pays communistes notamment.

▶ À travers les **inégalités d'espérance de vie** se profilent des inégalités relatives au système de protection sociale et d'accès aux soins. En Europe, c'est en France que l'espérance de vie pour les femmes est la plus élevée : 85,7 ans à la naissance en 2011 contre 77,8 ans en Bulgarie.

▶ Il existe par ailleurs d'importantes disparités dans l'**accès à l'éducation**, par exemple entre la Bulgarie, où 41 % des personnes ont des compétences insuffisantes en lecture, et la Finlande où ce taux n'est que de 8,1 % en 2009.

▶ Les inégalités s'observent aussi dans l'**alimentation**, l'**accès au logement ou aux loisirs** ou dans la difficulté à faire face à certaines dépenses.

B Dans le monde, de fortes inégalités de développement

▶ Au niveau mondial, les **disparités des conditions de vie** s'observent dans de nombreux domaines tels que l'**éducation**, l'**alimentation**, l'**accès aux soins** : 17 % de la population mondiale adulte est analphabète, 1 milliard de personnes sont sous-alimentées, 11 % de la population mondiale n'a pas accès à l'eau potable.

▶ Dans de nombreux pays, les **besoins fondamentaux** ne sont pas ou très peu satisfaits. Quand on compare les niveaux de développement à l'aide de l'**indicateur de développement humain** (IDH), des écarts importants apparaissent entre les **pays développés** et les **pays les moins avancés** (PMA) notamment.

▶ Les PMA sont les pays les plus pauvres et les plus faibles du monde. Trois critères sont retenus : le revenu, le retard dans le développement humain et la vulnérabilité économique du pays (taille de la population, degré d'isolement, exposition aux catastrophes naturelles…). En 2012, on compte 48 PMA dont 33 situés sur le continent africain.

CONCLURE

L'inégale répartition des richesses en Europe et dans le monde s'accompagne de fortes inégalités en termes de conditions de vie et de niveau de développement.

Les facteurs d'inégalités 22

Comment peut-on expliquer les inégalités en France ? Pourquoi certaines catégories sociales sont-elles plus exposées que d'autres ?

1 *Des facteurs multiples qui se cumulent*

A Des facteurs multiples

▶ Il n'existe pas un mais des facteurs multiples d'inégalités, parmi lesquels l'**origine** et l'**appartenance sociale** (cadre/ouvrier, par exemple) constituent de puissants facteurs de discrimination et entraînent un accès inégal à la scolarité, à l'emploi, au logement et aux loisirs (→ FICHE 20).

▶ Le **genre** (masculin/féminin) reste aussi un puissant facteur de discrimination, alors même que l'égalité est affirmée, que ce soit dans le domaine scolaire, professionnel, familial ou politique.

B Un processus cumulatif

▶ Les inégalités sont très souvent **interdépendantes**. Elles se cumulent et « font système » : elles s'engendrent réciproquement en se renforçant, enfermant les individus dans un cercle vicieux d'inégalités.

▶ Elles forment un processus cumulatif au terme duquel les privilèges s'accumulent à l'un des **pôles de l'échelle sociale**, tandis qu'à l'autre pôle se multiplient les handicaps.

▶ Elles contribuent au maintien d'une certaine **hérédité des positions sociales**, car elles tendent à se reproduire.

2 *Les populations les plus touchées*

A Les inégalités hommes/femmes

▶ Les **inégalités de genre** illustrent ce processus cumulatif, car même si elles ont des formes diverses, c'est le genre (masculin/féminin) qui fonde la hiérarchisation et l'inégalité

CHIFFRES CLÉS En 2012, on ne compte que 26,9 % de femmes à l'Assemblée nationale et 22,1 % au Sénat. En 2009, moins de 2 dirigeants de société salariés sur 10 sont des femmes.

qui en découle. Interdépendantes, ces inégalités se vivent aussi bien à l'école que dans la sphère privée, la sphère professionnelle ou dans le domaine politique.

▶ Les femmes sont ainsi **peu représentées**, à la fois en **politique** et dans les **postes à responsabilité** en entreprise, c'est-à-dire aux niveaux de prise de décision.

▶ Les femmes ont tendance à anticiper cette réalité : elles s'investiront moins dans leur travail, et plus dans leur famille. En conséquence, leur temps de travail domestique sera plus élevé. En retour, il est peu probable que leur entreprise leur propose un poste à responsabilité, car elles ne seront pas assez disponibles. Les **inégalités professionnelles** entraînent et renforcent des **inégalités familiales** qui à leur tour influencent les inégalités dans la sphère du travail.

B Les catégories sociales vulnérables

▶ Plus durement touchés par la crise, les **jeunes** connaissent des **difficultés** plus ou moins grandes **d'insertion sur le marché du travail** (chômage, emplois précaires). Ils sont moins bien payés et subissent notamment les hausses de coût du logement qui les pénalisent. En 2011, 22 % des actifs de moins de 24 ans sont au chômage, contre 6,3 % des 50 ans et plus, et seuls 48,8 % des jeunes salariés de moins de 25 ans sont en CDI, contre 93,6 % chez les 50 ans et plus.

▶ En général **moins bien logés** que l'ensemble des ménages, les **immigrés** ont des **revenus** nettement **plus faibles** que le reste de la société et sont davantage touchés par la **pauvreté**. Les **étrangers** sont par ailleurs plus exposés au risque de **chômage**.

▶ Les **personnes handicapées** sont confrontées à de nombreux obstacles, que ce soit face à l'emploi, à l'accès au logement ou dans l'accès à l'éducation.

CONCLURE

Les inégalités sont largement interdépendantes ; elles forment un processus cumulatif qui tend à enfermer certaines catégories d'individus dans un cercle vicieux.

Les classes sociales

23

Quelles théories appuient la notion de classe sociale ?

1 *Les pères fondateurs : Marx et Weber*

A La théorie marxiste des classes : une société bipolaire

▶ Le philosophe et historien allemand Karl Marx (1818-1883) met en évidence l'existence de classes sociales fondées sur les **rapports de production**, qui sont les rapports sociaux mis en œuvre à l'occasion de la production. L'histoire des sociétés est, pour lui, l'histoire de la lutte entre une classe d'oppresseurs et une classe opprimée.

▶ Dans le système capitaliste, la **classe dominante (la bourgeoisie)** possède les moyens de production et exploite la **classe dominée (le prolétariat)**, qui ne possède que sa force de travail pour vivre.

▶ La communauté d'activité, de façon de penser et de mode de vie fait d'un groupe social une **classe en soi** ; la prise de conscience par les membres qui la composent de leurs intérêts communs et la volonté d'une action commune en fait une **classe pour soi**.

B Weber et les groupes de statut

▶ Pour le sociologue Max Weber (1864-1920), la stratification sociale repose sur trois ordres différents :
– un **ordre économique**, qui définit la situation de classe comme étant la chance pour un individu d'accéder aux richesses acquises (patrimoine) et aux biens de consommation ;
– un **ordre social**, qui désigne une place dans une hiérarchie de prestige ;
– un **ordre politique** : l'existence et la répartition des partis politiques donnent aux individus des avantages matériels et de prestige en fonction de leur proximité avec le pouvoir.

▶ Weber décrit une situation de **classe pluridimensionnelle**, « statutaire », basée sur le mode de vie et les relations sociales. Selon lui, les classes sont des groupes de statut indiquant la position des individus dans l'ordre social.

2 Les prolongements théoriques ultérieurs

A Warner et la stratification sociale

▶ Entre 1931 et 1935, le sociologue américain William Lloyd Warner (1898-1970) recueille par sondage, dans une petite ville (Yankee City), les représentations spontanées qu'ont les habitants de la division de la société en groupes sociaux ou classes sociales. Son analyse est donc très subjective.

▶ Warner s'appuie sur 4 critères (profession, revenu, quartier et type d'habitation) qui lui permettent de définir des **strates (couches sociales)** hiérarchisées, qui se superposent en allant de la plus prestigieuse (*upper class*) à la moins prestigieuse (*lower class*). Cette stratification sociale met en évidence les différenciations sociales liées aux inégalités de richesse, de pouvoir, de savoir et de prestige.

Classes sociales en % de la population	Identification
Upper-upper class (1,44 %)	Aristocratie sociale, très riche
Lower-upper class (1,56 %)	Milieux supérieurs fortunés
Upper-middle class (10,22 %)	Classe moyenne aisée
Lower-middle class (23,12 %)	Petite bourgeoisie
Upper-lower class (32,6 %)	Classe inférieure « honnête »
Lower-lower class (25,2 %)	Population à statut précaire

B Bourdieu et la dotation en capital

▶ Le sociologue français Pierre Bourdieu (1930-2002) reprend l'analyse marxiste des classes, mais, à l'instar de Weber, il ajoute une dimension sociale. Dans l'**espace social**, les individus disposent en plus ou moins grande quantité d'atouts appelés capitaux : le **capital économique, culturel et social**.

▶ Cette **dotation en capital** est inégalement répartie et positionne chacun d'entre nous dans la **hiérarchie sociale**. Les classes ne disparaissent pas pour autant, en particulier aux deux extrêmes (classe bourgeoise, classe populaire).

CONCLURE

L'analyse marxiste des classes sociales a un fondement essentiellement économique et politique. Les théoriciens des XIXe et XXe siècles incluent des fondements sociologiques et permettent une analyse plus nuancée de la notion de classe sociale.

L'évolution des classes sociales 24

Les théories des classes sociales sont-elles encore d'actualité en France ?

1 L'évolution du capitalisme transforme la structure sociale

▶ Avec les transformations du capitalisme, la **division du travail** s'approfondit et induit la multiplication des tâches de gestion qui s'accompagne de la **montée des cadres** (16,6 % de la population active) **et des professions intermédiaires** (29,4 % de la population active).

▶ Le **progrès technique** et le besoin de **personnel d'encadrement** expliquent également le recours à une main-d'œuvre plus qualifiée et plus diplômée.

▶ Les mutations structurelles de l'emploi aboutissent au **recul des effectifs ouvriers** (21,5 % des emplois) aujourd'hui dépassés par les employés (29,4 % des emplois), à la **féminisation** des emplois (48 % des actifs) et à la **tertiarisation** de la population active (75 % des emplois concernent les services).

▶ L'**intervention croissante de l'État** dans les affaires économiques et sociales nous éloigne du capitalisme étudié par Marx. En effet, celui-ci n'aurait jamais pu prévoir que l'État puisse redistribuer les revenus comme il l'a fait au XXe siècle.

2 L'essor des classes moyennes depuis 1945

A La « moyennisation » de la société

▶ On appelle « moyennisation » de la société l'atténuation des clivages sociaux accompagnée d'un **gonflement des couches sociales intermédiaires** ou « moyennes ». Depuis 1945, l'essor des classes moyennes s'accompagne d'une certaine harmonisation des consommations et des niveaux de vie, et brouille les clivages habituels. Tous les groupes sociaux sont affectés par ce processus.

▶ Le sociologue **Henri Mendras** représente la moyennisation comme le ventre d'une toupie qui aurait grossi depuis les années 1950.

• À la pointe basse de la toupie se trouvent les classes pauvres (chômeurs, précaires, travailleurs pauvres).

> CITATION « La classe moyenne est en train de se détruire elle-même en tant que classe, entraînant une transformation de toute la structure sociale qui enlève du même mouvement à la classe ouvrière et à la classe dirigeante leur caractère de classe au sens fort, marxiste du terme. » H. Mendras, 1988

• À la pointe haute se situe l'élite sociale (professions libérales, chefs d'entreprise, hauts fonctionnaires) ; dans le « ventre » se trouvent les catégories intermédiaires, les plus nombreuses : en bas, les ouvriers et employés, au-dessus, les indépendants (commerçants, artisans) puis les professions dites intermédiaires (cadres, enseignants, ingénieurs).

B Les différents facteurs

▶ La relative **démocratisation de l'école** améliore les chances de mobilité sociale intergénérationnelle et accélère l'effacement des frontières entre catégories sociales.

▶ Avec la **montée de l'individualisme**, les individus autonomisent leurs comportements vis-à-vis du groupe d'appartenance.

3 *L'analyse de classe reste pertinente*

▶ Une **identité de classe** persiste. La **bourgeoisie** se maintient au sens marxiste du terme : classe mobilisée, agissante, soucieuse de défendre ses intérêts. La **classe ouvrière**, pour sa part, n'a pas disparu : elle compte aujourd'hui 6,4 millions d'actifs. Si on l'élargit aux **classes populaires** (ouvriers, employés, travailleurs précaires et chômeurs), on arrive à 51 % de la population employée.

▶ La dynamique de réduction des inégalités sociales a pris fin au terme des Trente Glorieuses (1945-1973). L'évolution du marché du travail conduit à la **précarisation** d'une partie des emplois, alors que le **chômage de masse** se développe. Le partage de la valeur ajoutée se fait au détriment des salariés. Les **inégalités de revenus** se sont accrues au cours des dernières années. Le revenu annuel moyen des 10 % les plus modestes a augmenté de 400 euros entre 2000 et 2010, celui des 10 % les plus riches de 8 950 euros.

CONCLURE

Depuis la fin du XIXe siècle, l'émergence d'une vaste classe moyenne a transformé la structure sociale de la société française. Cependant, une certaine identité de classe se maintient aux deux extrémités de l'échelle sociale.

La nomenclature des catégories socioprofessionnelles

25

L'analyse des catégories sociales par la nomenclature des PCS est-elle encore pertinente ?

1 La nomenclature des PCS

> CHIFFRES CLÉS La multiplication des situations professionnelles a obligé à construire une nomenclature plus détaillée en 1982 : 24 postes et 42 catégories, dont 32 pour les actifs.

▶ La nomenclature des **catégories socioprofessionnelles (CSP)** a été élaborée par l'INSEE au début des années 1950, puis remplacée en 1982 par la nomenclature des **professions et catégories socioprofessionnelles (PCS)**. Cette nomenclature propose un classement qui découpe la société en grandes catégories liées aux professions.

▶ Plusieurs **critères de différenciation** ont été retenus : statut (indépendant ou salarié), secteur d'activité, niveau de responsabilité (place dans la hiérarchie), travail manuel/intellectuel, activité/non-activité.

2 La remise en cause de la nomenclature des PCS

▶ L'**homogénéité des catégories socioprofessionnelles** telles qu'elles sont définies est discutable et atténue les spécificités de chaque groupe. La PCS2, qui va du petit artisan au dirigeant de grande entreprise, et la PCS3, qui regroupe les professeurs de collège, les cadres dirigeants d'entreprise et les médecins spécialistes, sont, par exemple, des regroupements de professions très différentes.

▶ Les **frontières entre catégories** sont parfois floues et la distinction entre contremaîtres, techniciens et ouvriers hautement qualifiés, par exemple, n'est pas toujours évidente. Il en est de même pour le classement des personnes dont la qualification individuelle, mesurée par le niveau de diplôme, diffère de la qualification de l'emploi occupé en cas de dévalorisation du diplôme.

▶ La **multiplicité des critères de différenciation sociale** oblige à réfléchir sur la pertinence de la nomenclature des PCS. La diversité des groupes sociaux et la fragmentation du statut social contribuent à brouiller les frontières et les schémas ordinaires.

3 D'autres grilles de lecture sont nécessaires

A De nouveaux clivages sociaux

▶ Aujourd'hui, d'autres clivages de la société ont surgi sur la base de critères « **ethniques** » (Français/immigrés), **culturels** (religion) et **sociaux** (emploi stables/emploi précaires ; jeunes/seniors ; exclus…).

▶ Ces clivages remettent en cause la classification en PCS. Par exemple, les individus ayant des statuts précaires, avec des emplois intérimaires, des contrats à durée déterminée ou des stages, n'apparaissent pas dans la nomenclature.

B Vers d'autres classifications

▶ Certains pays ont élaboré des classifications plus complexes, inspirées de la **classification internationale type de professions (CITP)** mise au point par le **Bureau international du travail (BIT)**. Celle-ci accorde moins d'importance à la profession et au métier en s'appuyant sur d'autres critères : niveau d'études, de responsabilité, secteur d'activité (tertiaire), type de travail (vente, par exemple).

▶ La Grande-Bretagne, avec la **classification SEG** (*socio-economics groups*), croise statut et professions. Cette classification présente l'avantage de mieux faire apparaître le **statut social au sein de la hiérarchie des professions.** Elle ne distingue notamment pas employeurs et cadres dirigeants. Dans le même ordre d'idées, le niveau d'études et la qualification élevée l'emportent sur le clivage salariés/indépendants. Par exemple, le même terme (*professionals*) sert à désigner les professions libérales et les salariés à haute compétence.

CONCLURE

La nomenclature des PCS tend à s'éloigner de la réalité des groupes sociaux et d'autres grilles de lecture sont nécessaires. Certains pays, sur le modèle de la CITP, ont fait évoluer cet outil.

La mobilité sociale

Pourquoi la mobilité sociale est-elle un enjeu essentiel ?

1 Les différentes formes de mobilité sociale

▶ La mobilité sociale désigne un **changement fonctionnel dans la position sociale** d'un individu (mobilité individuelle) ou d'un groupe (mobilité collective). Elle se mesure habituellement à partir de l'appartenance à une catégorie socioprofessionnelle. Elle est dite **ascendante** lorsqu'elle entraîne une majorité de changements de PCS dans le sens d'une élévation (de revenus, de qualifications, de responsabilité).

▶ La mobilité sociale peut prendre différentes formes.

- La mobilité **intergénérationnelle** recense les catégories socioprofessionnelles respectives des pères et des fils aux mêmes âges.
- La mobilité **intragénérationnelle** recense la position sociale d'une personne à différents âges (mobilité personnelle).
- La mobilité **géographique (ou spatiale)** concerne le changement d'un lieu de résidence à un autre (mobilité résidentielle) ou d'un lieu de travail à un autre (mobilité dans l'emploi). Elle n'est pas en soi un type de mobilité sociale, mais elle y est associée car la migration est souvent accompagnée d'un changement de statut social.

2 Deux indicateurs essentiels : la mobilité nette et la fluidité sociale

A Mobilité structurelle et mobilité nette

▶ La mobilité **structurelle** est la proportion d'actifs qui doivent occuper une position sociale différente de leurs parents suite au **changement de la structure des emplois** intervenu entre les deux générations. Il y a ainsi aujourd'hui plus de cadres et moins d'agriculteurs qu'il y a 40 ans.

▶ La mobilité **nette** est celle qui reste une fois prise en compte la mobilité structurelle. Elle est « pure » car indépendante de la structure sociale. On la calcule en faisant la **différence entre mobilité brute (ou observée) et mobilité structurelle.**

B La fluidité sociale

▶ La fluidité sociale mesure la **mobilité d'une catégorie par rapport à une autre.** Si, sur 100 fils de cadres, 80 deviennent cadres et 20 employés, alors que pour 100 fils d'employés, 75 deviennent employés et 25 cadres, alors le rapport de chances relatives (fluidité) pour devenir cadre est de (80/20)/(25/75) = 12. Les chances de devenir cadre plutôt qu'employé sont 12 fois plus élevées pour les fils de cadres que pour les fils d'employés.

▶ La fluidité sociale complète l'étude de la mobilité intergénérationnelle car elle **permet d'analyser les chances respectives** des membres de différents groupes sociaux **d'atteindre tel ou tel statut**. Depuis les années 1950, l'inégalité relative des chances entre fils de cadres et fils d'ouvriers d'accéder à une position de cadre diminue : la fluidité est donc plus importante.

3 *Importance et limites de la mobilité sociale*

▶ La mobilité sociale est un enjeu politique, car elle permet d'évaluer la réalité de l'**égalité des chances** dans les sociétés démocratiques. Il y a égalité des chances lorsque les chances d'accéder à une position sociale sont indépendantes de l'origine sociale.

▶ Les données sur la **mobilité sociale intergénérationnelle** comportent des **lacunes** :
– la dernière enquête remonte à 2003 ;
– l'INSEE étudie uniquement la mobilité des hommes de 40 à 59 ans : les femmes sont écartées du fait de la forte hausse de leur taux d'activité professionnelle (les comparaisons entre générations sont difficiles) ;
– les études de mobilité ne reflètent pas toujours le ressenti des individus lié au contexte dans lequel vit chaque génération.

CONCLURE

La mobilité sociale reste un enjeu important dans nos sociétés, car elle est le reflet d'un idéal démocratique d'égalité des chances. Il faut donc en évaluer l'évolution, les formes et les limites.

Les flux de mobilité sociale 27

Comment les tables de mobilité rendent-elles compte du degré d'égalité des chances dans une société ?

1 Lire les tables de mobilité

A Table de destinée des hommes en 2003 (en %)

	PCS du fils					
PCS du père	Agriculteur	Cadre	Employé	Ouvrier	Autre	Ensemble
Agriculteur	22	9	9	37	23	100
Cadre	1	53	6	9	31	100
Employé	0	22	17	26	35	100
Ouvrier	1	10	13	46	30	100

Source : INSEE, *Données sociales*, 2006.

Cette table permet de savoir **ce que sont devenus les fils des membres d'un groupe socioprofessionnel**. La table de destinée se lit par ligne de la manière suivante : 22 % des fils d'agriculteurs sont devenus agriculteurs et 22 % des fils d'employés, cadres.

B Table de recrutement des hommes en 2003 (en %)

	PCS du fils			
PCS du père	Agriculteur	Cadre	Employé	Ouvrier
Agriculteur	88	8	13	18
Cadre	1	24	5	2
Employé	1	11	14	7
Ouvrier	7	23	49	58
Autre	3	34	19	15
Ensemble	100	100	100	100

Source : INSEE, *Données sociales*, 2006.

Cette table permet de connaître l'**origine sociale des membres d'un groupe socioprofessionnel**. La table de recrutement se lit par colonne de la manière suivante : 88 % des agriculteurs sont fils d'agriculteurs et 11 % des cadres sont fils d'employés.

2 *Ce que montrent les tables de mobilité*

A Une amélioration de l'égalité des chances

▶ La table de destinée montre que la **mobilité verticale ascendante** est plus importante que la **mobilité descendante.** Il y a donc une réelle amélioration de l'égalité des chances.

▶ En comparant les résultats des deux tables, catégorie par catégorie, on constate que **la structure sociale s'est « ouverte par le haut »**. En effet, les professions du haut de l'échelle sociale attirent plus de monde : 24 % des cadres sont fils de cadres (recrutement), mais 53 % des fils de cadres sont cadres (destinée). Il y a plus de cadres à la génération des fils (même remarque pour les professions intermédiaires).

▶ Il y a donc eu **mobilité structurelle** : par exemple, les fils d'agriculteurs ne pouvaient pas tous rester agriculteurs. À l'inverse, il n'y aurait pas eu assez de fils de cadres pour occuper tous les emplois de cadres.

B Une tendance au déclassement

▶ Selon l'INSEE, le rapport (ascendants/descendants) est de 2 pour les personnes nées entre 1944 et 1948. Toutes catégories confondues, un fils a deux fois plus de **chances de monter dans l'échelle sociale** (par rapport à son père) que d'en descendre. Le rapport n'est plus que de 1,5 pour celles nées entre 1964 et 1968, les chances de monter dans l'échelle sociale sont en conséquence plus faibles.

▶ Ce **déclassement** s'explique par un ralentissement de la mobilité structurelle ascendante, alors que le chômage et la croissance faible rendent plus difficile l'accès aux emplois qualifiés.

CONCLURE

Les flux de mobilité ascendante restent plus importants que ceux de mobilité descendante, mais le rapport entre les deux flux se dégrade depuis quelques années.

Les facteurs de mobilité sociale 28

Quels sont les déterminants de la mobilité et de la reproduction sociale ?

1 *Mobilité structurelle et démocratisation de l'école*

▶ La mobilité structurelle a favorisé l'égalité des chances. Depuis les Trente Glorieuses (1945-1973), les **offres d'emploi de cadres et professions intermédiaires** se sont accrues (15,7 % de la population active en 1962, contre 41 % en 2011). Ainsi, les fils de milieux populaires ont pu accéder aux professions d'encadrement : en 2008, 32 % des enfants d'ouvriers étaient cadres, contre 13 % en 1982.

▶ La mobilité sociale s'explique aussi par la démocratisation de l'école. Celle-ci a permis de **répondre aux besoins structurels de l'économie**, à savoir plus de main-d'œuvre qualifiée et diplômée (ingénieurs, techniciens, cadres administratifs et commerciaux…). C'est un phénomène à la fois quantitatif (71,6 % d'une génération a obtenu le baccalauréat en 2011, contre 25,9 % en 1980) et qualitatif (la réussite scolaire est moins dépendante de l'origine sociale).

2 *L'école reproduit les positions sociales*

▶ Les chances d'accès à des diplômes secondaires et supérieurs restent très inégales en fonction de l'**origine sociale**. Un exemple : en 2011, 50,9 % des étudiants inscrits en classe préparatoire des grandes écoles (CPGE) ont des parents cadres ou exerçant une profession libérale.

▶ Selon **Pierre Bourdieu**, l'école reproduit les structures sociales. Le **capital culturel** que les parents transmettent aux enfants est un déterminant essentiel de la réussite scolaire. Il est, dans les milieux aisés, très proche de la culture scolaire : les exigences et les valeurs sont souvent les mêmes. Le **capital social** constitue un atout supplémentaire car les parents peuvent activer leurs réseaux sociaux pour favoriser un meilleur choix d'orientation.

CITATION « [L']école traite comme "égaux en droits" des individus "inégaux en fait" c'est-à-dire inégalement préparés par leur culture familiale à assimiler un message pédagogique. » P. Bourdieu, 1966

▶ Selon **Raymond Boudon**, les stratégies familiales ont un rôle important dans la persistance des inégalités scolaires. Pour les familles modestes, le **coût de la scolarité** est élevé, alors qu'elles ne perçoivent pas toujours les avantages d'un supplément de scolarité. Elles limitent donc la durée d'études. Les familles aisées, en revanche, ne sont pas freinées par le coût de la scolarité et favorisent les études longues pour maintenir le niveau social familial. Il y a donc un **choix stratégique coûts/avantages**.

3 *L'école n'est pas le seul facteur de mobilité sociale*

A Le paradoxe d'Anderson

▶ En 1961, le sociologue américain **Charles Anderson** a montré qu'un fils peut avoir un niveau de diplôme supérieur à son père sans pour autant occuper une position sociale supérieure : 47 % des fils ayant un diplôme plus élevé que celui de leur père ont un statut égal ou inférieur à lui. C'est le paradoxe d'Anderson : **le diplôme ne suffit plus à expliquer la mobilité sociale**.

▶ Cette dévalorisation des diplômes sur le marché du travail s'explique par le décalage entre la **croissance du nombre de diplômés** et l'augmentation plus faible du nombre d'emplois correspondant à ce niveau de qualification. Elle est source de **déclassement**.

B L'effet de dominance

▶ À **diplôme égal**, les jeunes issus de **milieux aisés** bénéficient en général d'une **position sociale plus élevée** que ceux issus des classes populaires.

▶ Les diplômés d'origine modeste ne disposent pas du capital social permettant d'accéder à des emplois supérieurs.

CONCLURE

La démocratisation de l'école a accru la mobilité ascendante, mais la progression de l'égalité des chances reste limitée car la réussite scolaire et l'accès à un emploi qualifié restent inégaux selon les milieux sociaux.

Classes, stratification et mobilité sociales

UN SCHÉMA POUR MÉMORISER

Mobilité et reproduction sociale

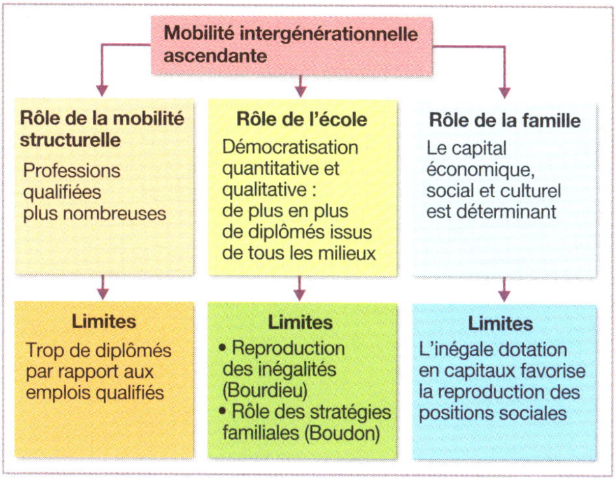

LES CHIFFRES CLÉS

Inégalités économiques et sociales en France

Source : INSEE.

- **Taux de chômage** : 12,9 % des ouvriers contre 3,8 % des cadres supérieurs (2011)
- **Travail à temps partiel** : 30,1 % des femmes contre 6,9 % des hommes (2011)

Inégalités de développement dans le monde

Sources : OMS, UNESCO.

- **Analphabétisme** : 17 % de la population mondiale adulte (2011)
- **Sous-alimentation** : 1 milliard de personnes (2011)
- **PMA** : 48 en 2012, dont 33 sur le continent africain

LES DÉFINITIONS

Stratification et classes sociales

- **classes sociales** : groupes sociaux plus ou moins homogènes qui doivent leur existence à leur place dans la division du travail et qui se différencient par leurs conditions matérielles d'existence, leur style de vie et une certaine reproduction de leur position entre générations.
- **groupe de statut** : ensemble d'individus auquel est associé un même niveau de prestige, lié à la naissance, au niveau d'instruction et à la profession.
- **inégalités économiques** : inégalités salariales, de revenus et de patrimoine.
- **inégalités sociales** : inégalités en termes de pratiques culturelles, d'accès aux soins et au logement, mais également inégalités scolaires ou face à l'emploi.
- **moyennisation de la société** : atténuation des clivages sociaux dans la société accompagnée d'un gonflement des couches sociales intermédiaires ou « moyennes ».
- **nomenclature des PCS** : classement qui découpe la société française en grandes catégories liées aux professions.

Mobilité sociale

- **mobilité sociale** : changement de position sociale des individus au cours de leur vie (mobilité intragénérationnelle) ou par rapport à leurs parents (mobilité intergénérationnelle).
- **capital culturel** : ressources mobilisées par la famille en matière culturelle (connaissances, niveau d'études, etc.).
- **fluidité sociale** : mesure de la mobilité d'une catégorie par rapport à une autre.
- **déclassement** : réduction de la mobilité ascendante d'une génération à l'autre.
- **paradoxe d'Anderson** : un fils peut avoir un niveau de diplôme supérieur à son père, sans pour autant occuper une position sociale supérieure.

La solidarité

30

SES

Quels sont les fondements et les facteurs de fragilisation du lien social dans nos sociétés ?

1 Les fondements de la solidarité selon Durkheim

A Le lien social

▶ Pour le sociologue Émile Durkheim (1858-1917), les hommes ont besoin de **règles pour vivre en société**, car elles sont indispensables à leur **intégration sociale**. Ces règles, désignées par les termes de normes et de valeurs, sont contraignantes, mais permettent la **solidarité sociale**. Le lien social est constitué des relations directes entre les individus, mais repose aussi sur l'appartenance et l'affiliation à une culture commune.

▶ Ainsi, la société unit ses membres en leur permettant d'être en relation les uns avec les autres et de partager des buts communs : c'est la **cohésion sociale**. Les membres d'une société partagent aussi une **conscience collective**.

CITATION « La conscience collective est l'ensemble des croyances et des sentiments communs à la moyenne des membres d'une société. »
É. Durkheim, 1897

B Les deux formes de solidarité sociale

Durkheim distingue deux formes de solidarité qui caractérisent les sociétés traditionnelles et modernes.

▶ La **solidarité mécanique**, qui repose sur la similitude, est caractéristique des sociétés traditionnelles : **tous les individus exercent les mêmes tâches**, seule la différenciation des sexes est marquée. Il y a une forte conscience collective, car la façon de penser de l'individu et celle du groupe sont confondues. Se différencier des autres mettrait en danger la collectivité, c'est pourquoi **le droit est répressif**.

▶ La **solidarité organique** est caractéristique des sociétés modernes : la **division du travail** rend les hommes complémentaires et donc solidaires, comme les organes du corps humain. Les individus sont plus autonomes et doivent se plier à certaines exigences pour participer à la vie sociale. Dans les sociétés modernes, **le droit est restitutif** : on remet les choses en l'état en utilisant la réprobation et la sanction en cas de violation des règles sociales.

2 Les facteurs de fragilisation du lien social

A La montée de l'individualisme

▶ Au sens sociologique, l'individualisme désigne l'**émancipation de l'individu** vis-à-vis des contraintes collectives.

▶ L'individualisme peut s'envisager de deux façons.
- Une **forme particulariste** : principe du chacun pour soi et de l'égoïsme, qui menace le lien social ; le recul du syndicalisme peut, par exemple, être lié en partie à une forme d'individualisme ; on ne croit plus à la force de l'action collective.
- Une **forme universaliste** : autonomie de l'individu qui choisit ses liens sociaux en les rendant plus solides ; on constate, par exemple, une plus grande liberté de choix dans les relations familiales.

B L'anomie ou le dérèglement social

▶ L'anomie désigne une **insuffisance de règles sociales** qui désoriente les individus dans leurs conduites et leurs relations. Le progrès technique et le changement social en constituent les deux causes principales. Par exemple, la forte augmentation du nombre de divorces a bouleversé les règles familiales et a entraîné une perte de repères. Le lien social peut donc être fragilisé par l'anomie.

▶ Il n'y a pas de société sans **déviance** (transgression de normes qui fait l'objet d'une sanction), mais son augmentation est l'expression d'une société qui a de plus en plus de mal à intégrer ses membres. De ce fait, la cohésion sociale est menacée. La déviance exprime souvent un **appel à l'intégration** de la part de personnes qui se sentent rejetées. Les manifestations des « Indignés » en Espagne en sont un exemple.

CONCLURE

Analyser les fondements de la solidarité nous amène à préciser la nature des liens qui unissent les individus au sein d'une société et à montrer les facteurs qui la fragilisent.

L'intégration 31

Comment ont évolué les trois principales instances d'intégration – famille, école et travail – qui permettent de « tisser » le lien social ?

1 *La famille*

A Le rôle de la famille

▶ La famille est l'**institution première** produisant du lien social. Elle **socialise** le petit enfant, lui apprend à rentrer en relation avec l'autre et lui transmet une culture familiale.

▶ Intense dans la petite enfance, la socialisation est un processus d'apprentissage de valeurs, normes et rôles sociaux qui se prolonge **tout au long de l'existence.**

▶ Même si la famille moderne met en avant l'autonomie de ses membres et leur liberté de choix, les **solidarités familiales** restent encore fortes (aides financières, échanges de service…).

B Les transformations de la famille à la fin du XXe siècle

▶ Depuis le début des années 1970, d'importantes évolutions bouleversent la famille traditionnelle et marquent un **affaiblissement des règles** qui la régissaient.

▶ Ces évolutions créent de l'anomie et il y aurait une **désinstitutionalisation de la famille.** La famille joue désormais moins qu'avant son rôle d'intégration à travers le respect de règles et de valeurs.

2 *L'école*

A L'école intègre

▶ L'école intègre **en transmettant des valeurs**, qui sont les représentations abstraites que la société valorise et qui orientent la conduite de ses membres (respect d'autrui, solidarité…), **et des normes** (discipline, sens de la hiérarchie…). Les élèves expérimentent les règles de la vie sociale et s'en imprégnent tout en ayant accès à un savoir qui permet leur émancipation.

▶ L'école, en socialisant et en instruisant, permet à l'enfant de **construire son identité.**

B Mais l'école peut exclure

▶ Tous les systèmes scolaires ne sont pas forcément porteurs de cohésion. C'est encore trop souvent le **cas du système français**, qui reste marqué par un **élitisme républicain**, avec sa culture du classement, de la sélection et de l'élimination précoce. Ce système est à comparer avec d'autres systèmes scolaires où les inégalités sont faibles (en Europe du Nord, par exemple) et où les élèves se sentent plutôt bien intégrés, ce qui n'empêche pas la formation d'une élite qui fait jeu égal avec l'excellence internationale.

▶ De plus, la **massification scolaire** a intensifié la concurrence entre élèves et produit un nouveau type d'**exclusion** qui relègue les jeunes en difficulté **hors du système scolaire** ou ceux en échec dans des **filières dévalorisées** (filières professionnelles sur lesquelles on a porté un jugement négatif). Aujourd'hui en France, 10 % des jeunes de 18 à 24 ans sont sortis du système scolaire sans diplôme.

3 *Le travail*

A L'intégration par le travail

▶ L'individu qui travaille participe à la production sociale (solidarité organique) et acquiert ainsi un sentiment d'**utilité sociale**. Son **revenu** lui permet l'accès à la **consommation**, elle-même intégratrice, et son **statut** le protège contre les aléas de la vie sociale grâce à la **protection sociale**.

▶ De plus, le travail est un **espace de socialisation** où se nouent des relations qui impliquent le respect des normes collectives. Le travail permet une vie ritualisée et rythmée par les obligations professionnelles.

B De nouvelles formes d'organisation du travail

▶ Néanmoins, les **nouvelles formes d'organisation du travail** (NFOT) peuvent isoler les salariés et créer une véritable souffrance.

▶ La pénibilité, les contraintes routinières ou une dimension aliénante peuvent mettre à mal l'identité sociale des individus. Le travail perd alors de sa force d'intégration.

CONCLURE

Dans nos sociétés modernes, les instances d'intégration continuent de jouer leur rôle, mais les évolutions récentes de la société ont tendance à les fragiliser.

Le lien social fragilisé

32

Quels sont les principaux facteurs de fragilisation des instances d'intégration et du lien social dans nos sociétés ?

1 *La crise du travail*

▶ La **montée du chômage** entraîne une remise en cause du rôle social et de l'identité de la personne sans travail. Avec la perte de son statut professionnel et du sentiment d'utilité sociale, le chômeur découvre une forme d'isolement accentué par la baisse de ses revenus.

▶ L'augmentation des **emplois précaires** rend plus difficile la participation du salarié à la vie de l'entreprise, alors que l'instabilité de sa situation fragilise son intégration sociale. En outre, il existe de plus en plus de **travailleurs pauvres** qui ont un emploi avec une rémunération trop faible pour vivre décemment. Les travailleurs pauvres et les salariés occupant des emplois précaires peuvent percevoir un complément de revenus de la part de l'État, comme le RSA (revenu de solidarité active).

2 *L'augmentation de la pauvreté*

▶ La pauvreté est définie comme l'**incapacité d'un individu à satisfaire un certain nombre de besoins essentiels** tels que l'accès au logement, aux soins, à l'éducation…

▶ La mesure de la pauvreté va au-delà de celle de la pauvreté monétaire et est délicate puisqu'il s'agit d'un cumul de handicaps sociaux (financiers, scolaires et culturels). On peut considérer que la pauvreté revêt trois dimensions.

• La **pauvreté monétaire** est relative à chaque société. Sont pauvres les ménages dont les revenus sont inférieurs à un seuil de pauvreté estimé à 60 % du revenu médian.

• La **pauvreté des conditions de vie** se traduit par un manque de bien-être matériel et social, des privations, l'absence de confort…

• La **pauvreté psychologique** est la perception qu'ont les individus de leur situation et de leurs difficultés.

CHIFFRES CLÉS En 2011, 14,3 % de la population est pauvre en France métropolitaine ; 8,7 millions de personnes ont un niveau de vie inférieur au seuil de pauvreté.

▶ Aujourd'hui, en France, les personnes vivant en dessous du **seuil de pauvreté** sont principalement les personnes seules au chômage ou avec des contrats précaires, les jeunes, les femmes et familles monoparentales, les familles avec enfants dont au moins une des personnes est inactive.

3 La montée de l'exclusion

A Caractéristiques du processus d'exclusion

▶ L'exclusion est un processus de **rupture progressive du lien social** pouvant conduire l'individu à l'**isolement** ou à la **marginalisation**. La **désaffiliation sociale** est l'affaiblissement des relations et des liens sociaux, tandis que la **disqualification sociale** se traduit par le rejet et la dévalorisation de la personne qui se met à l'écart des dispositifs d'assistance.

▶ Le processus d'exclusion, qui touche particulièrement en France les sans domicile fixe (SDF), passe généralement par trois étapes :
– la **fragilisation des individus**, par exemple celle des personnes déclassées après un échec professionnel ;
– la **dépendance des individus**, par exemple vis-à-vis des travailleurs sociaux ;
– la **rupture du lien social** avec, par exemple, la perte de la protection sociale ou l'absence d'adresse de domiciliation à donner à un hypothétique employeur.

B Causes du processus d'exclusion

▶ Le **chômage**, particulièrement le chômage de longue durée, et la **précarité de l'emploi** sont les causes essentielles de l'exclusion, avec la précarité des **situations familiales**.

▶ Les causes de la pauvreté et de l'exclusion sont souvent identiques. Ainsi, en 2011, 44 % des ménages percevant un revenu net mensuel de 1 000 euros n'appartiennent à aucun réseau social, contre 24 % pour les ménages percevant un revenu de plus de 2 500 euros mensuels. On peut cependant être pauvre sans être exclu.

CONCLURE

Les difficultés rencontrées par les instances d'intégration, associées à la montée de l'individualisme, fragilisent la cohésion sociale. La montée de la pauvreté et de l'exclusion en sont des indices inquiétants.

Conflit et changement social

33

Les conflits, longtemps considérés comme source de changement social, sont-ils aujourd'hui l'expression d'une résistance au changement social ?

1 Le conflit de classe au XIXe siècle

CITATION « Homme libre et esclave, patricien et plébéien, baron et serf, maître de jurande et compagnon, bref oppresseurs et opprimés, en opposition constante, ont mené une lutte ininterrompue, tantôt ouverte, tantôt dissimulée. » K. Marx, 1848

▶ Pour **Karl Marx**, le conflit fait partie de la vie sociale et traduit toujours une divergence profonde d'intérêts entre une classe dirigeante et une classe opprimée. Il est le **moteur principal** des changements sociaux.

▶ Les conflits du travail au XIXe siècle sont nombreux et sont à l'origine de la construction du **mouvement ouvrier** ainsi que de l'apparition des premiers **syndicats** (groupements professionnels ayant pour objet la défense matérielle de leurs membres). Les grèves et manifestations ont fait évoluer la législation du travail et permis des avancées sociales : reconnaissance du droit de grève (1864) et du syndicalisme (1884), repos hebdomadaire obligatoire (1906)…

2 Le conflit, source de changement social

▶ Il y a conflit lorsque les relations entre acteurs sont bloquées. La rupture des relations habituelles entre ces acteurs met en évidence la nécessité de résoudre un problème et sa résolution peut être source de **changement bénéfique à tous les acteurs** (jeu à somme positive). Le conflit est alors **structurant**.

▶ Le conflit social, dont l'enjeu concerne la collectivité tout entière, exprime une opposition parfois violente entre acteurs sociaux. L'**histoire du mouvement ouvrier au XXe siècle** montre que des avancées importantes de la législation française du travail ont fait suite à des conflits sociaux de grande ampleur :

– loi sur les congés payés et la semaine de 40 heures (accords de Matignon en 1936) ;

– ordonnances sur les comités d'entreprise, loi sur la Sécurité sociale, les allocations familiales et les délégués du personnel (1945-1947) ;
– hausse du SMIC et reconnaissance légale des syndicats d'entreprise (accords de Grenelle en 1968).

▶ Progressivement, les conflits sociaux ont été **institutionnalisés** et **pacifiés** par des instances et des procédures ayant permis un règlement plus facile : syndicats, droit du travail…

3 *Le conflit, facteur de résistance aux changements sociaux*

A Le changement social peut générer des conflits

▶ Quand le changement social génère des conflits, on dit que ce conflit est **conservateur** car il cherche à empêcher des modifications de comportements, de normes et de valeurs. C'est donc l'expression d'une **résistance** des individus au changement social. Il s'agit souvent d'un **conflit corporatiste** qui cherche à défendre des intérêts d'une profession au détriment des autres.

▶ Dans l'entreprise, la conflictualité traduit la plupart du temps la **difficulté du management à mobiliser les acteurs vers le changement**. Il s'agit alors de gérer le facteur humain et d'aboutir à un **compromis** entre l'efficacité (objectifs), l'efficience (moyens) et le sens des changements.

B Une conflictualité résistante ?

▶ La résistance au changement social n'est pas toujours conservatrice. Il peut y avoir résistance à un changement de la législation du travail qui se traduit par un **recul des acquis sociaux**.

▶ Les conflits expriment souvent une **remise en cause du pouvoir** et un **manque de démocratie**, qui ne sont pas uniquement de l'ordre d'une résistance au changement. La révolte des « Bonnets rouges » en Bretagne (2013-2014) portait aussi sur l'insuffisance de dialogue social avec l'État.

CONCLURE

La théorie marxiste a placé le conflit au centre de son analyse du changement social : il en est le moteur. Aujourd'hui, le conflit est à la fois source de changement social et expression d'une résistance à celui-ci.

Les différentes lectures du conflit social

34

SES

Quelle est la signification des conflits sociaux et quels rôles jouent-ils dans la société ?

1 *Le conflit, pathologie de l'intégration*

A Pathologie de la division du travail

▶ L'intégration par le travail ou à la vie sociale peut parfois prendre des **formes anormales** qualifiées de pathologiques et engendrer des conflits (→ FICHE 33).

▶ Ainsi, pour **É. Durkheim**, la division du travail ne produit pas toujours de la solidarité organique.
Il cite l'exemple de la **domination du capital sur le travail** dans la grande industrie, qui bouleverse les relations du travail et engendre de nombreux conflits. Dans ces situations, les acteurs s'opposent et ne sont plus complémentaires.

B Pathologie de l'adaptation et de la communication

▶ Les sociologues américains mettent l'accent sur l'**adaptation de l'individu à son milieu.** Ils ont donc tendance à considérer que toute insatisfaction, toute révolte (conflit) contre le milieu est un phénomène pathologique.
Par exemple, les violences dans les banlieues résulteraient d'un défaut d'intégration de la part de jeunes inadaptés à la vie sociale, qui expriment leur mal-être.

▶ La conflictualité peut aussi résulter d'une **pathologie de la communication.** Le conflit naît de la difficulté des dirigeants à expliquer des décisions qui s'imposent et des crispations des exécutants devant toute remise en cause de leur situation, liée à la modernité et aux impératifs du marché du travail.
Par exemple, la privatisation de France Télécom a généré des conflits car la direction n'a pas su bien expliquer aux salariés les changements dans l'organisation du travail et ceux-ci ont souvent adopté une position de refus.

2 Le conflit, facteur de cohésion sociale

A Des effets sur le lien social

> CITATION « [Grâce au conflit,] des personnes et des groupes qui sans cela n'auraient rien à faire ensemble sont amenés à se rassembler. »
> G. Simmel, 1908

▶ Le sociologue allemand **Georg Simmel** est le premier à mettre en évidence la **dimension intégratrice des conflits sociaux.** Par exemple, un conflit du travail qui porte sur un refus de licenciement permet de définir une cause commune autour de laquelle on se confronte. Les grévistes découvrent la solidarité et sont obligés de mettre en place des règles pour aboutir à un accord.

▶ Le conflit assainit les relations au sein d'un groupe. Son apparition désamorce les tensions qui s'étaient accumulées entre les individus en relation. Il **préserve le groupe de la dissolution** qui entraînerait le retrait des participants frustrés par une relation d'hostilité qu'ils ne supportent plus.

▶ L'**approche fonctionnaliste** aboutit à des conclusions proches : le conflit peut contribuer à renforcer les liens sociaux, en poussant différents groupes à **s'allier**, en amenant les individus à **s'investir** dans la vie publique, ou encore en obligeant les adversaires à **communiquer**.

▶ Les conflits du travail entre patronat et syndicats ont contribué à l'équilibre des relations sociales, surtout quand les règles du jeu ont été bien établies : on parle d'**institutionnalisation du conflit**. Le tissu social se trouve alors renforcé.

B Des effets individuels positifs

▶ Le conflit permet également d'**accepter les autres**, notamment des personnes auxquelles on s'oppose, tandis que la révolte permet d'éviter d'être complètement dominé (par exemple, les mouvements pour la défense des sans-papiers).

▶ L'engagement apporte des liens de sociabilité, des connaissances et des compétences. Il restaure une **identité valorisante des individus.**

CONCLURE

Le conflit peut, dans certains cas, être l'expression d'une pathologie de l'intégration, mais il reste cependant un rouage essentiel du processus d'intégration sociale.

Les conflits sociaux en France 35

Depuis la fin de la Seconde Guerre mondiale, comment les conflits sociaux ont-ils évolué en France ?

1 Les conflits sociaux après 1945

A Le mouvement central

▶ Dans la période 1945-1975, les conflits du travail occupent une place prépondérante et les syndicats, bien que divisés, sont puissants (→ FICHE 33). Le **taux de syndicalisation** en France est supérieur à 25 % à la fin des années 1960 et la classe ouvrière (40 % de la population active) est unie et forte.

▶ On parle de mouvement central pour montrer l'**importance des conflits du travail** à cette époque. En 1968, par exemple, la France a connu trois semaines de grève générale.

B Le déclin des conflits du travail

▶ À partir de la fin des années 1970, après la période de croissance des Trente Glorieuses, on observe une **régression** des conflits du travail.

CHIFFRES CLÉS

Le syndicalisme est en crise : moins de 8 % des salariés sont syndiqués aujourd'hui en France contre 26,7 % en 1950.

▶ Ce déclin s'explique d'une part par la **menace du chômage**, qui pèse sur le climat social, et d'autre part par le fait que les syndicats, toujours très divisés, ont mal intégré les **changements dans la structure de l'emploi**. Il est difficile de revendiquer des hausses de salaire, alors que l'augmentation des emplois précaires (CDD, intérim…) joue en défaveur des syndicats et que le monde salarial est plus dispersé (déclin de la grande industrie, essor du tertiaire et des PME).

▶ La **montée de l'individualisme** entraîne une moindre implication dans l'action collective. Selon le **paradoxe d'Olson**, l'individu rationnel n'a pas intérêt à participer à l'action collective car le calcul coûts/ avantages l'en dissuade. Il adopte l'attitude du « passager clandestin » car il peut tirer profit de l'action des autres.

2 *Les nouveaux mouvements sociaux (NMS)*

A Les caractéristiques des NMS

▶ Apparues dans les années 1960-1970, de nouvelles luttes collectives sont désignées sous l'appellation « nouveaux mouvements sociaux » (NMS). Dans les **sociétés modernes** postindustrielles, technocratiques et post-matérialistes, les besoins matériels étant supposés satisfaits, les préoccupations se tournent vers d'**autres besoins** et les appareils de décision économiques et politiques sont de plus en plus contestés (→ SCHÉMA, FICHE 36).

▶ Les NMS ont pour principales caractéristiques :
– une **organisation** et un **répertoire d'action en rupture avec le fonctionnement syndical** : sit-in, grève de la faim (sans-papiers), défilé festif (Gay Pride)… ;
– des **valeurs** et **revendications nouvelles** : résistance au contrôle social, autonomie, épanouissement personnel… ;
– des **acteurs qui ont changé** : classes moyennes salariées et diplômées, étudiants, femmes, homosexuels… ;
– un **rapport au politique différent** : demande d'espaces d'autonomie et de démocratie.

B Les limites de l'évolution des conflits sociétaux

▶ Les NMS ne sont **pas vraiment nouveaux** et les formes d'action changent en réalité très peu. Des mouvements féministes (suffragettes) et écologistes existaient déjà au XIXe siècle, ainsi que les manifestations festives.

▶ Aujourd'hui, on assiste à un **retour des préoccupations économiques et sociales** qui s'éloignent de celles des NMS et qui sont traversées par les thématiques de pouvoir d'achat, chômage, précarité, exclusion.

▶ Les conflits du travail restent nombreux, mais ils n'apparaissent pas toujours dans les statistiques et prennent des **formes différentes** : pétitions, arrêts de travail d'une heure, distribution de tracts…

CONCLURE

Les difficultés économiques de la fin du XXe siècle ont fait reculer les conflits du travail, relayés par des conflits de type nouveau dont les revendications et les acteurs ne sont plus les mêmes. Aujourd'hui, on constate cependant un retour des revendications économiques autour du travail.

Intégration, conflit, changement social

LE SCHÉMA À MÉMORISER

Les nouveaux mouvements sociaux

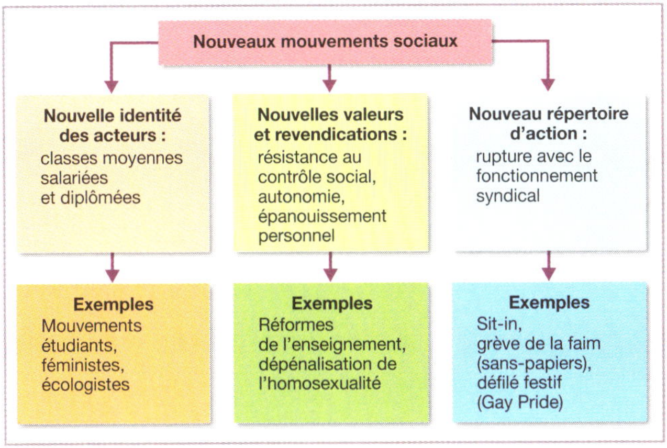

LES DATES CLÉS

La législation française du travail

1864	Reconnaissance du droit de grève
1884	Reconnaissance légale du syndicalisme
1906	Instauration du repos hebdomadaire obligatoire
1936	Accords de Matignon
1945	Ordonnances sur les comités d'entreprise, la Sécurité sociale, loi sur les délégués du personnel
1950	Instauration du SMIG, devenu SMIC en 1969
1968	Accords de Grenelle et reconnaissance légale des syndicats dans l'entreprise
1982	Lois Auroux
1998	Lois sur la semaine de 35 heures

LES DÉFINITIONS

Intégration et solidarité sociale

▶ **cohésion sociale** : état d'une société dont les membres sont unis par des valeurs et/ou des règles de vie communes.

▶ **solidarité mécanique** : caractéristique des sociétés primitives (ressemblance entre les individus et forte conscience collective).

▶ **solidarité organique** : caractéristique des sociétés modernes (individus complémentaires et solidaires).

▶ **nouveaux mouvements sociaux** (NMS) : luttes collectives dont les caractéristiques diffèrent des conflits du travail.

Conflits sociaux

▶ **conflit social** : blocage des relations entre acteurs sociaux, dont l'enjeu concerne la collectivité tout entière.

▶ **conflit du travail** : conflit qui oppose employeurs et salariés et qui porte sur l'amélioration des salaires, des conditions de travail et/ou du droit du travail.

▶ **conflit corporatiste** : conflit qui cherche à défendre des intérêts d'une profession au détriment des autres.

▶ **pathologie de l'intégration** : inadaptation de l'individu à son milieu.

▶ **formes pathologiques de la division du travail** : formes pathologiques de la solidarité organique.

▶ **régulation des conflits** : instauration de règles par des instances et des procédures qui pacifient les conflits.

▶ **résistance aux changements** : réticence à modifier les comportements, représentations ou idées pour des raisons autres que personnelles.

▶ **paradoxe d'Olson** : l'individu rationnel n'a pas intérêt à participer à l'action collective car le calcul coûts/avantages l'en dissuade.

▶ **syndicat** : groupement professionnel ayant pour objet la défense matérielle de ses membres.

▶ **taux de syndicalisation** : (nombre d'adhérents à un syndicat/nombre de salariés) × 100.

La lutte contre les inégalités

37

Quels sont les fondements des politiques de lutte contre les inégalités ?

1 Une exigence de justice sociale

A Une construction politique et morale

▶ La justice sociale est fondée sur la recherche d'une **répartition équitable des droits sociaux et des devoirs**, au sein d'une collectivité, en fonction de la situation personnelle des individus. On la qualifie de **construction politique**, car elle résulte d'une série de choix collectifs.

▶ La justice sociale est aussi une **construction morale**, car elle s'appuie sur des principes comme l'égalité des droits ou l'égalité des chances, guidés par des valeurs sociales. En France, le principe d'égalité des droits devant l'accès aux soins a favorisé la mise en place d'une sécurité sociale publique (choix politique).

B Trois approches de la justice sociale

▶ La **justice commutative** repose sur l'échange et les relations commerciales, et garantit la situation personnelle et la liberté individuelle.

▶ La **justice distributive** s'appuie sur l'égalité des chances, elle détermine entre les personnes le partage des biens en fonction de leur mérite.

▶ La **justice redistributive** affirme la nécessité d'une intervention de l'État pour corriger des inégalités sociales qui résultent d'une mauvaise allocation des ressources par le marché.
(→ SCHÉMA, FICHE 39).

2 Qu'est-ce que l'égalité ?

A L'égalité, un principe démocratique

La lutte contre les inégalités répond à une exigence de justice sociale, elle-même fondée sur la recherche de l'égalité entre les hommes.

▶ Pour **Alexis de Tocqueville** (1805-1859), qui a analysé les fondements de la démocratie à travers l'exemple américain, la démocratie est un véritable État social fondé sur le **principe d'égalité** et l'égalité (ou égalisation) des conditions.

▶ L'égalisation des conditions repose sur le respect de :
– l'**égalité des droits**, qui implique que les citoyens soient égaux en droit, le droit étant issu de la loi élaborée par des législateurs élus par le peuple ;
– l'**égalité des chances**, qui, par exemple en France, s'incarne dans l'école républicaine en mettant chaque enfant à égalité avec les autres car elle est gratuite, laïque et les programmes sont unifiés ;
– l'**égalité des situations**, qui résulte de l'égalité des droits et des chances, et rapproche les individus en dépit de l'inégalité économique : « À tout moment le serviteur peut prendre la place du maître. »

B Les limites du principe d'égalité

▶ L'inégalité a de multiples racines, dont l'une des plus importantes est liée à l'**origine** et à la **situation sociale** de chacun. Par exemple, la réussite scolaire est liée en partie à la dotation inégale des familles en capital culturel et économique.

DATE CLÉ Depuis 2011, le Défenseur des droits (autorité constitutionnelle indépendante) combat les discriminations directes ou indirectes dans le domaine de l'emploi, du logement, de l'éducation et de l'accès aux biens et services, sur la base des 20 critères prohibés par la loi, comme l'origine ou le handicap.

▶ L'égalité se heurte à la **discrimination**, qui consiste en une différence de traitement entre les individus en raison d'un **critère** prohibé par la loi, tel que l'âge, le sexe ou la couleur de peau.

▶ Il existe également une **discrimination indirecte** quand un critère apparemment neutre désavantage particulièrement des personnes par rapport à d'autres : par exemple, la pratique qui consiste à classer un travailleur handicapé à un niveau inférieur à celui qui est le sien, au motif que son diplôme a été obtenu dans le cadre d'une formation en centre de rééducation professionnelle.

CONCLURE

La lutte contre les inégalités suppose une exigence de justice sociale. Celle-ci s'appuie sur des principes démocratiques d'égalité des droits, des chances et des situations. Lutter contre les inégalités suppose aussi de lutter contre les discriminations.

Pouvoirs publics et justice sociale 38

Comment les pouvoirs publics contribuent-ils à la justice sociale ? Quels sont les instruments mis en œuvre et leur efficacité ?

1 Les instruments de la justice sociale

A La redistribution

Les pouvoirs publics assurent la redistribution grâce à trois instruments :
– les **prélèvements** : impôts directs (IRPP), indirects (TVA), cotisations sociales, salariales et patronales ;
– les **prestations sociales** : transferts sociaux à destination des ménages (allocations familiales, minimas sociaux) ;
– la **régulation publique** : salaire minimum (SMIC), logements sociaux, dépenses d'éducation…

B La lutte contre les discriminations

▶ Lutter contre les discriminations consiste d'abord et avant tout à faire **appliquer la loi** (par exemple, la loi sur la parité hommes/femmes en politique).

▶ L'État peut aussi choisir d'avoir recours à la **discrimination positive**, grâce à des mesures destinées à permettre le rattrapage de certaines inégalités (par exemple, favoriser l'accès aux IUP à certains bons élèves issus de milieux défavorisés).

2 Les politiques de protection sociale

A Une logique d'assurance

▶ Lorsque la protection sociale est basée sur une logique d'assurance, chaque individu s'assure grâce à ses **cotisations**, partagées avec les employeurs de façon collective et obligatoire. La **redistribution** est **horizontale** : les cotisations de certaines catégories (actifs occupés) financent les prestations d'autres catégories (chômeurs, retraités).

▶ On nomme ce **système bismarckien** du nom du chancelier allemand Bismarck qui l'a mis en œuvre pour la première fois (1880).

C'est le **modèle assurantiel corporatiste** de la France et de l'Allemagne, qui peut être complété par des assurances privées et des aides de l'État à ceux qui n'ont pas pu cotiser (→ SCHÉMA, FICHE 39).

B Une logique d'assistance

▶ La protection sociale peut être basée sur le principe d'**assistance collective et obligatoire** entre individus et destinée aux gens démunis, **sans contrepartie**. L'État finance alors les aides en fonction de la situation sociale de chacun. Dans ce cas, la **redistribution** est dite **verticale** : des prélèvements de ressources (impôts) auprès des catégories les plus aisées permettent une redistribution vers les plus pauvres.

▶ On nomme ce **système beveridgien** du nom de lord Beveridge qui l'a instauré en Grande-Bretagne en 1942. Dans le **modèle libéral ou résiduel**, aux États-Unis par exemple, l'État-providence n'intervient qu'en complément du marché (assurances privées) pour assurer une protection aux plus démunis (l'aide médicale aux plus démunis : *medicare*). Dans le **modèle universaliste ou social-démocrate**, en Suède et au Danemark par exemple, on applique le principe de l'assistance, mais on l'élargit à l'ensemble de la population. Ce système est alors fortement redistributif (→ SCHÉMA, FICHE 39).

3 *La remise en cause de l'efficacité des politiques de redistribution*

▶ L'action des pouvoirs publics s'exerce sous la **contrainte des dépenses publiques**. Alors que l'on constate en France, au XXIe siècle, l'irrésistible ascension des dépenses publiques, les recettes de l'État financent avec difficulté ces dépenses.

▶ Les **néolibéraux** jugent que les prestations n'incitent pas au travail et que les prélèvements obligatoires, constitués des recettes de l'État (impôts et taxes) et des organismes publics de protection sociale (cotisations), nuisent à l'efficacité économique.

▶ La **redistribution** est néanmoins absolument **indispensable**, car elle améliore les revenus des plus démunis et maintient la cohésion sociale. Elle est aussi un soutien essentiel à la consommation.

CONCLURE

Les politiques de redistribution et de lutte contre les discriminations sont indispensables, mais leur efficacité est souvent contestée.

Justice sociale et inégalités

DES SCHÉMAS POUR MÉMORISER

Les trois approches de la justice sociale

Justice sociale

Commutative	**Distributive**	**Redistributive**
Fondée sur l'échange et les relations commerciales en garantissant la situation personnelle et la liberté individuelle	Partage des biens entre les personnes en fonction de leur mérite	Intervention de l'État pour corriger des inégalités sociales qui résultent d'une mauvaise allocation des ressources par le marché
Exemple : Transparence des prix sur un marché	Exemple : Distribution aux salariés d'une partie des dividendes de l'entreprise	Exemple : Revenu de solidarité active (RSA) pour les personnes sans ressources

Les systèmes de protection sociale

Logique d'assurance (bismarcklenne)	**Logique d'assistance** (beveridgienne)	
Modèle assurantiel corporatiste (France, Allemagne…) Redistribution horizontale Assurances privées en complément	**Modèle libéral ou résiduel** (États-Unis…) Redistribution verticale vers les plus démunis	**Modèle universaliste ou social-démocrate** (Suède, Danemark…) Redistribution verticale Assistance élargie à l'ensemble de la population

LES DÉFINITIONS

Justice sociale

▶ **égalité** : principe démocratique selon A. de Tocqueville. Il s'agit de l'égalisation des conditions, à la fois égalité des droits, des chances et des situations.

▶ **discrimination** : distinguer de façon injuste ou illégitime des personnes.

▶ **fiscalité** : ensemble des recettes du budget de l'État (impôts directs, indirects et taxes).

▶ **prélèvements obligatoires** : ensemble des impôts, taxes et cotisations sociales.

▶ **prestations** : transferts sociaux à destination des ménages.

▶ **redistribution** : prélèvement de ressources auprès de certaines catégories de la population qui sont redistribuées vers d'autres.

▶ **revenus de transfert** : revenus versés aux ménages par l'État ou par les organismes de redistribution sociale en fonction de leur situation sociale ou économique (maladie, chômage, retraite).

▶ **État-providence** : État qui assure les trois fonctions essentielles que sont la prise en charge de biens et services collectifs (hôpitaux, voies ferrées…), la redistribution et la régulation de l'économie.

▶ **services collectifs** : services d'utilité publique proposés à la collectivité et pris en charge par l'État ou les collectivités locales.

Les systèmes de protection sociale

▶ **protection sociale** : ensemble des institutions et des mécanismes fondés sur l'idée d'une solidarité nationale garantissant des ressources aux individus placés dans des circonstances particulières (maladie, accident…).

▶ **assistance** : principe d'aide collective et obligatoire entre individus et destinée aux plus démunis, sans contrepartie.

▶ **assurance** : chaque salarié s'assure grâce à ses cotisations partagées avec les employeurs, de façon collective et obligatoire.

▶ **cotisations sociales** : ensemble des recettes de la Sécurité sociale.

Le marché du travail selon l'analyse néoclassique

40

Comment les néoclassiques analysent-ils le marché du travail pour expliquer le chômage ?

1 Qu'est-ce que le marché du travail ?

A Travail et emploi ne sont pas synonymes

▶ Le marché du travail est le **lieu de rencontre de l'offre et de la demande de travail** et le lieu où se fixe son prix, le salaire. Le travail correspond à l'activité rémunérée de l'homme.

▶ Un emploi désigne une **place dans la production** (ce n'est pas juste une activité rémunérée) ; il donne un statut, une place dans la société.

	Offre	Demande
Travail	Population active	Organisations productives
Emploi	Organisations productives	Population active

B Les déterminants de l'offre et de la demande de travail

▶ Les déterminants de l'offre sont :
– des **facteurs démographiques** : évolution de la population totale (accroissement naturel, solde migratoire…) ;
– des **facteurs juridiques** : âge de la scolarité obligatoire, âge de la retraite ;
– des **facteurs sociaux** : taux d'activité des femmes, durée des études.

▶ Les déterminants de la demande sont :
– des **facteurs économiques** : volume de la production à réaliser pour répondre à la demande et coût du travail (salaire brut et cotisations sociales patronales) ;
– des **facteurs techniques** : degré d'intensité capitalistique qui dépend du choix de la combinaison productive et du progrès technique ;
– des **facteurs juridiques** : durée légale du travail, salaire minimum, conventions collectives.

2 *L'analyse néoclassique du marché du travail*

A La concurrence pure et parfaite

▶ L'école néoclassique, qui apparaît à la fin du XIXe siècle, montre que les **mécanismes du marché** jouent un **rôle régulateur** et considère que l'État ne doit intervenir que faiblement.

▶ Elle raisonne dans le cadre de la concurrence pure et parfaite (CPP), ce qui suppose **plusieurs hypothèses** :
– atomicité de l'offre et de la demande (présence de nombreux offreurs et demandeurs) ;
– homogénéité des produits ;
– fluidité et transparence du marché (absence de barrière à l'entrée ou à la sortie du marché et information parfaite) ;
– parfaite mobilité des facteurs de production.

B Le marché du travail, un marché comme un autre

▶ Le travail est une **marchandise** comme une autre ; la quantité de travail échangée et le prix de cette marchandise (taux de salaire réel) sont déterminés par la confrontation entre l'offre et la demande.

▶ L'**offre de travail** dépend d'un arbitrage entre travail et loisir : plus le salaire est élevé, plus les individus sont incités à renoncer aux loisirs.

▶ La **demande de travail** est une fonction décroissante du salaire réel.

▶ L'intersection entre demande et offre de travail détermine le **salaire d'équilibre** pour lequel il y a **plein emploi** : tous ceux qui désirent travailler pour ce salaire trouvent à s'employer et le chômage est « volontaire ».

▶ Toute violation des conditions de concurrence pure et parfaite engendre un **déséquilibre** sur le marché du travail. Si une réglementation publique fixe le salaire au-dessus de son niveau d'équilibre, cela favorise le chômage (dit « involontaire » car les individus disposés à travailler au taux de salaire d'équilibre ne trouveront pas à s'employer).

CONCLURE

Les néoclassiques ont proposé une analyse du marché du travail qui permet d'expliquer les situations de chômage. On peut se demander cependant si cette présentation décrit le comportement réel des agents (→ FICHE 41).

Les limites de l'analyse néoclassique du marché du travail 41

Pourquoi l'analyse néoclassique du marché du travail est-elle insuffisante pour expliquer le chômage ?

1 La segmentation du marché du travail

Si, pour les néoclassiques, il n'existe qu'un marché du travail, la réalité est plus complexe. Il existerait en fait plusieurs marchés du travail cloisonnés. Certaines analyses mettent ainsi en évidence le **dualisme** du marché du travail.

A Le marché primaire

▶ Il est constitué des **emplois salariés typiques** : temps complets avec un employeur unique, contrats de travail à durée indéterminée (CDI), relative stabilité et sécurité de l'emploi, et nombreux avantages (salaires élevés, promotions, avantages sociaux).

▶ On note sur ce marché une **surreprésentation des actifs masculins, de plus de 25 ans et de nationalité française**. Le niveau de qualification est relativement élevé et les actifs disposent d'expérience professionnelle.

B Le marché secondaire

▶ On trouve sur ce marché les salariés qui occupent des **formes particulières d'emploi** : emplois précaires (intérim, CDD, contrats aidés et d'apprentissage) et à temps partiel, et qui cumulent des désavantages (salaires faibles, pas d'ancienneté, peu d'avantages sociaux, insécurité de l'emploi).

> CHIFFRES CLÉS En 2012, 50,3 % des moins de 25 ans ayant un emploi occupent un emploi précaire, contre 12 % pour l'ensemble des actifs.

▶ Les salariés concernés par le marché secondaire sont des **femmes**, des **actifs jeunes et/ou d'origine étrangère**. Ils ont souvent un faible niveau de qualification et une expérience professionnelle inexistante ou insuffisante.

2 *La loi du marché n'explique pas la fixation des salaires*

A Les rigidités sur le marché du travail

Si, pour les néoclassiques, le salaire est déterminé par la confrontation entre offre et demande de travail, il semble qu'il existe des **rigidités dans la fixation des salaires**.

▶ L'**intervention croissante de l'État** constitue une entrave au libre fonctionnement des marchés.

▶ Cette intervention prend **plusieurs formes** (compromis fordiste, instauration de conventions collectives, fixation d'un salaire minimum, indexation des salaires sur l'inflation…) et expliquerait la rigidité à la baisse des salaires et le chômage, le salaire réel étant fixé à un niveau supérieur au salaire d'équilibre.

B Une information imparfaite

La rigidité des salaires peut aussi s'expliquer par l'**asymétrie de l'information**.

▶ Sur le marché du travail, contrairement à une des hypothèses de la CPP, l'information n'est pas parfaite. C. Shapiro et J. E. Stiglitz ont montré que, dans le cas du contrat de travail, le salarié connaît mieux l'effort productif qu'il fournit que son employeur. Par conséquent, l'entreprise peut avoir intérêt à verser des salaires plus élevés que le salaire d'équilibre pour inciter les salariés à être plus productifs. L'information imparfaite génère un **salaire d'efficience rigide plus élevé** que celui versé en information parfaite.

▶ Ce n'est pas la productivité qui détermine le salaire (comme chez les néoclassiques) mais le salaire qui détermine la productivité ; ceci justifie l'existence de salaires rigides élevés. Le niveau de salaire n'obéit pas à une logique de marché résultant de la confrontation d'une offre et d'une demande de travail mais à des **impératifs d'efficacité productive**.

CONCLURE

L'analyse néoclassique du chômage repose sur l'hypothèse selon laquelle le marché du travail est un marché de concurrence pure et parfaite (CPP). Mais l'hétérogénéité du facteur travail et la présence de rigidités dans la fixation des salaires remettent en cause cette analyse.

Le salariat au XXe siècle

42

Comment la condition salariale a-t-elle évolué au XXe siècle ?

1 L'extension du salariat

A Le salarié

▶ C'est une personne qui, suivant les termes d'un contrat de travail, met son **activité** à disposition d'un employeur, sous la **subordination** duquel elle se place, en échange d'une **rémunération** (le salaire). L'ensemble des salariés constitue le salariat.

▶ Le XXe siècle se caractérise par une **très forte montée du salariat** en France : 88,5 % des actifs sont salariés en 2012, contre 56 % au début du siècle dernier.

B Le contrat de travail

▶ C'est un contrat particulier, encadré par des règles très strictes, dont l'objectif est de **protéger le salarié** du fait de sa dépendance vis-à-vis de l'employeur :
– réglementation protégeant la **santé** ;
– droit aux **congés payés** ;
– dispositions limitant la **durée du travail** ;
– garanties en cas de **licenciement** ;
– droit à une **protection sociale** en cas de chômage, maladie, accident du travail…

▶ Il existe **plusieurs types de contrat** : les contrats de travail à durée indéterminée (CDI) et à durée déterminée (CDD), ou encore le contrat de travail temporaire (intérim).

2 La transformation de la condition salariale

A D'une condition misérable à l'apogée de la société salariale

▶ Jusqu'au XIXe siècle, le salarié est celui qui ne possède rien d'autre que sa force de travail, qu'il doit vendre au jour le jour. Les salariés **s'organisent** et passent d'un rapport individuel face à l'employeur à un **rapport collectif**. Un véritable contrôle de la collectivité sur l'utilisation du travail s'impose.

▶ Des **droits** et **garanties** sont peu à peu **attachés au contrat de travail** afin de lutter contre l'insécurité sociale (le fait qu'un individu ne puisse pas faire face aux risques sociaux) : interdiction du travail des enfants, droit du travail et représentation syndicale, négociations collectives, salaire minimum, sécurité sociale et indemnisation du chômage, formation professionnelle…

▶ Le mouvement amorcé à la fin du XIXe siècle et au début du XXe siècle se renforce après la Seconde Guerre mondiale et la période des **Trente Glorieuses**. Le **fordisme** est une période de fort développement des protections et droits sociaux. La norme d'emploi est alors le CDI à temps plein.

B Le rôle joué par les partenaires sociaux

▶ Les **syndicats** (→ FICHE 33) participent à l'élaboration de règles précisant les droits et devoirs des salariés en signant des **conventions collectives** avec les représentants des employeurs. Les accords conclus concernent les conditions de travail et d'emploi ainsi que les garanties sociales liées à l'emploi (diminution du temps de travail, réorganisation des horaires…).

▶ Le contrat de travail est de plus en plus encadré et la production des règles se fait notamment dans le cadre de **négociations collectives.** Il s'agit de rechercher des accords entre les partenaires sociaux (représentants des employeurs, des salariés et les pouvoirs publics).

▶ L'État intervient également, notamment en fixant un **salaire horaire minimum** en dessous duquel il est interdit de rémunérer un salarié. Les réglementations salariales votées par le Parlement sont consignées dans le **code du travail**.

> DATES CLÉS **En 1969, le SMIC (salaire minimum interprofessionnel de croissance) remplace le SMIG (salaire minimum interprofessionnel garanti) institué en 1950.**

CONCLURE

La société salariale se constitue au XXe siècle et connaît son apogée dans les années 1960-1970. Elle se fragilise par la suite avec une remise en cause des protections et des droits acquis pendant les Trente Glorieuses.

Le chômage 43

Comment définir et mesurer le chômage pour une meilleure évaluation statistique du nombre de chômeurs ?

1 Le chômage, définition et mesure

A Emploi, chômage et inactivité

▶ Il est possible de répartir la population totale en deux groupes.

• La **population active** est l'ensemble de la population déclarant exercer ou chercher à exercer une activité professionnelle rémunérée. Elle comprend les actifs occupés et les actifs inoccupés ou chômeurs.

• La **population inactive** est l'ensemble des individus n'ayant pas d'emploi et qui n'en cherchent pas (étudiants, retraités…).

▶ Chaque jour, des emplois se créent et d'autres sont détruits. Après deux années de hausse, la **contraction de l'activité économique** a entraîné la destruction de 51 000 emplois en France métropolitaine en 2012.

▶ Le **taux d'emploi** des 15-64 ans a cependant augmenté de 0,2 point (en baisse entre 15 et 54 ans et en forte hausse entre 55 et 64 ans). 64,2 % des 15-64 ans occupent un emploi fin 2013.

B Mesurer le chômage

▶ Le suivi du chômage se fonde sur l'**enquête Emploi de l'INSEE**, seule source statistique permettant de mesurer le chômage au sens du **Bureau international du travail (BIT)**. Pour le BIT, un chômeur est une personne qui n'a pas travaillé pendant une semaine donnée, qui est disponible pour prendre un emploi dans les deux semaines et qui est à la recherche d'un emploi, ou bien qui en a trouvé un qui débute dans les trois mois.

▶ Fin 2013, le **taux de chômage** au sens du BIT (part des actifs inoccupés dans la population active) s'établit à 9,7 % en métropole et à 10,1 % pour l'ensemble de la France, ce qui représente 2,8 millions de personnes en métropole. Parmi les chômeurs, 40,6 % sont des **chômeurs de longue durée** (au chômage depuis plus d'un an) au quatrième trimestre 2012.

▶ **Pôle emploi**, établissement en charge de l'emploi en France, produit également des données sur les demandeurs d'emploi, c'est-à-dire les personnes inscrites à Pôle emploi réparties en 5 catégories (de A à E) selon qu'elles exercent ou non une activité réduite, qu'elles effectuent ou non des actes positifs de recherche d'emploi et selon leur disponibilité.

▶ La notion de demandeur d'emploi inscrit à Pôle emploi est donc une **notion différente** de celle de chômeur au sens du BIT : certains demandeurs d'emploi ne sont pas chômeurs au sens du BIT et, inversement, certains chômeurs BIT ne sont pas inscrits à Pôle emploi.

2 *Emploi et chômage : des frontières de plus en plus floues*

▶ Il est de plus en plus difficile de mesurer le chômage, car un nombre croissant d'individus se trouvent dans des **positions intermédiaires** entre l'emploi, l'inactivité et le chômage. Les personnes involontairement employées à temps réduit sont, par exemple, dans des situations entre le chômage et l'emploi.

▶ Le **sous-emploi**, au sens du BIT, recouvre les personnes qui ont un emploi à temps partiel, souhaitent travailler plus d'heures sur une semaine donnée et sont disponibles pour le faire, ainsi que les personnes ayant involontairement travaillé moins que d'habitude (chômage technique ou partiel). Fin 2013, 6,4 % des actifs occupés sont en situation de sous-emploi.

▶ Le **« halo » autour du chômage** regroupe les personnes qui n'ont pas d'emploi, souhaitent travailler, mais ne sont pas considérées comme au chômage selon les normes du BIT. Fin 2013, près de 1 325 000 personnes souhaitaient travailler mais n'avaient pas été comptabilisées comme chômeuses au sens du BIT, soit 3,2 % de la population en âge de travailler.

CONCLURE

S'il n'est pas possible de mesurer le chômage par un chiffre « objectivement » déterminé, son étude est cependant essentielle pour l'analyse et la politique macroéconomiques.

Les politiques de l'emploi

44

Comment lutter contre le chômage, qui représente un coût économique, financier, humain et social très élevé ?

1 Relancer la croissance pour lutter contre le chômage keynésien

A Le chômage keynésien

▶ Pour **John Maynard Keynes** (1883-1946), la demande de travail dépend du niveau de production que souhaitent réaliser les entreprises, qui dépend lui-même de la **demande effective** (demande anticipée par les entrepreneurs).

▶ **Le chômage s'explique alors par des salaires trop faibles.** Si le salaire représente un coût, il constitue également un élément du revenu des ménages qui leur permet de consommer.

CITATION « Le plein emploi ou même une situation voisine du plein emploi est rare autant qu'éphémère. »
J. M. Keynes, 1936

▶ L'équilibre sur le marché du travail peut être un **équilibre de sous-emploi** (situation dans laquelle le niveau des offres d'emploi est inférieur à celui des demandes d'emploi).

B Les politiques de relance

▶ L'État doit alors intervenir par des politiques de relance :
– augmentation de la demande des **ménages** (hausse des revenus, baisse des impôts…) ;
– augmentation de la demande des **entreprises** (baisse des taux d'intérêt, hausse du taux de marge…) ;
– augmentation de la demande de l'**État** en utilisant le déficit budgétaire.

▶ Ces politiques ne fonctionnent pas quand la demande porte sur des produits importés ou quand les entreprises augmentent leur production grâce à des **gains de productivité.** Si ces gains sont supérieurs à la croissance du PIB, il y aura destruction et non création d'emplois.

2 *La flexibilité, une réponse au chômage classique ?*

Pour les **libéraux**, le chômage s'explique par des rigidités sur le marché du travail, qu'il faut supprimer.

▶ La lutte contre le chômage passe alors par une plus grande **rigueur salariale** (remise en cause du salaire minimum, baisse des cotisations sociales).

▶ La **flexibilité** est une politique de gestion de la main-d'œuvre, mise en place dans les entreprises pour adapter la production et l'emploi correspondant aux fluctuations de la demande (intérim, contrats à durée déterminée…).

▶ Ces politiques libérales se heurtent à des **limites économiques** (baisse des salaires qui peut freiner la demande) **et sociales** (pauvreté, exclusion, précarité).

3 *Agir sur les flux du marché du travail*

▶ Les politiques « passives » considèrent le niveau de l'emploi comme donné. Elles ne cherchent pas à agir sur celui-ci mais à corriger les effets négatifs du chômage. En revanche, les **politiques « actives »** cherchent à agir positivement sur le niveau d'emploi en créant des emplois.

▶ Les politiques de l'emploi peuvent chercher à **diminuer l'offre de travail** (population active) ou à ralentir sa hausse en allongeant les études des jeunes, en baissant le nombre de travailleurs âgés et en proposant des mesures incitatives pour diminuer l'activité féminine.

▶ Les politiques de l'emploi peuvent chercher à **augmenter la demande de travail** en diminuant le coût du travail, en favorisant le partage du travail, en flexibilisant le travail (hausse des CDD, de l'intérim…) et en créant des emplois aidés dans le secteur public ou associatif.

▶ Les **politiques de formation** regroupent l'ensemble des mesures dont l'objectif est d'améliorer la qualification des actifs afin de leur permettre de retrouver un emploi ou de conserver celui qu'ils occupent : formation professionnelle, formation scolaire…

CONCLURE

Depuis une vingtaine d'années, les gouvernements successifs ont multiplié les mesures pour l'emploi, ce qui rend aujourd'hui la politique de l'emploi française difficilement lisible et en partie inefficace.

L'intégration par le travail fragilisée 45

Comment les évolutions de l'emploi fragilisent-elles l'intégration par le travail ?

1 Précarité et chômage affaiblissent le lien social

A La précarisation des emplois fragilise les relations sociales

▶ Le marché du travail est marqué par la **montée des emplois précaires.** Ces emplois regroupent les statuts d'emploi autres que les contrats à durée indéterminée (CDI), c'est-à-dire les contrats d'intérim, contrats à durée déterminée (CDD), contrats d'apprentissage et contrats aidés.

▶ De 1982 à 2011, leur part a plus que doublé en passant de 5,4 % à 13,5 % de l'emploi total. Les emplois précaires se généralisent chez les **jeunes** ; en 2012, 50,3 % des moins de 25 ans ayant un emploi occupent un emploi précaire contre 12 % pour l'ensemble des actifs.

▶ La précarisation fragilise le lien social (→ FICHE 32), car elle ne permet pas aux individus de construire une identité professionnelle valorisante. Par ailleurs, l'individu n'est pas inséré dans un collectif de travail intégrateur et cette instabilité professionnelle renforce l'**isolement**. Enfin, l'emploi précaire favorise une **surexposition au chômage**.

B L'augmentation du chômage empêche l'intégration par le travail

▶ Le chômage remet en cause l'**identité professionnelle** du chômeur. La perte des compétences techniques et des relations sociales rendent le retour à l'emploi plus difficile.

▶ Un chômage prolongé conduit à une **perte des repères sociaux** et diminue l'employabilité des individus (capacité à retrouver un emploi).

▶ Cette fragilisation des liens sociaux peut conduire à d'autres ruptures, familiales (divorce) ou amicales, et donc à une **perte de sociabilité**, ainsi qu'à un certain isolement social. La dévalorisation de l'image de soi peut accroître les **difficultés d'intégration**.

2 Transformations du marché du travail et exclusion sociale

A Précarité et chômage sont des facteurs de pauvreté

▶ Le **chômage** entraîne une **diminution des revenus** qui peut empêcher d'accéder à la norme de consommation, notamment pour les biens d'équipement.

▶ Le chômage est la **principale cause de pauvreté**, le risque de tomber dans la pauvreté augmentant avec la durée du chômage. En France, en 2011, 14,3 % des personnes vivent en dessous du seuil de pauvreté, qui est fixé à 60 % du revenu médian (977 euros mensuels). 38,9 % des chômeurs sont pauvres, contre 6,9 % des salariés (→ FICHE 32).

▶ La **précarité** est la **seconde cause de pauvreté**. La France compte de plus en plus de « travailleurs pauvres ». Il s'agit d'individus ayant un emploi mais vivant dans un ménage dont le niveau de vie est inférieur au seuil de pauvreté.

▶ En 2011, 2,022 millions de personnes exercent un emploi mais disposent, après avoir comptabilisé les prestations sociales ou intégré les revenus de leur conjoint, d'un niveau de vie inférieur au seuil de pauvreté.

B La fragilisation de l'emploi peut conduire à une rupture du lien social

▶ L'**exclusion** est un processus dynamique qui consiste en un ensemble de ruptures affectant aussi bien les **aspects matériels** de la vie que les **aspects symboliques** et sociaux.

▶ Robert Castel définit l'exclusion comme un processus de « **désaffiliation** », résultant de la rupture des liens professionnels et familiaux.

▶ Chômage et précarité de l'emploi sont les deux facteurs essentiels de l'exclusion car ils ont à la fois un **impact économique** (perte de revenu, pauvreté…) et des **impacts sociaux** (isolement, dévalorisation…) (→ FICHE 32).

CONCLURE

Sachant que le travail intègre les individus grâce au statut, au revenu et aux droits qu'il donne, on comprend que la précarisation des emplois et la montée du chômage représentent une menace pour la cohésion sociale.

Travail, emploi, chômage

UN SCHÉMA POUR MÉMORISER

Chevauchements entre emploi, inactivité et chômage

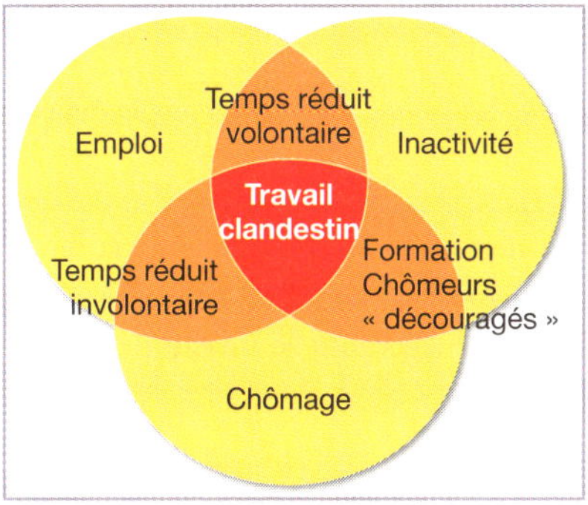

LES CHIFFRES CLÉS

Taux de chômage en Europe (juillet 2014)
• France : 10,3 % • Allemagne : 4,9 % • Espagne : 24,5 %
Emploi, chômage et inactivité en France (2013)
• Taux d'emploi des 15-64 ans : 64,2 % • Chômage de longue durée : 40,6 % des chômeurs • Sous-emploi : 6,4 % des actifs occupés
Précarité et pauvreté en France
• Part des emplois précaires dans l'emploi total : elle est passée de 5,4 % à 11,9 % entre 1982 et 2011. • Seuil de pauvreté : 977 euros mensuels en 2011 ; 14,3 % de personnes vivent en dessous de ce seuil.
L'extension du salariat en France au XXe siècle
Au début du XXe siècle, 56 % des actifs sont salariés. En 2012, ce sont 88,5 % des actifs qui sont salariés.

Sources : INSEE, Union européenne, DARES.

LES DÉFINITIONS

Emploi

▶ **taux d'emploi** : part des actifs occupés dans la population totale.

▶ **taux de salaire réel** : prix auquel s'échange le travail dans l'analyse néoclassique du marché du travail.

▶ **salaire d'efficience** : salaire plus élevé que le salaire de marché pour inciter les salariés à fournir un effort maximal.

▶ **salaire minimum** : salaire horaire minimum en dessous duquel il est interdit de rémunérer un salarié (SMIC).

▶ **salariat** : mode d'organisation du travail qui repose sur la fourniture d'une prestation en échange d'une rémunération et sous lien de subordination juridique avec un employeur.

▶ **partenaires sociaux** : représentants des employeurs, des salariés et des pouvoirs publics.

▶ **contrat de travail** : contrat par lequel le salarié s'engage à travailler moyennant rémunération.

▶ **conventions collectives** : accords conclus entre les représentants des employeurs et les représentants des salariés.

▶ **qualification** : ensemble des connaissances, des aptitudes et de l'expérience acquises par l'individu (qualification individuelle) ou requises pour occuper un emploi (qualification de l'emploi).

Chômage et précarité

▶ **taux de chômage** : part des actifs inoccupés dans la population active.

▶ **chômage volontaire** : le chômeur volontaire refuse de travailler au salaire d'équilibre (pour lequel il y a plein emploi).

▶ **chômage involontaire** : les individus disposés à travailler au taux de salaire d'équilibre ne trouveront pas à s'employer.

▶ **flexibilité du marché du travail** : politique de gestion de la main-d'œuvre mise en place dans les entreprises pour adapter la production et l'emploi aux fluctuations de la demande.

▶ **précarité** : désigne un certain nombre de situations juste au-dessus de la pauvreté.

Mathématiques

SOMMAIRE
MATHÉMATIQUES

CHECK LIST

ANALYSE

Suites numériques

OK ☑

Études de fonctions

OK ☑

Fonctions exp et ln

OK ☑

Calcul intégral

OK ☑

PROBABILITÉS ET STATISTIQUE

Probabilités

OK ☑

Conditionnement

Lois discrètes

Lois continues

Statistique

OK ☑

Revoir les généralités sur les suites 47

MATHS

RAPPELS DE COURS

1 Définition des suites numériques

Une suite numérique est une fonction de $\mathbb{N}$ vers $\mathbb{R}$.
L'**image** d'un entier n par une suite u est notée u_n.
On dit que u_n est le **terme** de la suite u de **rang** n. La suite u est alors le plus souvent notée (u_n).

2 Sens de variation d'une suite

▶ Dire qu'une suite (u_n) est **croissante** signifie que, pour tout entier naturel n, on a $u_{n+1} \geqslant u_n$.

▶ Dire qu'une suite (u_n) est **décroissante** signifie, que pour tout entier naturel n, on a $u_{n+1} \leqslant u_n$.

3 Suite arithmétique

▶ Une suite (u_n) est **arithmétique** s'il existe un réel r, tel que, pour tout entier naturel n, $u_{n+1} = u_n + r$.
Le réel r est la **raison** de la suite.
Pour tout entier naturel n :

$$u_n = u_0 + nr$$

▶ Une suite arithmétique est croissante si sa raison est positive ; elle est décroissante si sa raison est négative. Cette croissance (ou décroissance) est dite **linéaire**.

MÉTHODES

Utiliser une relation de récurrence

Soit (u_n) la suite définie par $u_0 = 2$ et pour tout entier naturel n :

$$u_{n+1} = {u_n}^2 + u_n - 3.$$

Calculer u_1 et u_2.

CONSEILS

Pour calculer u_1, on remplace n par 0. Pour calculer u_2, on remplace n par 1.

Solution

On remplace n par 0 dans la relation de récurrence :

$$u_1 = {u_0}^2 + u_0 - 3 = 2^2 + 2 - 3 = 3.$$

On remplace n par 1 dans la relation de récurrence :

$$u_2 = {u_1}^2 + u_1 - 3 = 3^2 + 3 - 3 = 9.$$

Déterminer le sens de variation d'une suite

Étudier le sens de variation de la suite (u_n) définie par $u_0 = 2$ et pour tout entier naturel n : $u_{n+1} = {u_n}^2 - u_n + 1$.

Conseils

On calcule la différence de deux termes consécutifs $u_{n+1} - u_n$.

Solution

Pour tout $n \in \mathbb{N}$: $u_{n+1} - u_n = {u_n}^2 - 2u_n + 1 = (u_n - 1)^2$.
La différence $u_{n+1} - u_n$ étant positive, on en déduit que la suite (u_n) est croissante.

Vérifier si des nombres sont en progression arithmétique

Des nombres sont en progression arithmétique lorsque la différence de deux nombres consécutifs est constante.

EXEMPLES Les nombres 2, 6, 10 sont en progression arithmétique de raison 4 car $6 - 2 = 10 - 6 = 4$. En revanche, les nombres 4, 10 et 25 ne sont pas en progression arithmétique, car $10 - 4 \neq 25 - 10$.

Montrer qu'une suite est arithmétique

Soit la suite (u_n) de terme général $u_n = 0,4u_n - 0,8(1 - 3n) + 2$.
Montrer que (u_n) est arithmétique et préciser sa raison.

Conseils

- Avec une formule explicite, le plus simple est de mettre l'expression sous la forme $u_n = u_0 + nr$.
- Dans les autres cas, il sera plus judicieux de mettre en évidence une relation de récurrence ou de montrer que la différence de termes consécutifs est constante.

Solution

$u_n - 0,4u_n = -0,8 + 2,4\,n + 2 \quad \Leftrightarrow 0,6u_n = 1,2 + 2,4n$
$\Leftrightarrow u_n = 2 + 4n$. Donc u_n est le terme général d'une suite arithmétique de raison 4 et de premier terme 2.

Connaître la notion de suite géométrique

48

RAPPELS DE COURS

▶ Une suite (u_n) est **géométrique** s'il existe un réel q, tel que, pour tout entier naturel n, $u_{n+1} = qu_n$. Le réel q est la **raison** de la suite. Pour tout entier naturel n :

$$u_n = u_0 \times q^n$$

▶ Une suite géométrique de premier terme positif est croissante si sa raison est supérieure à 1, décroissante si sa raison est comprise entre 0 et 1. On parle de croissance (ou décroissance) **exponentielle**.

MÉTHODES

Calculer un terme

Calculer u_9, sachant que (u_n) est une suite géométrique de raison 0,5 et que $u_1 = 4\,096$.

CONSEILS

Si besoin, à la place de $u_n = u_0 \times q^n$, on peut aussi utiliser : $u_n = u_1 \times q^{n-1}$.
Attention aussi à ne pas commettre les fautes classiques de calcul : par exemple, $10 \times 1{,}5^n \neq 15^n$.

SOLUTION

$u_9 = u_1 \times 0{,}5^8 = 4\,096 \times 0{,}5^8 = 16$.

Vérifier si des nombres sont en progression géométrique

Des nombres sont en progression géométrique lorsque le quotient de deux nombres consécutifs est constant.

EXEMPLES Les nombres 4, 10 et 25 sont en progression géométrique car $\dfrac{10}{4} = \dfrac{25}{10}$.

Trouver la raison d'une suite géométrique

Soit (u_n) une suite géométrique, de raison positive q, telle que :

$$u_5 = \frac{8}{9} \text{ et } u_9 = \frac{9}{2}.$$

Déterminer q.

Conseils

Il est possible d'écrire une égalité liant deux termes quelconques d'une suite géométrique à la raison q de celle-ci.
Ainsi, on écrit $u_9 = u_5 q^4$.

Solution

$u_9 = u_5 q^4$, d'où $\frac{9}{2} = \frac{8}{9} \times q^4$, soit $q^4 = \frac{81}{16}$.

On obtient :

$$q^2 = \sqrt{\frac{81}{16}} = \frac{9}{4}$$

puis :

$$q = \sqrt{\frac{9}{4}} = \frac{3}{2}.$$

REMARQUE Avec une équation du type $q^n = a$ (n entier positif, $a > 0$), on peut écrire $q^n = a \Leftrightarrow q = a^{\frac{1}{n}}$.

Par exemple : $q^7 = 3 \Leftrightarrow q = 3^{\frac{1}{7}}$.

Montrer qu'une suite est géométrique

Montrer que la suite (u_n) de terme général :

$$u_n = 2 \times 10^{-n+2}$$

est géométrique et préciser sa raison.

Conseils

Avec une formule explicite, le plus simple est de mettre l'expression sous la forme $u_n = u_0 q^n$. Dans les autres cas, il sera plus judicieux de mettre en évidence une relation de récurrence ou de montrer que le rapport de deux termes consécutifs est constant.

Solution

$u_n = 2 \times 10^{-n+2}$

$u_n = 2 \times 10^{-n} \times 10^2$

$u_n = 200 \times \frac{1}{10^n} = 200 \times \left(\frac{1}{10}\right)^n$.

Donc u_n est le terme général d'une suite géométrique de raison 0,1 et de premier terme 200.

Déterminer la limite d'une suite géométrique

49

RAPPELS DE COURS

Soit (u_n) une suite géométrique de raison positive q.

▶ **Si $0 < q < 1$**, la limite de la suite est 0.

▶ **Si $q > 1$**, deux cas se présentent :

- si $u_0 > 0$, la limite est $+\infty$;
- si $u_0 < 0$, la limite est $-\infty$.

▶ **Si $q = 1$**, la suite étant constante, sa limite est égale au premier terme u_0.

MATHS

MÉTHODES

Trouver la limite d'une suite géométrique

Dans chaque cas, donner la limite de la suite dont on donne le terme général.

a. $u_n = \dfrac{3}{10^n}$

b. $u_n = 7 \times 0{,}4^n$

c. $u_n = 4 \times \left(\dfrac{8}{3}\right)^n$

d. $u_n = -0{,}01 \times 1{,}01^n$

CONSEILS

Il n'y a que deux cas : la limite est 0 ou elle est infinie.
Seule la raison de la suite importe. Dans le cas où la limite est infinie, le signe dépend du premier terme u_0.

SOLUTION

a. La raison est $\dfrac{1}{10}$ puisque $u_n = \dfrac{3}{10^n} = 3 \times \left(\dfrac{1}{10}\right)^n$.
La limite est donc 0.

b. La raison est 0,4 donc la limite est 0.

c. La raison est $\dfrac{8}{3} > 1$ et le premier terme est $4 > 0$.
Donc la limite est $+\infty$.

d. La raison est $1{,}01 > 1$ et le premier terme $-0{,}01 < 0$.
Donc la limite est $-\infty$.

Trouver un rang n à partir duquel $u_n < a$

Soit (u_n) une suite géométrique de raison $q = 0,75$ et de premier terme $u_0 = 100$.
Déterminer le premier entier n à partir duquel $u_n < 10^{-3}$.

CONSEILS

Une suite géométrique de raison strictement comprise entre 0 et 1 a pour limite 0.
On cherche à partir de quel rang la suite passe au-dessous d'un certain seuil (que l'on se fixe de façon arbitraire). On peut résoudre l'inéquation à l'aide de la fonction ln, ou bien utiliser la table de valeurs de la calculatrice.

SOLUTION

Pour tout entier naturel n, $u_n = 100 \times 0,75^n$.

$$u_n < 10^{-3} \Leftrightarrow 100 \times 0,75^n < 10^{-3}$$
$$\Leftrightarrow 0,75^n < 10^{-5}.$$

Voici deux méthodes pour déterminer n selon que le cours sur le logarithme népérien a été fait ou non.

▶ Méthode 1 (logarithme népérien connu)

$$0,75^n < 10^{-5} \Leftrightarrow \ln(0,75)^n < \ln(10^{-5})$$
$$\Leftrightarrow n \ln 0,75 < -5 \ln 10$$
$$\Leftrightarrow n > \frac{-5\ln 10}{\ln 0,75}.$$

$\frac{-5\ln 10}{\ln 0,75} \approx 40,02$, donc le premier entier n à partir duquel $u_n < 10^{-3}$ est 41.

▶ Méthode 2 (logarithme népérien inconnu)

À l'aide d'une calculatrice, on effectue plusieurs essais : on prend au hasard $n = 10$ puis $n = 20$ pour calculer $0,75^n$. Ces valeurs ne convenant pas, on affine le choix de n.
On obtient $0,75^{40} > 10^{-5}$ et $0,75^{41} < 10^{-5}$.
Le premier entier n à partir duquel $u_n < 10^{-3}$ est donc 41.

REMARQUE Cet exercice est un classique et peut faire l'objet d'une étude à l'aide d'un algorithme (→ FICHE 74). On peut aussi proposer des exercices avec une suite géométrique de raison supérieure à 1, de limite infinie et demander le premier rang à partir duquel on dépasse un seuil donné.

Calculer la somme des termes consécutifs d'une suite géométrique 50

RAPPELS DE COURS

1 Somme des termes d'une suite géométrique

Soit (u_n) une suite géométrique, de raison q, différente de 1.
La **somme S de n termes consécutifs** (premier terme u_p) d'une telle suite est :

$$S = u_p \frac{1-q^n}{1-q}$$

En particulier, si le premier terme est 1, et si $q \neq 1$:

$$1+q+q^2+\ldots+q^n = \frac{1-q^{n+1}}{1-q}$$

2 Limite d'une somme de termes d'une suite géométrique

Si $0 < q < 1$, alors : $\lim\limits_{n \to +\infty} \left(1+q+q^2+\ldots+q^n\right) = \dfrac{1}{1-q}$

MÉTHODES

Calculer une somme de termes consécutifs d'une suite géométrique

Calculer la somme $S = 2 + 2 \times 0,4 + 2 \times 0,4^2 + \ldots + 2 \times 0,4^{19}$.

CONSEILS

Si la somme à calculer est une somme de termes consécutifs d'une suite géométrique, il suffit de connaître trois quantités : le premier terme, la raison, le nombre de termes dans cette somme.

SOLUTION

Chaque terme est de la forme $u_0 \times q^n$, en commençant par $u_0 = 3$, avec une raison $q = 0,8$. Le premier terme étant u_0, et le dernier étant u_{19}, cette somme contient donc vingt termes :

$$S = 3 \times \frac{1-0,8^{20}}{1-0,8} = 3 \times \frac{1-0,8^{20}}{0,2} = 3 \times \frac{1-0,8^{20}}{0,2} = 15\left(1-0,8^{20}\right)$$

car $\dfrac{3}{0,2} = 15$.

MATHS

Calculer une somme

Calculer la somme $S = \dfrac{1}{4} + \dfrac{1}{16} + \dfrac{1}{64} + \ldots + \dfrac{1}{16\,384}$.

Conseils

Les dénominateurs sont des puissances de 4, cela permet de faire le lien avec une suite géométrique. Ensuite, on procède comme précédemment.

Solution

Les dénominateurs sont des puissances de 4 :

$$4^2 = 16 \,;\, 4^3 = 64 \,;\, \ldots \,;\, 4^7 = 16\,384 \,;$$

ce qui permet d'écrire :

$$S = \frac{1}{4} + \frac{1}{4^2} + \frac{1}{4^3} + \ldots + \frac{1}{4^7}.$$

Ainsi, il s'agit de termes consécutifs d'une suite géométrique de raison $\dfrac{1}{4}$, le premier terme de cette somme étant $\dfrac{1}{4}$.

Puisque cette somme comprend 7 termes, on a :

$$S = \frac{1}{4} \times \frac{1 - \left(\dfrac{1}{4}\right)^7}{1 - \dfrac{1}{4}} = \frac{1}{4} \times \frac{1 - \dfrac{1}{4^7}}{\dfrac{3}{4}} = \frac{1}{3}\left(1 - \frac{1}{4^7}\right).$$

Calculer une limite

Calculer la limite de la somme $1 + \dfrac{1}{2} + \dfrac{1}{4} + \ldots + \dfrac{1}{2^n}$ quand n tend vers $+\infty$.

Conseils

La formule de calcul de limite donnée plus haut ne s'applique qu'aux suites géométriques dont la raison est strictement comprise entre 0 et 1.

On peut remarquer que de telles suites, bien qu'étant strictement croissantes, n'ont pas pour limite $+\infty$.

Solution

$$\lim_{n \to +\infty} \left(1 + \frac{1}{2} + \frac{1}{4} + \ldots + \frac{1}{2^n}\right) = \frac{1}{1 - \dfrac{1}{2}} = \frac{1}{\dfrac{1}{2}} = 2.$$

Étudier une suite arithmético-géométrique

51

RAPPELS DE COURS

▶ Les suites arithmético-géométriques sont définies par une **relation de récurrence** du type :

$$u_{n+1} = au_n + b$$

où a est un réel différent de 0 et de 1, et b un réel différent de 0.

▶ Malgré leur nom, les suites arithmético-géométriques ne sont, en général, **ni arithmétiques ni géométriques**. Les formules spécifiques aux suites arithmétiques et aux suites géométriques ne pourront donc pas être appliquées aux suites arithmético-géométriques.

▶ Si $a = 0$ ou $a = 1$ ou si $b = 0$, une suite arithmético-géométrique se ramène à une suite arithmétique ou à une suite géométrique (→ FICHE 47) :

- **si $b = 0$**, (u_n) est une suite géométrique de raison a ;
- **si $a = 0$**, (u_n) est une suite constante ;
- **si $a = 1$**, (u_n) est une suite arithmétique de raison b.

MÉTHODES

Modéliser une situation à l'aide d'une suite arithmético-géométrique

On considère un stock d'ordinateurs à recycler. Chaque mois, ce stock diminue de 30 % (les objets partent au recyclage) mais 400 nouveaux ordinateurs arrivent à l'entrepôt.
Modéliser cette situation à l'aide d'une suite et de sa relation de récurrence.

Conseils

Un pourcentage d'évolution se traduit par une multiplication (→ FICHE 81), on obtient ainsi le coefficient a. La quantité constante donne le coefficient b.

Solution

On note u_n le nombre d'ordinateurs en stock lors d'un mois donné n. Alors le stock d'ordinateurs le mois suivant est u_{n+1}.

Pour l'obtenir, le stock le mois précédent est multiplié par 0,7 afin de tenir compte de la baisse mensuelle de 30 %, puis on lui ajoute 400.
Ainsi, $u_{n+1} = 0,7u_n + 400$.

Étudier une suite arithmético-géométrique

Soit (u_n) une suite définie par $u_0 = 20$ et, pour tout entier naturel n :

$$u_{n+1} = 0,8u_n + 2.$$

On pose $v_n = u_n - 10$.

Montrer que (v_n) est une suite géométrique.

En déduire l'expression de u_n en fonction de n.

CONSEILS

• L'étude d'une suite arithmético-géométrique s'effectue à l'aide d'une suite auxiliaire que l'on démontre être géométrique. Aucune méthode n'est à connaître pour trouver la suite auxiliaire qui sera toujours donnée dans l'énoncé d'un exercice.
• Après avoir démontré que la suite auxiliaire (v_n) est géométrique, on exprime v_n en fonction de n (→ FICHE 47), puis on obtient facilement u_n en fonction de n.

SOLUTION

Pour tout entier naturel n :

$v_{n+1} = u_{n+1} - 10$

$v_{n+1} = 0,8u_n + 2 - 10$

$v_{n+1} = 0,8u_n - 8$

$v_{n+1} = 0,8(u_n - 10) = 0,8v_n$

Ainsi, (v_n) est une suite géométrique de raison 0,8 et de premier terme :

$$v_0 = u_0 - 10 = 20 - 10 = 10.$$

Pour tout entier naturel n : $v_n = 10 \times 0,8^n$.

À l'aide de la relation $v_n = u_n - 10$, on obtient u_n en fonction de n :

$$u_n = v_n + 10 = 10 \times 0,8^n + 10.$$

REMARQUE Puisque (v_n) est une suite géométrique de raison strictement comprise entre 0 et 1, sa limite est 0. On en déduit que la limite de (u_n) est 10.

MÉTHODE

Déceler une erreur dans un algorithme

▶ Un particulier s'adresse à une société de crédit et emprunte 100 000 €. Le taux mensuel de ce crédit est 0,4 %. Il est prévu dans le contrat un remboursement fixe, mensuel, égal à 1 200 €, correspondant à une partie du remboursement du crédit et aux intérêts dus chaque mois.
On définit une suite (u_n) par $u_0 = 100\,000$ et, pour tout entier naturel n, u_n est la somme qu'il reste à la fin du n-ième mois après l'emprunt.

▶ Corriger l'algorithme suivant, afin qu'il permette d'afficher la somme qu'il reste à rembourser après un certain nombre de mensualités.

```
Déclaration des variables
U est un nombre réel
i et N sont des nombres entiers
Début
Saisir une valeur pour N
Affecter 100 à U
POUR i de 1 à N
    Affecter 0,004 × U – 1200 à U
Fin POUR
Afficher U
Fin
```

CONSEILS

La variable N représente le nombre de mois et U la somme qu'il reste à rembourser après N mois.
Tout d'abord, il faut choisir une unité et se demander si l'erreur ne réside pas dans l'utilisation d'une mauvaise unité.
Écrire d'abord la relation de récurrence, puis trouver l'erreur.

SOLUTION

Puisque l'algorithme initialise U à 100, il est commode de choisir d'exprimer les sommes en milliers d'euros.

Le taux mensuel de 0,4 % se traduit par une multiplication par 1,004.
Ainsi, la relation de récurrence est $u_{n+1} = 1{,}004u_n - 1{,}2$.
L'erreur concerne l'affectation dans la boucle POUR. Au lieu de :

« Affecter $0{,}004 \times U - 1\,200$ à U »,

on écrira : « Affecter $1{,}004 \times U - 1{,}2$ à U. »

```
Déclaration des variables
U est un nombre réel
i et N sont des nombres entiers
Début
Saisir une valeur pour N
Affecter 100 à U
POUR i de 1 à N
    Affecter 1,004 × U – 1,2 à U
Fin POUR
Afficher U
Fin
```

Modifier un algorithme

Modifier l'algorithme précédent pour qu'il détermine le temps nécessaire pour rembourser totalement l'emprunt.

CONSEILS

- Cette fois, on ne demande pas une valeur pour N mais on affiche N en sortie d'algorithme. Comme on ne sait pas combien de fois effectuer la boucle, il est préférable d'utiliser une boucle TANT QUE.
- Avec une boucle TANT QUE, il faut penser à initialiser N, puis incrémenter cette variable d'une unité à chaque boucle.

SOLUTION

```
Déclaration des variables
U est un nombre réel
i et N sont des nombres entiers
Début
Affecter 0 à N
Affecter 100 à U
TANT QUE U > 0
    Affecter 1,004 × U – 1,2 à U
    Affecter N + 1 à N
Fin TANT QUE
Afficher N
Fin
```

Utiliser la notion de continuité d'une fonction

53

MATHS

RAPPELS DE COURS

1 Continuité des fonctions usuelles

▶ Une fonction f est **continue** sur un intervalle I lorsqu'elle est définie sur I et que sa courbe peut être tracée sans lever le crayon.

▶ Les fonctions obtenues avec des opérations sur les fonctions usuelles sont continues sur les intervalles où elles sont définies.

EXEMPLES Ainsi, les **fonctions polynômes** sont continues sur $\mathbb{R}$ et les **fonctions rationnelles** sont continues sur les intervalles où le dénominateur ne s'annule pas.

2 Théorème de la valeur intermédiaire

Si f est une fonction continue et **strictement croissante** ou **strictement décroissante** sur un intervalle $[a\,;b]$, alors pour tout réel k compris entre $f(a)$ et $f(b)$, l'équation **$f(x)=k$ admet une unique solution dans $[a\,;b]$**.

MÉTHODES

Exploiter les informations d'un tableau de variations

Soit f la fonction définie sur $[0\,;10]$ dont on donne le tableau de variations. Déterminer le nombre de racines de f dans $[0\,;10]$, puis donner le signe de f sur $[0\,;10]$.

x	0	2	5	10
$f(x)$	3 ↘	–4 ↗	2 ↘	0

CONSEILS

En pratique, le théorème de la valeur intermédiaire s'utilise avec un tableau de variations puisqu'on convient qu'une flèche dans un tel tableau sous-entend la continuité et la stricte monotonie de la fonction sur l'intervalle considéré. Le tableau permet de trouver le nombre de solutions d'une équation du type $f(x)=k$. Les racines d'une fonction f sont les solutions de l'équation $f(x)=0$.

Solution

Sur l'intervalle $[0\,;2]$, la fonction décroît de 3 vers -4. On trouve donc une racine x_1 dans ce premier intervalle.
Sur l'intervalle $[2\,;5]$, la fonction croît de -4 vers 2. On trouve donc une deuxième racine x_2 dans cet intervalle.
Enfin, 10 est une troisième racine (par simple lecture du tableau de variations).
Ainsi, f admet trois racines dans l'intervalle $[0\,;10]$.
Le signe de f est donc le suivant :

- si $x \in [0\,;x_1] \cup [x_2\,;10]$, alors $f(x) \geqslant 0$;
- si $x \in [x_1\,;x_2]$, alors $f(x) \leqslant 0$.

Donner un encadrement ou une valeur approchée d'une solution d'équation

Soit f la fonction définie sur $\mathbb{R}$ par :

$$f(x) = \mathrm{e}^{-x} - \frac{x}{2}.$$

On admet que f est décroissante et qu'elle admet une unique racine α dans l'intervalle $[0\,;1]$.
Donner un encadrement puis une valeur approchée de cette racine α à 0,1 près.

Conseils

Les valeurs approchées s'obtiennent avec la table de valeurs de la calculatrice. On saisit l'expression de la fonction puis on lit les valeurs approchées.

Solution

- À l'aide de la calculatrice, on obtient :

$$f(0{,}8) > 0 \quad \text{et} \quad f(0{,}9) < 0.$$

Par conséquent, $0{,}8 < \alpha < 0{,}9$.

- Un calcul supplémentaire est nécessaire pour obtenir une valeur approchée à 0,1 près de α car rien ne permet de dire si la valeur approchée est 0,8 ou 0,9.

On calcule l'image de 0,85 :

$$f(0{,}85) \approx 0{,}002 > 0.$$

Cela permet de conclure que : $0{,}85 < \alpha < 0{,}9$.
Une valeur approchée de α à 0,1 près est donc 0,9.

Dériver une fonction

54

MATHS

RAPPELS DE COURS

1 Fonction dérivée

▶ Soit f une fonction définie sur un intervalle I et $x_0 \in$ I.
On dit que f est **dérivable** en x_0 si, et seulement si, le taux d'accroissement $\dfrac{f(x)-f(x_0)}{x-x_0}$ a une limite finie quand x tend vers x_0.
Cette limite finie est appelée **nombre dérivé** de f en x_0.

▶ Si f est dérivable pour tout réel de I, alors on dit qu'elle est dérivable sur I.
Si f est dérivable sur I, alors la fonction qui, à tout x de I, associe le nombre dérivé $f'(x)$ est appelée **fonction dérivée** de f, notée f'.

2 Dérivées usuelles et continuité

Il existe un lien entre dérivabilité et continuité : si f est dérivable sur un intervalle I, alors f est continue sur I.

MÉTHODE

Utiliser les formules de dérivation

On donne $f(x) = \dfrac{xe^x}{x+1}$. Calculer $f'(x)$.

CONSEILS

Les dérivées usuelles et les formules d'opération avec les dérivées doivent être connues parfaitement, de manière qu'aucune confusion ne soit possible.
Cet exemple utilise la formule du produit et celle du quotient.

SOLUTION

$f(x)$ s'écrit sous la forme d'un quotient $\dfrac{u}{v}$ dans lequel u est un produit. On pose :

$$u(x) = xe^x \text{ et } v(x) = x+1.$$

On obtient : $u'(x) = 1 \times e^x + x \times e^x = (x+1)e^x$ et $v'(x) = 1$.

En utilisant la formule de dérivation d'un quotient, on obtient :

$$f'(x) = \frac{(x+1)e^x \times (x+1) - xe^x \times 1}{(x+1)^2}$$

$$= \frac{\left((x+1)^2 - x\right)e^x}{(x+1)^2}$$

$$= \frac{\left(x^2 + x + 1\right)e^x}{(x+1)^2}.$$

Factoriser une expression de $f'(x)$

Factoriser la dérivée de la fonction f définie sur $[1\,;\,50]$ par :

$$f(x) = (x-1)^2 - \frac{50}{x} - 50\ln x.$$

Conseils

Le plus souvent, il est demandé d'étudier le signe de $f'(x)$. Pour que cette étude de signes soit la plus simple, il est important de prendre soin auparavant de factoriser au mieux l'expression de $f'(x)$.

Solution

Le lecteur n'ayant pas encore étudié la fonction ln peut continuer à étudier cette fiche en admettant que sa dérivée est la fonction inverse.

En appliquant les formules :

$$\text{pour tout } x \text{ de } [1\,;\,50],\ f'(x) = 2x - 2 + \frac{50}{x^2} - \frac{50}{x}.$$

Tout d'abord, on met au même dénominateur :

$$f'(x) = \frac{2x^3 - 2x^2 + 50 - 50x}{x^2}.$$

Pour étudier le signe du numérateur, on cherche à le factoriser, en utilisant la présence des constantes 2 et 50 :

$$f'(x) = \frac{2x^2(x-1) + 50(1-x)}{x^2} = \frac{(x-1)\left(2x^2 - 50\right)}{x^2}$$

$$f'(x) = \frac{2(x-1)\left(x^2 - 25\right)}{x^2} = \frac{2(x-1)(x-5)(x+5)}{x^2}.$$

Déterminer une équation d'une tangente à une courbe

55

RAPPELS DE COURS

▶ Soit f une fonction dérivable en a et $\mathscr{C}$ sa courbe représentative dans un repère du plan (O ; I, J).
Le nombre dérivé de f en a, noté $f'(a)$, est le **coefficient directeur** de la tangente à la courbe $\mathscr{C}$ au point d'abscisse a.

▶ Une équation de la tangente à $\mathscr{C}$ au point d'abscisse a est :

$$y = f'(a)(x - a) + f(a)$$

MATHS

MÉTHODES

Lire un nombre dérivé

Lire le nombre dérivé de f en 0,5, en 1 et en 2.

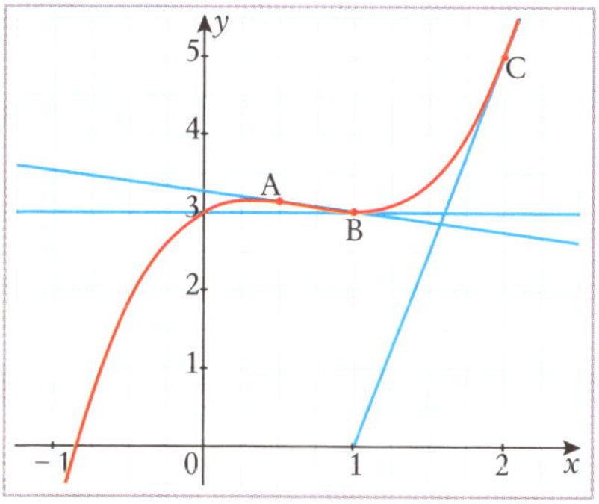

CONSEILS

Si la tangente au point d'abscisse a est horizontale, alors $f'(a) = 0$. Sinon, on choisit deux points A et B sur la tangente et on utilise la formule $\dfrac{y_B - y_A}{x_B - x_A}$.

SOLUTION

La tangente au point A d'abscisse 0,5 passe par les points de coordonnées $(-1\ ;\ 3{,}5)$ et $(1\ ;\ 3)$. Donc :

$$f'(0{,}5) = \frac{3 - 3{,}5}{1-(-1)} = \frac{-0{,}5}{2} = -0{,}25.$$

La tangente au point B d'abscisse 1 est horizontale. Donc $f'(1) = 0$.
La tangente au point C d'abscisse 2 passe par les points de coordonnées $(1{,}5\ ;\ 2{,}5)$ et $(2\ ;\ 5)$. Donc :

$$f'(2) = \frac{5 - 2{,}5}{2 - 1{,}5} = \frac{2{,}5}{0{,}5} = 5.$$

Lire graphiquement une équation de tangente

Déterminer l'équation réduite de la tangente au point C (voir le graphique précédent).

Conseils

- L'équation réduite est écrite sous la forme $y = mx + p$.
- Le coefficient directeur m s'obtient comme ci-dessus.
- L'ordonnée à l'origine p correspond à l'ordonnée du point d'intersection de la tangente avec l'axe des ordonnées.

Solution

L'abscisse du point C est 2 et on a déjà trouvé $f'(2) = 5$. La tangente passe par le point de coordonnées $(1\ ;\ 0)$, donc $0 = 5 \times 1 + p$, ce qui donne $p = -5$. Finalement, l'équation réduite de la tangente au point C est $y = 5x - 5$.

Déterminer une équation d'une tangente

Déterminer l'équation de la tangente à la courbe représentative de la fonction f définie par $f(x) = \dfrac{4}{x}$, au point d'abscisse 2.

Conseils

- Dans cet énoncé, $a = 2$: on commence par calculer $f'(2)$ et $f(2)$. Ensuite, on utilise la formule de l'équation d'une tangente, sans toucher à x et y.
- Ne jamais oublier d'écrire « $y =$ » au début de l'équation de la tangente et raisonner par équivalence entre chaque ligne de calcul.

Solution

Tout d'abord, on calcule $f'(x) = 4 \times \left(-\dfrac{1}{x^2}\right) = -\dfrac{4}{x^2}$.

Ainsi, $f'(2) = -\dfrac{4}{2^2} = -1$. De plus, $f(2) = \dfrac{4}{2} = 2$.

Une équation d'une tangente à la courbe au point d'abscisse 2 est :
$y = f'(2)(x - 2) + f(2) \Leftrightarrow y = -1(x - 2) + 2 \Leftrightarrow y = -x + 4$.

Lire des informations sur un graphique

56

RAPPELS DE COURS

Soit f une fonction dérivable en a, de courbe représentative $\mathscr{C}$ dans un repère (O ; I, J). Soit k un réel.

▶ Les solutions de l'équation $f(x) = k$ sont les abscisses des points d'intersection de la courbe et de la droite d'équation $y = k$.

▶ Les solutions de l'inéquation $f(x) \geqslant k$ sont les abscisses des points de la courbe situés au-dessus de la droite d'équation $y = k$.

▶ Les solutions de l'équation $f'(x) = 0$ sont les abscisses des points de la courbe pour lesquels la tangente est horizontale.

▶ Les solutions de l'inéquation $f'(x) \geqslant 0$ sont les intervalles sur lesquels la fonction f est croissante.

MÉTHODES

Résoudre une inéquation du type $f(x) > k$ ou $f(x) < k$

Soit f une fonction définie et dérivable sur $\mathbb{R}$, représentée dans un repère orthogonal.
Résoudre graphiquement, sur l'intervalle $[-2\,;5]$:

a. $f(x) = 0$. **b.** $f(x) < 0$. **c.** $0 < f(x) < 4$.

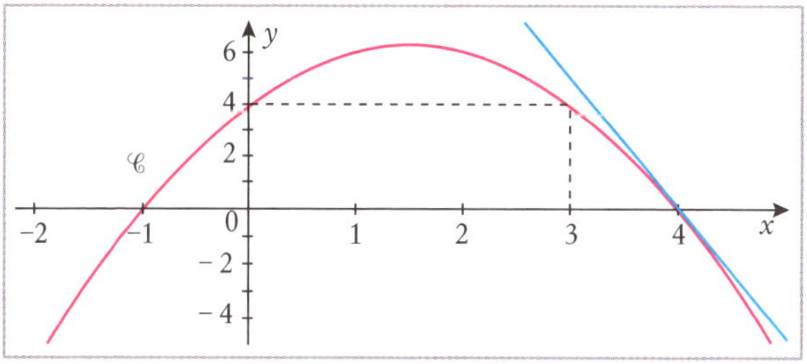

CONSEILS

Ce type de résolution n'utilise pas la notion de dérivée.
Les solutions des inéquations s'écrivent avec des intervalles.

SOLUTION

a. $\mathscr{S} = \{-1\,;4\}$ **b.** $\mathscr{S} = [-2\,;-1[\cup]4\,;5]$ **c.** $\mathscr{S} =]-1\,;0[\cup]3\,;4[$

MATHS

Résoudre une inéquation du type $f'(x) > 0$ ou $f'(x) < 0$

La fonction f représentée ci-dessous est définie sur $[-3;3]$. Résoudre sur $[-3;3]$ l'inéquation $f'(x) \geqslant 0$.

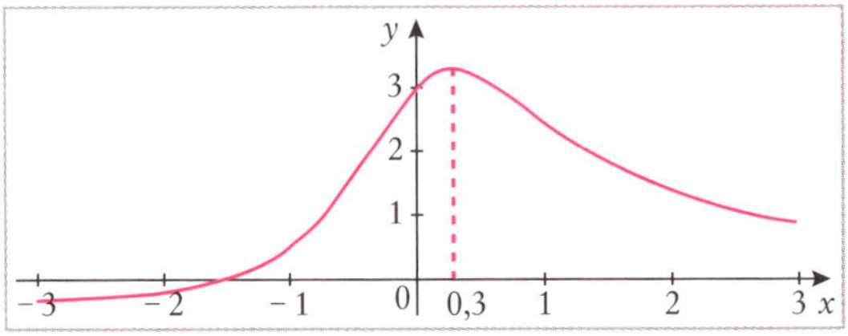

Conseils

Il suffit de chercher les intervalles sur lesquels f est croissante.

Solution

f est croissante sur $[-3\,;0,3]$ et décroissante sur $[0,3\,;3]$. L'ensemble des solutions de l'inéquation $f'(x) \geqslant 0$ est l'intervalle sur lequel f est croissante, c'est-à-dire $[-3\,;0,3]$.

Résoudre une inéquation du type $f'(x) > a$

La fonction f ci-dessous est définie sur $[-2\,;6]$. On admet qu'elle est concave. Résoudre sur $[-2\,;6]$ l'inéquation $f'(x) > 1$.

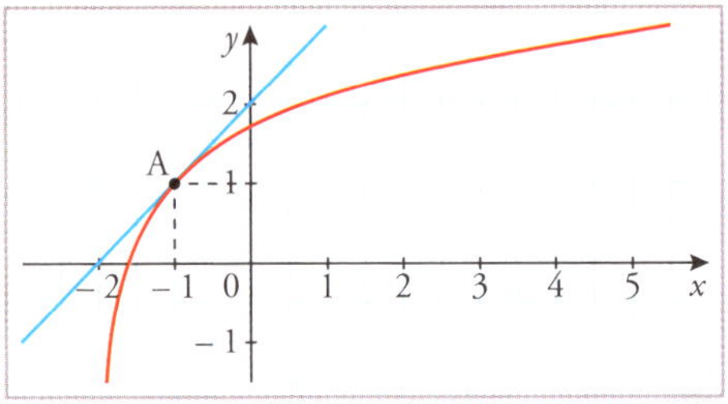

Conseils

On compare le coefficient directeur de la tangente en A et le nombre dérivé de f grâce à la concavité de f, c'est-à-dire du sens de variation de f'.

Solution

Le coefficient directeur de la tangente à la courbe au point A est 1 : $f'(-1) = 1$. Puisque la courbe est concave (→ FICHE 58), f' est décroissante. Ainsi, $f'(x) > 1$ équivaut à $x \in]-2\,;-1[$.

Utiliser la notion de fonction dérivée

57

RAPPELS DE COURS

▶ Si $f'(x) > 0$ sur I, alors f est strictement croissante sur I. Si $f'(x) < 0$ sur I, alors f est strictement décroissante sur I.

▶ Le **coût marginal** est le prix de revient d'un objet supplémentaire quand on en a fabriqué x. En pratique, on assimile le coût marginal à la dérivée de la fonction coût total.

MATHS

MÉTHODES

Étudier le sens de variation d'une fonction

$f(x) = \frac{1}{4}x^2 + x - 2\ln(x)$. Étudier les variations de f sur $]0;4]$.

Conseils

On commence par calculer $f'(x)$ puis on étudie soigneusement son signe. On conclut avec une phrase ou un tableau.

Solution

$f'(x) = \frac{1}{2}x + 1 - \frac{2}{x} = \frac{x^2 + 2x - 4}{2x}$. Comme $2x > 0$, le signe de $f'(x)$ est celui du trinôme du second degré $x^2 + 2x - 4$.
Ses racines sont : $x_1 = -1 - \sqrt{5} < 0$ et $x_2 = -1 + \sqrt{5} \in]0;4]$, entre lesquelles le trinôme est négatif.

x	0		x_2		4
$f'(x)$		$-$	0	$+$	
$f(x)$		↘		↗	

Étudier le signe d'une expression factorisée

On suppose que, pour tout $x \in [1;50]$:

$$f'(x) = \frac{2(x-1)(x-5)(x+5)}{x^2}.$$

Étudier le signe de $f'(x)$ et en déduire les variations de f.

CONSEILS

L'étude de signes doit être complète et rigoureuse : ne pas la réduire à la seule résolution de l'équation $f'(x) = 0$.

SOLUTION

Le dénominateur x^2, ainsi que $x - 1$ et $x + 5$ sont positifs.
Le signe de $f'(x)$ est donc celui de $x - 5$: si $x \in [1;5]$, alors $f'(x) \leqslant 0$; si $x \in [5;50]$, alors $f'(x) \geqslant 0$.
f est décroissante sur $[1;5]$ et croissante sur $[5;50]$.

Manipuler la notion de coût marginal

Une entreprise fabrique une certaine quantité x d'objets. On a représenté le coût total de production en fonction de x, ainsi que la tangente en A$(5 ; 220)$ qui passe aussi par B$(10 ; 720)$ et la tangente en C, qui passe par O.

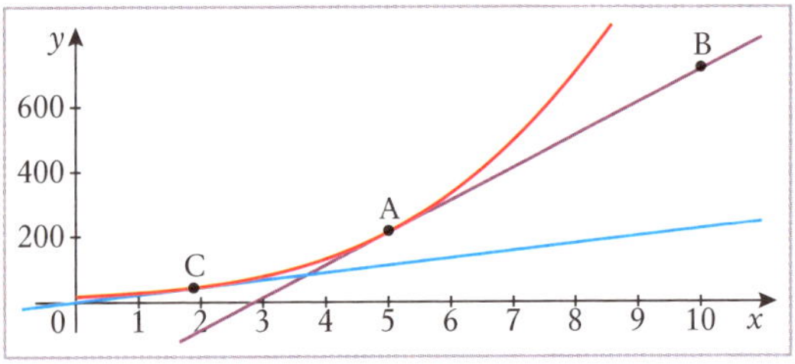

a. Déterminer le coût marginal si $x = 5$?
b. Que peut-on conjecturer pour le sens de variation de la fonction coût marginal ?

CONSEILS

a. Déterminer le coefficient directeur de la tangente en A.
b. Utiliser la convexité de la courbe (→ FICHE 58).

SOLUTION

a. Le coût marginal est assimilé à la dérivée du coût total. Sa valeur, si $x = 5$, est donc égale au coefficient directeur de la tangente en A, c'est-à-dire 100.
b. Le coefficient directeur de la tangente en un point de la courbe augmente quand x croît (la fonction est convexe), donc la fonction coût marginal semble strictement croissante sur $[0;10]$.

Étudier la convexité d'une courbe 58

RAPPELS DE COURS

1 Concavité et convexité d'une courbe

Soit f une fonction dérivable sur un intervalle I. On dit que f est convexe (resp. concave) sur I lorsque sa courbe est entièrement située au-dessus (resp. au-dessous) de chacune de ses tangentes.

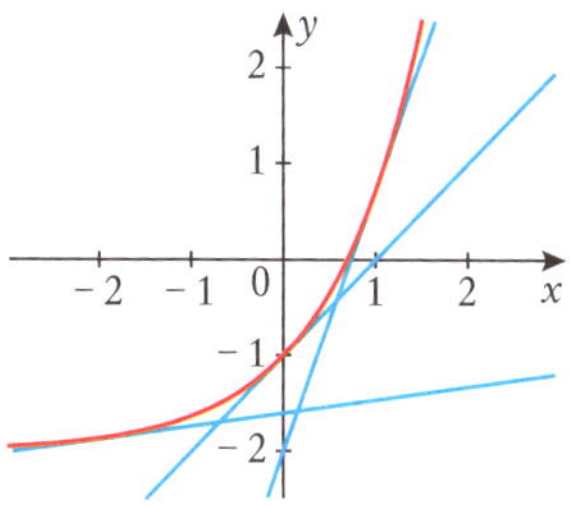

Fonction convexe

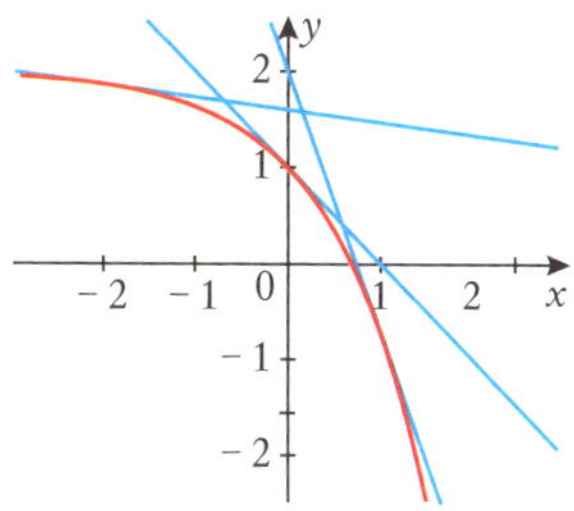

Fonction concave

2 Propriétés de la convexité et de la concavité

- Si f est convexe sur I, alors $-f$ est concave sur I.
- f est convexe sur I si, et seulement si, f' est croissante sur I.
- Si f est deux fois dérivable sur I, alors f est convexe sur I si et seulement si, pour tout $x \in \mathrm{I}$, $f''(x) \geqslant 0$.

MÉTHODES

Visualiser la convexité sur une courbe

Donner les intervalles sur lesquels la courbe est convexe et ceux sur lesquels elle est concave.

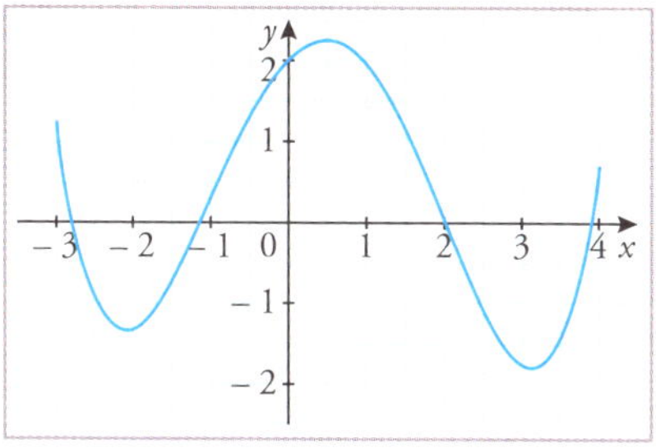

Conseils

- On imagine ou on trace quelques tangentes à la courbe. Si celles-ci sont au-dessous de la courbe, la courbe est convexe. Sinon, elle est concave.
- Un autre moyen est d'imaginer un vélo se déplaçant sur la courbe dans le sens des abscisses croissantes :
– si le guidon est tourné vers la gauche, la courbe est convexe ;
– s'il est tourné vers la droite, la courbe est concave.

Solution

La courbe est convexe sur $[-3\,;-1]$ et sur $[2\,;4]$.
Elle est concave sur $[-1\,;2]$.

Montrer qu'une fonction est convexe

Soit f définie sur $]2\,;+\infty[$ par :

$$f(x) = \frac{3x+1}{x-2}.$$

Montrer que f est convexe.

Conseils

- On montre que f' est strictement croissante sur un intervalle (attention : ne pas confondre avec strictement positive).
- Une possibilité est de calculer la dérivée seconde f'' (la dérivée de la dérivée) et de montrer que celle-ci est positive.

Solution

Après calculs, on obtient :

$$f'(x) = \frac{7}{(x-2)^2}$$

puis

$$f''(x) = \frac{14}{(x-2)^3}.$$

Puisque f'' est strictement positive sur $]2\,;+\infty[$, f' est strictement croissante sur $]2\,;+\infty[$, ce qui signifie que f est convexe sur $]2\,;+\infty[$.

Trouver un point d'inflexion à une courbe

59

RAPPELS DE COURS

1 Définition d'un point d'inflexion

▶ On dit que f admet un point d'inflexion en a si f change de concavité en a. Cela signifie que f est convexe puis concave ou concave puis convexe.

▶ En un point d'inflexion, la courbe traverse sa tangente.

2 Propriétés du point d'inflexion

▶ f admet un point d'inflexion en a si et seulement si f' change de sens de variation en a.

▶ f admet un point d'inflexion en a si et seulement si f'' s'annule en a, en changeant de signe.

MÉTHODE

Visualiser un point d'inflexion

La courbe tracée ci-dessous avec sa tangente au point A d'abscisse 2 admet-elle un point d'inflexion ?

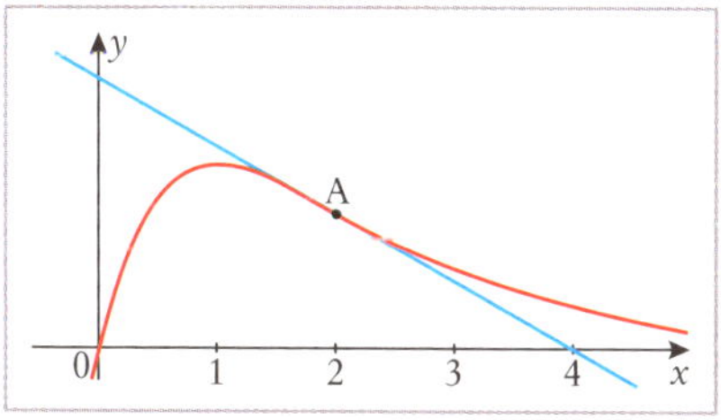

Conseils

• Graphiquement, un point d'inflexion se reconnaît en observant un changement de concavité : la courbe est convexe puis concave ou concave puis convexe.
• On peut aussi observer qu'en un point d'inflexion, la courbe traverse sa tangente.

MATHS

SOLUTION

Le point A, d'abscisse 2, est un point d'inflexion de la courbe. En effet, la fonction représentée est concave avant ce point, convexe après ce point. On remarque aussi qu'au point A, la courbe traverse sa tangente.

Montrer l'existence d'un point d'inflexion

Montrer que la fonction f définie sur $\mathbb{R}$ par :

$$f(x) = x^3 - 9x^2 + 4x + 30$$

admet un unique point d'inflexion A.

Préciser la position de la courbe représentative de f avec sa tangente en A.

CONSEILS

Pour mettre en évidence un point d'inflexion, on peut montrer un changement du sens de variation de f', ou bien un changement de signe de f''.

Le plus souvent on procède avec la dérivée seconde, d'autant plus si les calculs sont simples. C'est le cas ici.

SOLUTION

Après calculs, on obtient :

$$f'(x) = 3x^2 - 18x + 4 \text{ puis } f''(x) = 6x - 18.$$

La dérivée seconde f'' s'annule en 3, est négative sur $]-\infty\,;3]$ et positive sur $[3\,;+\infty[$.

Il y a donc un unique point d'inflexion en 3.

Soit A ce point d'inflexion. Le signe de la dérivée seconde, observé ci-dessus, montre également que f est concave avant A, convexe après. Puisque la courbe traverse sa tangente en A, elle est située au-dessous de cette tangente sur $]-\infty\,;3]$, et au-dessus sur $[3\,;+\infty[$.

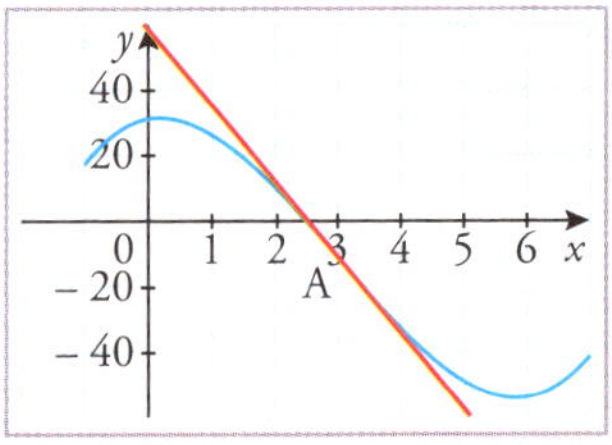

MÉTHODE

Faire fonctionner un algorithme

On considère la fonction f définie sur $[2;5]$ par :

$$f(x) = (3 - x)e^x + 1.$$

On admet que f admet une unique racine α dans $[2;5]$ telle que :

$$3 < \alpha < 3{,}05.$$

Déclaration de variables
a, *b*, *m*, *r* sont des nombres réels
Début
Affecter à *a* la valeur 3.
Affecter à *b* la valeur 3,05.
Saisir *r*
TANT QUE $b - a > r$
    Affecter à *m* la valeur $\dfrac{a+b}{2}$
    SI $f(m) > 0$
    ALORS affecter à *a* la valeur *m*
    SINON affecter à *b* la valeur *m*
    Fin SI
Fin TANT QUE
Afficher *a*
Afficher *b*
Fin

Faire fonctionner l'algorithme avec $r = 0{,}01$ en complétant le tableau suivant. Arrondir les valeurs de $f(m)$ au millième.
Interpréter les résultats trouvés pour a et b à la fin de cet algorithme.

	$b-a$	$b-a>r$	m	$f(m)$	$f(m)>0$	a	b
Initialisation							
Étape 1							
Étape 2							
Étape 3							
Étape 4							

MATHS

CONSEILS

- Faire fonctionner un algorithme consiste à relever les différentes valeurs prises par les variables au cours des étapes de cet algorithme. Le plus souvent, on utilise un tableau pour mettre en évidence ces valeurs et ces étapes.
- Il s'agit ici d'un algorithme de dichotomie. Il permet d'obtenir un encadrement d'une racine d'une fonction avec une précision choisie par avance. Les instructions d'initialisation permettent de donner un premier encadrement à la racine, ici dans l'intervalle $[3\,;3{,}05]$.
- La boucle TANT QUE est effectuée jusqu'à ce que la différence $b-a$ devienne plus petite qu'une précision r choisie au début. Lorsque cette différence devient plus petite que 0,01, la boucle ne s'exécute plus et on peut alors afficher les valeurs en sortie.
- À l'intérieur de la boucle, un test (SI…ALORS…SINON…) permet de savoir si on réduit l'intervalle par la droite ou par la gauche. À chaque boucle, cet intervalle est réduit de moitié grâce à l'instruction $m = \dfrac{a+b}{2}$.
- Les colonnes 2 et 5 doivent comporter la mention « oui » ou « non ».

SOLUTION

	$b-a$	$b-a>r$	m	$f(m)$	$f(m)>0$	a	b
Initialisation						3	3,05
Étape 1	0,05	oui	3,025	0,485	oui	3,025	3,05
Étape 2	0,025	oui	3,0375	0,218	oui	3,0375	3,05
Étape 3	0,0125	oui	3,04375	0,082	oui	3,04375	3,05
Étape 4	0,00625	non	La boucle est terminée				

En sortie, l'affichage sera :

$$a = 3{,}04375 \text{ et } b = 3{,}05.$$

Les valeurs trouvées constituent un encadrement de la racine α.

Un encadrement de α à 0,01 près est :

$$3{,}04375 < \alpha < 3{,}05.$$

Découvrir les fonctions exponentielles

61

MATHS

RAPPELS DE COURS

1 Définition et représentation des fonctions exponentielles

▶ Soit $a > 0$. Les fonctions $x \mapsto a^x$ sont appelées **fonctions exponentielles de base a**. Elles sont définies et dérivables sur $\mathbb{R}$.

▶ L'allure des courbes diffère selon que $0 < a < 1$ ou $a > 1$:
- Si $0 < a < 1$, les fonctions sont strictement décroissantes sur $\mathbb{R}$.
- Si $a > 1$, les fonctions sont strictement croissantes sur $\mathbb{R}$.

▶ Les fonctions exponentielles sont convexes sur $\mathbb{R}$ (→ FICHE 58).

2 Propriétés des fonctions exponentielles

▶ Les fonctions exponentielles transforment les sommes en produits :
- pour tous réels x et y : $a^{x+y} = a^x a^y$
- pour tout x réel : $a^x = e^{x \ln a}$

▶ Si x est un entier naturel, la fonction $x \mapsto a^x$ prend les mêmes valeurs que la suite géométrique de raison a et de premier terme 1 (→ FICHE 48) : on parle alors de croissance exponentielle.

MÉTHODES

Simplifier une expression contenant un terme a^x

Simplifier l'expression $4^{x+2} \times 2^{3x-1}$.

CONSEILS

Les règles de calcul algébrique sont les mêmes que celles concernant les puissances. Attention à ne pas inventer de règle de calcul : par exemple, $3 \times 2^x \neq 6^x$, mais en revanche $3^x \times 2^x = 6^x$.

SOLUTION

$$4^{x+2} \times 2^{3x-1} = 2^{2(x+2)+3x-1} = 2^{5x+3} = 8 \times \left(2^5\right)^x = 8 \times 32^x$$

Modéliser une situation

a. Modéliser à l'aide d'une fonction exponentielle une décroissance de 20 %.

b. Quelle croissance est modélisée par une fonction exponentielle de base 1,5 ?

CONSEILS

Un taux de croissance régulier de t % (t éventuellement négatif pour une diminution) se modélise par une fonction exponentielle de base $1+\dfrac{t}{100}$.

SOLUTION

a. Une décroissance de 20 % se modélise avec une fonction exponentielle de base 0,8.

b. Une fonction exponentielle de base 1,5 modélise une croissance de 50 %.

Résoudre l'équation $a^x = b$

Résoudre l'équation $1,2^x = 4$.

CONSEILS

Ne pas confondre avec une équation de la forme $x^a = b$ équivaut à $x = b^{\frac{1}{a}}$.

Ici, on peut utiliser les propriétés du logarithme népérien (→ FICHE 64) ou bien la table de valeurs de la calculatrice.

SOLUTION

- Avec le logarithme népérien :

$$1,2^x = 4 \Leftrightarrow e^{x\ln 1,2} = 4 \Leftrightarrow x\ln 1,2 = \ln 4 \Leftrightarrow x = \frac{\ln 4}{\ln 1,2}.$$

- Avec une calculatrice : $1,2^{7,603} < 4$ et $1,2^{7,604} > 4$, donc une valeur approchée de la solution à 0,01 près est 7,60.

Transformer une expression de la forme e^{ax+b}

Écrire $e^{1,8x+3}$ sous la forme $A \times B^x$.

CONSEILS

Dans ce genre d'énoncé, on pourra utiliser des valeurs de A et B arrondies à deux ou trois décimales. Les règles de calculs sur la fonction exponentielle sont les mêmes que celles sur les puissances.

SOLUTION

$e^{1,8x+3} = e^{1,8x}e^3 = \left(e^{1,8}\right)^x e^3 \approx 20 \times 6^x$,

car $e^{1,8} \approx 6$ et $e^3 \approx 20$.

Étudier la fonction exp

62

RAPPELS DE COURS

1 Définition et dérivée de la fonction exp

▶ La fonction exp est la seule fonction exponentielle (→ FICHE 61) dont le nombre dérivé en 0 est 1.

On note e l'image de 1 par cette fonction ($e \approx 2,718$). Ainsi, exp est la fonction $x \mapsto e^x$.

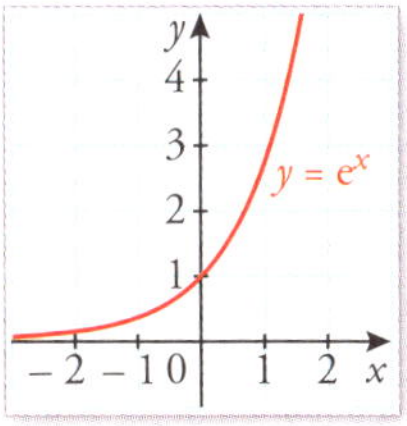

▶ La fonction exp est définie et dérivable sur $\mathbb{R}$. Sa dérivée est elle-même :

$$(\exp)' = \exp$$

▶ Elle est strictement croissante et convexe sur $\mathbb{R}$.
Pour tout réel x, $e^x > 0$.

2 Propriétés algébriques

La fonction exponentielle transforme les sommes en produits.

▶ Ainsi, pour tous réel x et y : $e^{x+y} = e^x e^y$

▶ Pour tout réel x : $e^{-x} = \dfrac{1}{e^x}$

▶ Pour tous réels x et y : $e^{x-y} = \dfrac{e^x}{e^y}$ et $\left(e^x\right)^y = e^{xy}$

MÉTHODES

Simplifier une expression

Montrer que pour tout x réel :

$$3\left(e^{-x} - e^{-2x}\right) = \frac{3\left(e^x - 1\right)}{e^{2x}}.$$

Conseils

Pour simplifier une expression, il faut garder en tête les relations :

$$e^{2x} = \left(e^x\right)^2 \text{ et } e^{-x} = \frac{1}{e^x}.$$

MATHS

Solution

Pour tout x réel :

$$3\left(e^{-x}-e^{-2x}\right)=3\left(\frac{1}{e^{x}}-\frac{1}{e^{2x}}\right)=3\left(\frac{e^{x}}{e^{2x}}-\frac{1}{e^{2x}}\right)=\frac{3\left(e^{x}-1\right)}{e^{2x}}.$$

Calculer une dérivée contenant des exponentielles

On considère la fonction f définie sur $\mathbb{R}$ par :

$$f(x)=(1-0{,}04x)e^{x}.$$

Calculer $f'(x)$.

Conseils

Comme pour tout calcul de dérivée, on se demande si l'expression étudiée est un produit, un quotient,..., afin de bien choisir la formule de dérivation. Ici, il s'agit d'un produit.
Après avoir dérivé, prendre soin de réduire l'expression trouvée.

Solution

En notant $u(x)=1-0{,}04x$ et $v(x)=e^{x}$, on a :

$$u'(x)=-0{,}04 \quad \text{et} \quad v'(x)=e^{x}$$

ce qui donne $f'(x)=-0{,}04e^{x}+(1-0{,}04x)e^{x}$.

On factorise par e^{x}:

$$f'(x)=\left(-0{,}04+1-0{,}04x\right)e^{x}=(0{,}96-0{,}04x)e^{x}.$$

Enfin (ce n'est pas indispensable), on factorise par 0,04 :

$$f'(x) = 0{,}04(24-x)e^{x}.$$

Étudier les variations d'une fonction contenant e^x

Étudier les variations de la fonction f définie sur $\mathbb{R}$ par :

$$f(x)=(1-0{,}04x)e^{x}.$$

Conseils

e^{x} est toujours strictement positif : étude de signe simplifiée.

Solution

On sait que $f'(x) = 0{,}04(24-x)e^{x}$. Comme $e^{x}>0$ pour tout x réel, le signe de $f'(x)$ est celui de $24-x$: si $x<24$, alors $f'(x)>0$; si $x>24$, alors $f'(x)<0$.
On en déduit que f est croissante sur $]-\infty\,;24]$ et décroissante sur $[24\,;+\infty[$.

Approfondir la fonction exp 63

RAPPELS DE COURS

1 Dérivée de e^u

▶ Si u est une fonction dérivable sur un intervalle I, alors la fonction e^u est dérivable sur I et sa fonction dérivée est :

$$\left(e^u\right)' = u'e^u$$

▶ Cas particuliers : a et b sont deux réels quelconques.
- Si $f(x) = e^{ax}$, alors $f'(x) = ae^{ax}$.
- Si $f(x) = e^{ax+b}$, alors $f'(x) = ae^{ax+b}$.

2 Résolution d'équations et d'inéquations

▶ Si a et b sont deux réels quelconques, alors :

$$e^a = e^b \text{ est équivalent à } a = b$$

▶ Si a et b sont deux réels quelconques, alors :

$$e^a < e^b \text{ est équivalent à } a < b$$

REMARQUE Les résultats sont les mêmes avec $>$, ou $\leqslant$, ou $\geqslant$.

MÉTHODES

Calculer la dérivée d'une fonction de la forme e^u

On considère la fonction f définie sur $\mathbb{R}$ par :

$$f(x) = 2\,456e^{0{,}001x+1{,}805}.$$

Calculer $f'(x)$.

CONSEILS

Les cas particuliers rappelés ci-dessus sont très importants car ils sont très fréquents dans les sujets de baccalauréat. La fonction n'est pas à considérer comme un produit, on utilise plutôt la formule de dérivation :

$$(ku)' = ku'.$$

SOLUTION

$$f'(x) = 2\,456 \times 0{,}001\ e^{0{,}001x+1{,}805}$$
$$= 2{,}456\ e^{0{,}001x+1{,}805}$$

MATHS

Étudier les variations d'une fonction contenant un terme de la forme e^u

Étudier les variations de f définie sur $\mathbb{R}$ par :

$$f(x) = \frac{x}{4}e^{-x}.$$

CONSEILS

- Comme il est très fréquent de retrouver l'expression e^{-x}, il est bon de remarquer que :

$$\text{si } f(x) = e^{-x}, \text{ alors } f'(x) = -e^{-x}.$$

- Lorsqu'une constante seule figure au dénominateur, il n'est pas nécessaire d'utiliser la formule de dérivation d'un quotient. Ici, on voit le terme $\frac{x}{4}$ comme $\frac{1}{4}x$.
- Une fois la dérivée obtenue, on prend soin de factoriser par le terme e^u. Dans l'étude de signes, on profite du fait que celui-ci est toujours strictement positif.

SOLUTION

$$f'(x) = \frac{1}{4} \times e^{-x} + \frac{x}{4} \times \left(-e^{-x}\right) = \frac{1-x}{4} \times e^{-x}.$$

Comme $e^{-x} > 0$, le signe de $f'(x)$ est celui de $1 - x$.

- Si $x < 1$, alors $f'(x) > 0$.
- Si $x > 1$, alors $f'(x) < 0$.

f est donc croissante sur $]-\infty ; 1]$ et décroissante sur $[1 ; +\infty[$.

Résoudre une inéquation

Résoudre dans $\mathbb{R}$ l'inéquation :

$$ee^{4-3x} > e^{x+1}.$$

CONSEILS

- Il est préférable de rappeler le théorème utilisé à chaque démonstration.
- Le nombre e peut être utilisé avec les règles de calcul en pensant qu'il s'agit de e^1.

SOLUTION

$$ee^{4-3x} > e^{x+1} \Leftrightarrow e^{5-3x} > e^{x+1} \qquad (1)$$

Or, on sait que si a et b sont deux réels quelconques, alors $e^a > e^b$ est équivalent à $a > b$. D'où l'inéquation (1) est équivalente à :

$$5 - 3x > x + 1 \Leftrightarrow x < 1.$$

Étudier la fonction ln

64

RAPPELS DE COURS

1 Domaine de définition et dérivée de ln

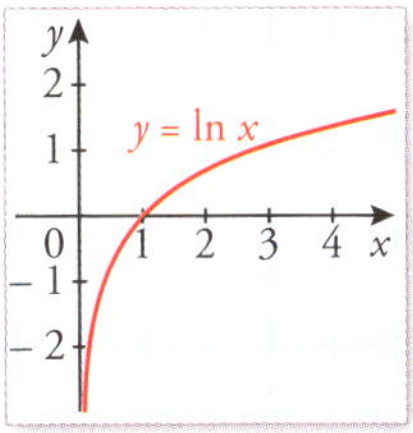

▶ La fonction logarithme népérien est définie et dérivable sur $]0\,;+\infty[$. Elle se note ln.

▶ Elle est strictement croissante et concave sur $]0\,;+\infty[$.

▶ Sa fonction dérivée est la fonction inverse :

$$\ln'(x) = \frac{1}{x}$$

2 Propriétés algébriques

▶ Pour tout réel $x > 0$ et pour tout réel y :

$$e^y = x \Leftrightarrow y = \ln(x)$$

▶ $\ln(1) = 0$ et $\ln(e) = 1$.

▶ Pour tout x réel :

$$\ln(e^x) = x$$

▶ Pour tout x réel strictement positif :

$$e^{\ln(x)} = x$$

MÉTHODES

Résoudre des équations simples

Résoudre les équations :

a. $\ln(x) = 2$; **b.** $\ln(x) = -1$;

c. $e^x = 2$; **d.** $e^x = -3$.

Conseils

Les deux modèles de base sont à connaître absolument :

- pour tout réel a, $\ln(x) = a \Leftrightarrow x = e^a$;
- si $a > 0$, $e^x = a \Leftrightarrow x = \ln(a)$.

Solution

a. $\ln(x) = 2 \Leftrightarrow x = e^2$. **b.** $\ln(x) = -1 \Leftrightarrow x = e^{-1}$.

c. $e^x = 2 \Leftrightarrow x = \ln(2)$. **d.** $e^x = -3$ n'admet pas de solution.

MATHS

Résoudre des équations

Une société achète un camion à un instant $t = 0$. L'investissement initial se monte à 100 000 €. La dépréciation cumulée $D(t)$, en milliers d'euros, à l'instant t qui s'exprime en années, est :

$$D(t) = 100(1 - e^{-\frac{t}{6}}).$$

Déterminer l'instant pour lequel l'investissement perd la moitié de sa valeur initiale.

CONSEILS

On demande de résoudre l'équation $D(t) = 50$. Pour cela, on fait en sorte d'isoler le terme $e^{-\frac{t}{6}}$ afin d'utiliser l'une des deux propriétés de la fonction logarithme : si $a > 0$, $e^x = a \Leftrightarrow x = \ln(a)$.

SOLUTION

$$100(1 - e^{-\frac{t}{6}}) = 50 \Leftrightarrow 1 - e^{-\frac{t}{6}} = \frac{1}{2} \quad \Leftrightarrow e^{-\frac{t}{6}} = \frac{1}{2}$$

$$\Leftrightarrow -\frac{t}{6} = \ln\left(\frac{1}{2}\right) \Leftrightarrow t = -6\ln\left(\frac{1}{2}\right)$$

$t = 6\ln(2) \approx 4{,}16$:
l'investissement perd la moitié de sa valeur initiale après un peu plus de 4 années.

REMARQUE Le résultat s'écrit plus simplement en tenant compte d'une propriété sur le logarithme népérien (→ FICHE 65) :

$$\ln\left(\frac{1}{b}\right) = -\ln(b).$$

Calculer la dérivée d'une fonction contenant ln(x)

Soit la fonction f définie sur $]0\,;+\infty[$ par $f(x) = \dfrac{\ln(x)}{x}$.

Calculer $f'(x)$.

CONSEILS

Il s'agit d'un quotient. En posant $u(x) = \ln(x)$, on a $u'(x) = \dfrac{1}{x}$.

SOLUTION

Pour tout $x > 0$: $f'(x) = \dfrac{\frac{1}{x} \times x - \ln(x) \times 1}{x^2} = \dfrac{1 - \ln(x)}{x^2}$.

Approfondir la fonction ln

65

RAPPELS DE COURS

1 Propriétés algébriques

▶ La fonction ln transforme les produits en sommes :

- pour tous réels strictement positifs x et y : $\ln(xy) = \ln(x) + \ln(y)$
- pour tout réel strictement positif x : $\ln\left(\frac{1}{x}\right) = -\ln x$
- pour tous réels strictement positifs x et y : $\ln\left(\frac{x}{y}\right) = \ln x - \ln y$

▶ Pour tout réel strictement positif x et pour tout entier naturel n :

$$\ln(x^n) = n\ln(x)$$

2 Résolution d'équations et d'inéquations

▶ Si a et b sont deux réels strictement positifs, alors :

$\ln(a) = \ln(b)$ est équivalent à $a = b$.

▶ Si a et b sont deux réels strictement positifs, alors :

$\ln(a) < \ln(b)$ est équivalent à $a < b$.

REMARQUE Ces résultats sont les mêmes avec $>$, ou $\leqslant$, ou $\geqslant$.

MÉTHODES

Utiliser les propriétés

Simplifier l'expression $A = \ln(e^3) + 2\ln(4e) - \ln(16)$.

CONSEILS

Commencer par utiliser $\ln(e^x) = x$.
Toujours faire intervenir des puissances, avec la base la plus petite possible. Par exemple, $16 = 2^4$ est un meilleur choix que $16 = 4^2$.

SOLUTION

$A = \ln(e^3) + 2\ln(4e) - \ln(16)$

$A = 3 + 2(\ln(4) + \ln(e)) - \ln(2^4)$

$A = 3 + 2(2\ln(2) + 1) - 4\ln(2)$

$A = 5$.

Ne pas confondre les propriétés de ln et exp

Simplifier $\ln(12x^3)$, où x est un réel strictement positif.

Conseils

La fonction ln transforme les produits en sommes, alors que la fonction exp (→ FICHE 62) transforme les sommes en produits. Il convient donc de ne pas confondre les propriétés. Par exemple, $\ln(12+x^3)$ ne peut pas être simplifié.

Solution

Pour tout $x > 0$:
$\ln(12x^3) = \ln(12) + \ln(x^3) = 2\ln(2) + \ln(3) + 3\ln(x)$

Être attentif au domaine d'existence

La fonction f est définie sur $\mathrm{I} =]-\infty\,;-1[\cup]-1\,;0[$ par :

$$f(x) = \ln(x^2 + x).$$

Peut-on écrire : « pour tout x dans I, $f(x) = \ln(x) + \ln(x+1)$ » ?

Conseils

Il est tentant de répondre par l'affirmative en invoquant le fait que ln transforme les produits en somme. Cependant, avec ln, on prendra soin de vérifier que les nombres concernés sont strictement positifs.

Solution

La proposition est fausse car le membre de droite n'est pas défini pour x négatif.

Résoudre une inéquation

Résoudre l'inéquation $\ln(x^2 + x + 1) < 0$.

Conseils

L'inéquation est définie si, et seulement si, $x^2 + x + 1 > 0$.

Solution

Le discriminant Δ du trinôme $x^2 + x + 1$ est négatif et le coefficient devant x^2 est 1 : l'inéquation est définie sur $\mathbb{R}$.

$$\begin{aligned}\ln(x^2 + x + 1) < 0 &\Leftrightarrow \ln(x^2 + x + 1) < \ln(1)\\ &\Leftrightarrow x^2 + x + 1 < 1 \Leftrightarrow x^2 + x < 0\\ &\Leftrightarrow x < -1 \text{ ou } x > 0.\end{aligned}$$

Déterminer une primitive 66

RAPPELS DE COURS

1 Définition d'une primitive

Soit f une fonction définie sur un intervalle I.
Une **primitive** de f sur I est une fonction F dérivable sur I, telle que, pour tout $x \in \mathrm{I}$, $F'(x) = f(x)$.

2 Distinction entre deux primitives d'une même fonction

Toute fonction continue sur un intervalle de $\mathbb{R}$ admet une primitive sur cet intervalle. Dans ce cas, la fonction f admet **une infinité** de primitives sur I. Ainsi, si G est une autre primitive de f sur I, alors pour tout x de I :

$$G(x) = F(x) + c, \text{ où } c \in \mathbb{R}.$$

MÉTHODES

Utiliser le bon vocabulaire

Soit f définie sur $\mathbb{R}$ par $f(x) = 2x + 1$. Déterminer :
a. une primitive F de f sur $\mathbb{R}$;
b. toutes les primitives F de f sur $\mathbb{R}$;
c. la primitive F de f sur $\mathbb{R}$ qui s'annule en 2.

CONSEILS

Lorsqu'une fonction admet des primitives (ce sera toujours le cas en Terminale), il y en a une infinité, et la différence entre deux d'entre elles est une constante.

SOLUTION

a. Une primitive F de f sur $\mathbb{R}$ est donnée par $F(x) = x^2 + x$.
b. Les primitives F de f sur $\mathbb{R}$ sont définies par $F(x) = x^2 + x + c$, où c est une constante réelle.
c. $F(2) = 0$ et $F(2) = 2^2 + 2 + c = 6 + c$ donnent $c = -6$, de sorte que la primitive F de f qui s'annule en 2 est définie par $F(x) = x^2 + x - 6$.

Montrer que g est une primitive de f sur un intervalle

Soit g une fonction définie sur $\mathbb{R}^{+*}$ par $g(x) = \frac{1}{4}x^2(2\ln x - 1)$.

Montrer que g est une primitive sur $\mathbb{R}^{+*}$ de la fonction f définie par $f(x) = x\ln x$.

CONSEILS

Dans de nombreux énoncés, on demande seulement de vérifier par un simple calcul de dérivée que $g' = f$.

SOLUTION

Pour tout x strictement positif :

$$g'(x) = \frac{1}{2}x(2\ln x - 1) + \frac{1}{4}x^2 \times \frac{2}{x} = x\ln x - \frac{1}{2}x + \frac{1}{2}x = f(x).$$

On en déduit que g est une primitive de f sur $\mathbb{R}^{+*}$.

Reconnaître une forme caractéristique

Dans chaque cas, déterminer une primitive F de f sur $\mathbb{R}$:

a. $f(x) = \dfrac{e^x}{(1+e^x)^2}$

b. $f(x) = (x+1)e^{2x^2+4x+1}$

CONSEILS

On reconnaît une forme caractéristique : $\frac{u'}{u^2}$, puis $u'e^u$.

SOLUTION

a. Si $u(x) = 1 + e^x$ et $u'(x) = e^x$, f est de la forme $\frac{u'}{u^2}$.

Une primitive F de f sur $\mathbb{R}$ est définie par $F(x) = -\dfrac{1}{1+e^x}$.

b. Si $u(x) = 2x^2 + 4x + 1$, alors :

$$u'(x) = 4x + 4 = 4(x+1).$$

En notant que $f(x) = \frac{1}{4}(4x+4)e^{2x^2+4x+1}$, on constate que f est de la forme $u'e^u$, au facteur $\frac{1}{4}$ près. Une primitive F de f sur $\mathbb{R}$ est donc définie par :

$$F(x) = \frac{1}{4}e^{2x^2+4x+1}.$$

Calculer une intégrale

67

MATHS

RAPPELS DE COURS

▶ Si f est continue sur $[a\,;b]$, alors l'**intégrale** de a à b de la fonction f est :

$$\int_a^b f(x)\,\mathrm{d}x = F(b) - F(a)$$

où F est une primitive de f sur $[a\,;b]$.

▶ Soit f une fonction continue sur $[a\,;b]$.

On appelle **valeur moyenne** de f sur $[a\,;b]$ le nombre réel :

$$\frac{1}{b-a}\int_a^b f(x)\,\mathrm{d}x$$

MÉTHODES

Respecter les notations

Calculer $\int_1^2 \left(3x^2 + \frac{1}{x}\right)\mathrm{d}x$.

Conseils

La syntaxe particulière au calcul intégral est à soigner :

- écrire dx après $f(x)$ dans l'intégrale ;
- employer des crochets pour indiquer la primitive utilisée, puis calculer la différence $F(b) - F(a)$.

Attention à ne pas mélanger ces différentes écritures et à suivre le modèle :

$$\int_a^b f(x)\,\mathrm{d}x = [F(x)]_a^b = F(b) - F(a).$$

Solution

$$\int_1^2 \left(3x^2 + \frac{1}{x}\mathrm{d}x\right) = \left[x^3 + \ln x\right]_1^2$$

$$= \left(2^3 + \ln 2\right) - \left(1^3 + \ln 1\right) = 7 + \ln 2.$$

Mener un calcul jusqu'à son terme

Calculer $\int_1^3 \left(2x^2 - 3x + 1\right)\mathrm{d}x$.

CONSEILS

Le signe – de la différence $F(b) - F(a)$ est à utiliser avec précaution. Pour éviter les erreurs de calculs, on utilise des parenthèses.

SOLUTION

$$\int_1^3 \left(2x^2 - 3x + 1\right) \mathrm{d}x = \left[2\frac{x^3}{3} - 3\frac{x^2}{2} + x\right]_1^3$$

$$= \left(2\frac{3^3}{3} - 3\frac{3^2}{2} + 3\right) - \left(2\frac{1^3}{3} - 3\frac{1^2}{2} + 1\right)$$

$$\int_1^3 \left(2x^2 - 3x + 1\right) \mathrm{d}x = \frac{15}{2} - \frac{1}{6} = \frac{22}{3}$$

Utiliser la formule de la valeur moyenne

Soit f la fonction de demande d'un produit, exprimée en milliers d'objets, lorsque le prix est égal à x centaines d'euros. On donne :

$$f(x) = (3x + 2)\mathrm{e}^{-0{,}75x}.$$

On admet qu'une primitive de f sur $[1\,;3]$ est :

$$x \mapsto (-4x - 8)\mathrm{e}^{-0{,}75x}.$$

REMARQUE Le lecteur pourra le vérifier via la 2e méthode de la FICHE 66.

Calculer la demande moyenne, à 10 objets près, lorsque le prix unitaire est compris entre 100 et 300 €.

CONSEILS

- Si une quantité (le plus souvent économique, comme un bénéfice) est associée à une fonction, il peut être demandé de calculer la quantité moyenne sur un intervalle de valeurs. On utilise alors la formule de la valeur moyenne.
- On prendra particulièrement soin aux arrondis et aux unités.

SOLUTION

La demande moyenne est la valeur moyenne de f sur l'intervalle $[1\,;3]$ (les prix sont en centaines d'euros) :

$$\frac{1}{3-1}\int_1^3 f(x)\,\mathrm{d}x = \frac{1}{2}\left[(-4x - 8)\mathrm{e}^{-0{,}75x}\right]_1^3$$

$$= 6\mathrm{e}^{-0{,}75} - 10\mathrm{e}^{-2{,}25} \approx 1{,}78.$$

Ce résultat s'exprime en milliers d'objets.
Ainsi, la demande moyenne, à 10 objets près, lorsque le prix unitaire est compris entre 100 et 300 euros est 1 780 objets.

Utiliser un graphique pour calculer une intégrale

68

RAPPELS DE COURS

Soit f une fonction continue et positive sur un intervalle $[a \; ; \; b]$. Elle est représentée par sa courbe $\mathscr{C}_f$ dans un repère orthogonal.

L'**aire** $\mathscr{A}$, exprimée en unités d'aire, du domaine délimité par $\mathscr{C}_f$, l'axe des abscisses et les droites d'équations $x = a$ et $x = b$ est égale à :

$$\mathscr{A} = \int_a^b f(x)\,\mathrm{d}x$$

MÉTHODES

Calculer une intégrale avec la courbe de la primitive

On a représenté deux fonctions f et g, sur $[-4\,;4]$.

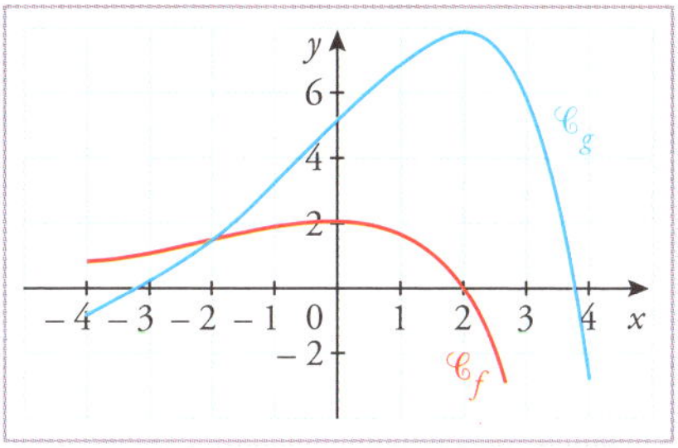

a. L'une est la dérivée de l'autre. Laquelle ?

b. On donne $g(2) = 4\mathrm{e} - 3$. Calculer $\int_0^2 f(x)\,\mathrm{d}x$.

Conseils

- Si le signe de g correspond aux variations de f, alors $f' = g$.
- Si le signe de f correspond aux variations de g, alors $g' = f$.

Solution

On constate que le signe de f correspond aux variations de g, donc f est la dérivée de g. Puisque g est une primitive de f sur $[-4\,;4]$:

$\int_0^2 f(x)\,\mathrm{d}x = [g(x)]_0^2 = g(2) - g(0) = 4\mathrm{e} - 3 - 5 = 4\mathrm{e} - 8.$

MATHS

Encadrer une intégrale

Pour la fonction f tracée ci-dessous, donner un encadrement d'amplitude 2 de $\int_0^3 f(x)\,\mathrm{d}x$, avec deux entiers.

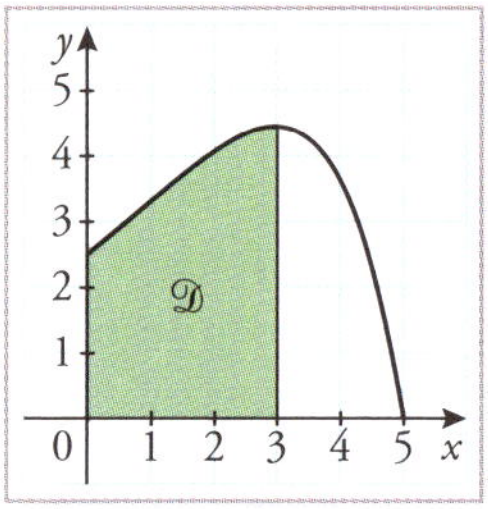

Conseils

En notant $\mathscr{D}$ le domaine dont l'aire est l'intégrale étudiée, on cherche un domaine (constitué de rectangles et/ou de triangles) contenu dans $\mathscr{D}$, puis un domaine qui contient $\mathscr{D}$.

Solution

Soit $\mathscr{D}$ le domaine d'aire $\int_0^3 f(x)\,\mathrm{d}x$.

Le premier découpage (en bleu) montre un domaine contenu dans $\mathscr{D}$, d'aire 10.
Le second découpage (en rouge) montre un domaine qui contient $\mathscr{D}$, d'aire 12. On en déduit que $10 < \int_0^3 f(x)\,\mathrm{d}x < 12$.

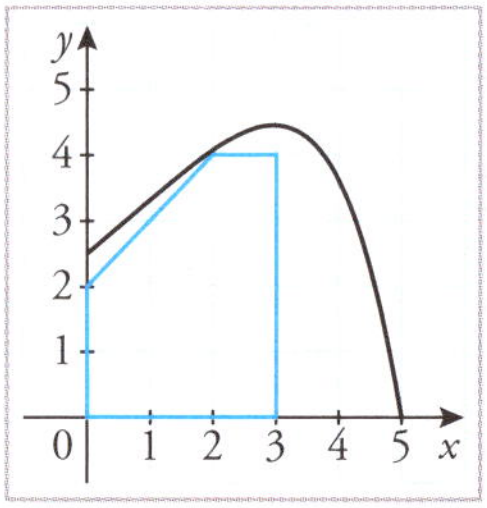

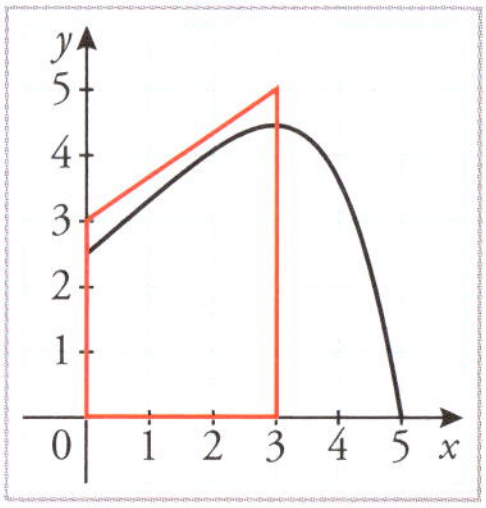

Calculer une aire

69

RAPPELS DE COURS

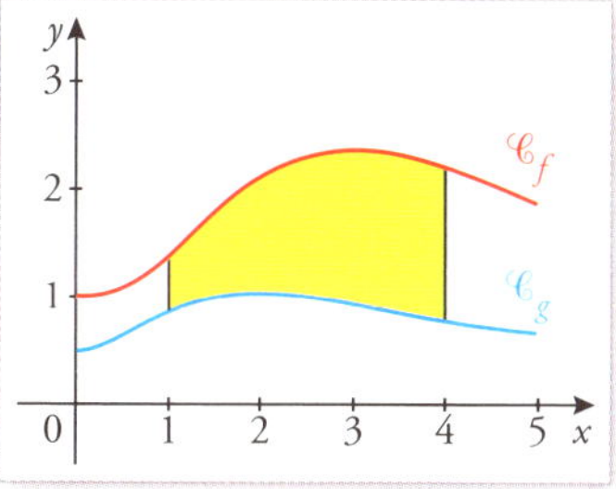

Soit f et g deux fonctions continues sur un intervalle $[a\,;b]$, représentées par leurs courbes $\mathscr{C}_f$ et $\mathscr{C}_g$ dans un repère orthogonal, telles que pour tout x de $[a\,;b]$, $f(x) \geqslant g(x)$.
L'**aire**, exprimée en **unités d'aire** (en abrégé u.a.), du domaine délimité par $\mathscr{C}_f$, $\mathscr{C}_g$ et les droites d'équations $x = a$ et $x = b$, est égale à :

$$\mathscr{A} = \int_a^b \left(f(x) - g(x)\right) \mathrm{d}x$$

MÉTHODES

Exprimer une aire avec la bonne unité

On considère la fonction f définie par :

$$f(x) = \mathrm{e}^{2x+1},$$

représentée par sa courbe $\mathscr{C}$ dans un repère orthogonal d'unités graphiques 2 cm sur $(\mathrm{O}x)$ et 3 cm sur $(\mathrm{O}y)$.
Calculer l'aire $\mathscr{A}$, exprimée en cm^2, du domaine délimité par $\mathscr{C}$, l'axe $(\mathrm{O}x)$ et les droites d'équations $x = 0$ et $x = 1$.

Conseils

- Une intégrale est un nombre réel sans dimension (pouvant être positif ou négatif), alors qu'une aire est toujours positive et s'exprime avec une unité (unité d'aire, cm^2…).
- Attention à bien respecter la consigne : calcul d'intégrale ou calcul d'aire ? Si c'est une aire, on l'exprime avec la bonne unité. Si le repère est précisé sans unités graphiques, on utilisera les unités d'aire (u.a.).
- La valeur exacte de l'aire sera toujours privilégiée, suivie si besoin d'une valeur approchée, en indiquant la précision utilisée.

MATHS

Solution

Puisque f est positive sur $[0\,;1]$:

$$A=\int_0^1 \mathrm{e}^{-2x+1}\,\mathrm{d}x=\left[-\frac{1}{2}\mathrm{e}^{-2x+1}\right]_0^1=-\frac{1}{2}\left(\mathrm{e}^{-1}-\mathrm{e}^{1}\right)=\frac{\mathrm{e}-\mathrm{e}^{-1}}{2}(\text{u.a.}).$$

Or, 1 u.a. = 6 cm^2 (rectangle de côtés 2 cm et 3 cm), donc une valeur exacte de l'aire demandée est aussi :

$$\frac{\mathrm{e}-\mathrm{e}^{-1}}{2}\times 6=3\left(\mathrm{e}-\mathrm{e}^{-1}\right)\text{cm}^2.$$

Une valeur approchée est 7,05 cm^2, arrondie au centième près.

Calculer une aire entre deux courbes

Soit les fonctions f et g définies par $f(x)=x$ et $g(x)=\dfrac{1}{x}$, représentées par leurs courbes $\mathscr{C}_f$ et $\mathscr{C}_g$ dans un repère orthogonal.
Vérifier que, pour tout x de $[1\,;4]$, $g(x)\leqslant f(x)$.
Ensuite, calculer la valeur exacte de l'aire, exprimée en u.a., du domaine délimité par les courbes $\mathscr{C}_f$, $\mathscr{C}_g$ et les droites d'équations $x=1$ et $x=4$.

Conseils

Lors d'un calcul d'aire entre deux courbes, il n'est pas nécessaire que les deux fonctions soient positives. Le sens de la soustraction étant important, on vérifie que la différence est toujours positive.

Solution

Pour tout x de $[1\,;4]$, $x-\dfrac{1}{x}=\dfrac{x^2-1}{x}$.
Or, sur $[1\,;4]$, $x^2-1\geqslant 0$, donc on a bien :

$$g(x)\leqslant f(x).$$

L'aire, exprimée en u.a., du domaine délimité par $\mathscr{C}_f$, $\mathscr{C}_g$ et les droites d'équations $x=1$ et $x=4$, est donnée par l'intégrale :

$$\int_1^4\left(x-\frac{1}{x}\right)\mathrm{d}x=\left[\frac{x^2}{2}-\ln(x)\right]_1^4$$

$$=8-\ln(4)-\left(\frac{1}{2}-\ln(1)\right)=\frac{15}{2}-2\ln(2).$$

L'aire du domaine, en u.a., est $\dfrac{15}{2}-2\ln(2)$.

Connaître les propriétés des intégrales

70

MATHS

RAPPELS DE COURS

1 Propriété de linéarité des intégrales

Soit λ un réel quelconque.
Si f et g sont deux fonctions continues sur $[a\,;b]$, alors :

$$\int_a^b f(x)\,\mathrm{d}x + \lambda\int_a^b g(x)\,\mathrm{d}x = \int_a^b (f+\lambda g)(x)\,\mathrm{d}x$$

2 Propriété de positivité des intégrales

Si f est une fonction continue sur $[a\,;b]$, et si f est à valeurs positives sur cet intervalle, alors :

$$\int_a^b f(x)\,\mathrm{d}x \geqslant 0$$

3 Propriété de respect de l'ordre par intégration

Si f et g sont deux fonctions continues sur $[a\,;b]$, et si $f \leqslant g$ sur $[a\,;b]$, alors :

$$\int_a^b f(x)\,\mathrm{d}x \leqslant \int_a^b g(x)\,\mathrm{d}x$$

MÉTHODES

Utiliser la propriété de linéarité

Calculer $I = \displaystyle\int_1^3 \frac{3x^2+10x+3}{x(x+1)^2}\,\mathrm{d}x$.

CONSEILS

Trouver une primitive n'est pas évident : il n'existe pas de formule directement accessible.

- Vérifier d'abord que, pour tout $x \in [1\,;3]$:

$$\frac{3x^2+10x+3}{x(x+1)^2} = \frac{3}{x} + \frac{4}{(x+1)^2}.$$

- Ensuite, on utilise la propriété de linéarité deux fois ; une première fois pour séparer le calcul en deux intégrales, une autre fois pour écrire les constantes 3 et 4 avant les intégrales.

SOLUTION

$$I = \int_1^3 \left(\frac{3}{x} + \frac{4}{(x+1)^2} \mathrm{d}x \right) = \int_1^3 \frac{3}{x} \mathrm{d}x + \int_1^3 \frac{4}{(x+1)^2} \mathrm{d}x$$

$$= 3\int_1^3 \frac{1}{x} \mathrm{d}x + 4\int_1^3 \frac{1}{(x+1)^2} \mathrm{d}x.$$

D'où $I = 3[\ln x]_1^3 + 4\left[-\frac{1}{x+1}\right]_1^3 = 3\ln 3 + 1.$

Utiliser la propriété de positivité

Quel est le signe de $\int_{0,5}^1 \ln(x)\,\mathrm{d}x$?

CONSEILS

La propriété de positivité indique que si une fonction est positive sur un intervalle, alors son intégrale l'est aussi. Cette propriété de conservation s'applique aussi à des fonctions négatives.

SOLUTION

La fonction ln est négative sur $[0{,}5\,;1]$, donc l'intégrale proposée est négative.

Utiliser la propriété de conservation de l'ordre

Montrer que pour tout entier naturel n :

$$\int_0^1 x^n \mathrm{e}^{-x}\,\mathrm{d}x \leqslant 1 - \frac{1}{\mathrm{e}}.$$

CONSEILS

Cette propriété précise que si deux fonctions sont rangées dans un certain ordre sur un intervalle, leurs intégrales sont dans le même ordre. Mais, la réciproque est fausse !
La propriété de respect de l'ordre permet principalement d'obtenir une minoration, une majoration ou même un encadrement.

SOLUTION

Pour tout entier naturel n, et pour tout $x \in [0\,;1]$, $x^n \leqslant 1$.
Comme $\mathrm{e}^{-x} > 0$, alors on en déduit $x^n\mathrm{e}^{-x} \leqslant \mathrm{e}^{-x}$.
On applique la propriété de respect de l'ordre sur $[0\,;1]$:

$$\int_0^1 x^n\mathrm{e}^{-x}\,\mathrm{d}x \leqslant \int_0^1 \mathrm{e}^{-x}\,\mathrm{d}x = \left[-\mathrm{e}^{-x}\right]_0^1 = 1 - \frac{1}{\mathrm{e}}.$$

Revoir la notion de probabilité 71

RAPPELS DE COURS

1 Intersection, réunion, événements contraires

▶ A et B sont deux **événements** quelconques :

$$p(\mathrm{A}) + p(\mathrm{B}) = p(\mathrm{A} \cup \mathrm{B}) + p(\mathrm{A} \cap \mathrm{B})$$

▶ Soit $\overline{\mathrm{A}}$ l'**événement contraire** de l'événement A :

$$p\left(\overline{\mathrm{A}}\right) = 1 - p(\mathrm{A})$$

2 Hypothèse d'équiprobabilité

Si les événements élémentaires d'un univers fini Ω sont **équiprobables** et si A est un événement quelconque de Ω, alors :

$$p(\mathrm{A}) = \frac{\text{nombre d'éléments de A}}{\text{nombre d'éléments de } \Omega}$$

MÉTHODE

Utiliser les formules

Au casino, la boule est un jeu de roulette à 9 numéros :
- les numéros 2, 4, 7 et 9 sont rouges ;
- les numéros 1, 3, 6 et 8 sont noirs ;
- le 5 n'a pas de couleur et n'est pas considéré comme un numéro « impair ».

On lance une fois la boule.
On note I l'événement « la boule porte un numéro impair » et R l'événement « la boule est rouge ».
Calculer $p(\mathrm{I})$, $p(\mathrm{R})$, $p(\mathrm{I} \cap \mathrm{R})$ et $p(\mathrm{I} \cup \mathrm{R})$.

Conseils

L'intersection $\mathrm{A} \cap \mathrm{B}$ correspond littéralement à « A et B », alors que la réunion $\mathrm{A} \cup \mathrm{B}$ correspond à « A ou B ».

Solution

$p(\mathrm{I}) = \frac{4}{9}$ et $p(\mathrm{R}) = \frac{4}{9}$. La probabilité d'obtenir un numéro impair et rouge, que l'on peut noter $p(\mathrm{I} \cap \mathrm{R})$ est $\frac{2}{9}$.

La probabilité d'obtenir un numéro impair ou rouge, que l'on peut noter $p(\mathrm{I} \cup \mathrm{R})$, peut s'obtenir à l'aide de la formule :

$$p(\mathrm{I} \cup \mathrm{R}) = p(\mathrm{I}) + p(\mathrm{R}) - p(\mathrm{I} \cap \mathrm{R}) = \frac{4}{9} + \frac{4}{9} - \frac{2}{9} = \frac{2}{3}.$$

Utiliser un arbre de probabilités

On reprend l'exemple du jeu de la boule avec neuf numéros. On lance trois fois de suite la boule. L'issue d'une telle expérience aléatoire est une suite de trois numéros : $(7, 1, 5)$ ou $(8, 8, 2)$…

a. Calculer la probabilité d'obtenir trois fois le numéro 5.

b. Calculer la probabilité d'obtenir au moins une fois le numéro 5.

Conseils

- On dessine (au moins partiellement) un arbre des résultats possibles.
- Quand une question fait intervenir « au moins » ou « au plus », on pense à l'événement contraire, dont la probabilité est souvent plus simple à calculer.

Solution

a. On écrit l'arbre correspondant à ces trois lancers successifs.

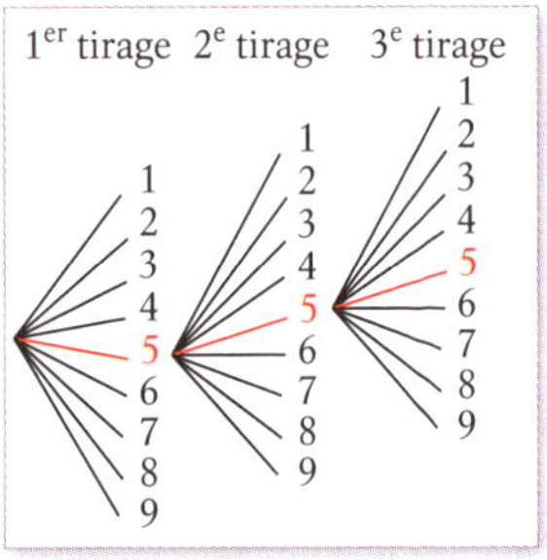

L'arbre montre un total de $9^3 = 729$ possibilités de tirages de trois numéros.

Une seule possibilité permet d'obtenir le tirage $(5, 5, 5)$.

La probabilité d'obtenir trois fois le numéro 5 est $\frac{1}{729}$.

b. On cherche la probabilité de ne jamais obtenir le 5. À chaque tirage d'un numéro, en omettant le 5, il reste 8 possibilités.

Il y a donc $8^3 = 512$ possibilités de tirages de trois numéros dans lesquels ne figure jamais le 5.

La probabilité de ne jamais obtenir le 5 est $\frac{512}{729}$, donc la probabilité d'obtenir au moins une fois le 5 est :

$$1 - \frac{512}{729} = \frac{217}{729}.$$

Calculer des probabilités conditionnelles

RAPPELS DE COURS

A et B sont deux événements quelconques. La **probabilité conditionnelle** de B sachant que A est réalisé est notée $p_A(B)$.

- Si $p(A) \neq 0$:

$$p_A(B) = \frac{p(A \cap B)}{p(A)}$$

- On en déduit :

$$p(A \cap B) = p_A(B) \times p(A)$$

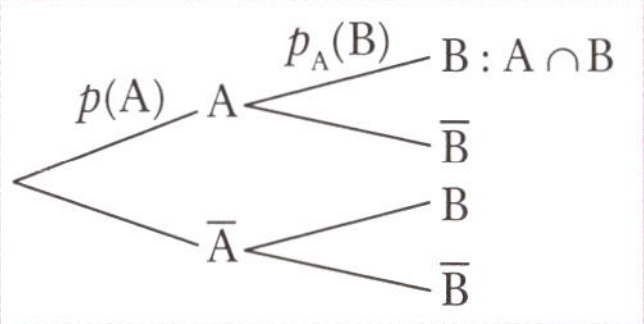

MÉTHODES

Appliquer la définition des probabilités conditionnelles

Dans une population, 25 % des individus sont atteints d'une maladie respiratoire M. Parmi les malades, 50 % d'entre eux sont fumeurs. On choisit au hasard une personne dans cette population. Calculer la probabilité que ce soit une personne malade et fumeuse.

CONSEILS

Penser à la formule $p(A \cap B) = p(A) \times p_A(B)$.

SOLUTION

On note M « la personne est malade » et F « la personne fume ».
Les données se traduisent par : $p(M) = 0{,}25$ et $p_M(F) = 0{,}5$.
D'où $p(M \cap F) = p(M) \times p_M(F) = 0{,}25 \times 0{,}5 = 0{,}125$.

Utiliser un arbre de probabilités conditionnelles

On admet que la 45 % des individus d'une population sont du groupe sanguin O. Parmi eux, 84 % possèdent l'antigène Rhésus. Quelle est la probabilité qu'une personne choisie au hasard soit un donneur universel ?

CONSEILS

- Un donneur universel est une personne de groupe sanguin O, ne possédant pas l'antigène Rhésus.
- L'arbre des probabilités constitue une preuve acceptable et une rédaction utilisant cet arbre est donc correcte.

SOLUTION

On note O : « une personne est du groupe sanguin O » et R : « une personne possède l'antigène Rhésus ». On cherche donc :
$p(\text{O} \cap \overline{\text{R}}) = p(\text{O}) \times p_{\text{O}}(\overline{\text{R}})$.
La phrase « Parmi eux, 84 % possèdent l'antigène Rhésus » se traduit par $p_{\text{O}}(\text{R}) = 0,84$. On en déduit alors que $p_{\text{O}}(\overline{\text{R}}) = 0,16$.

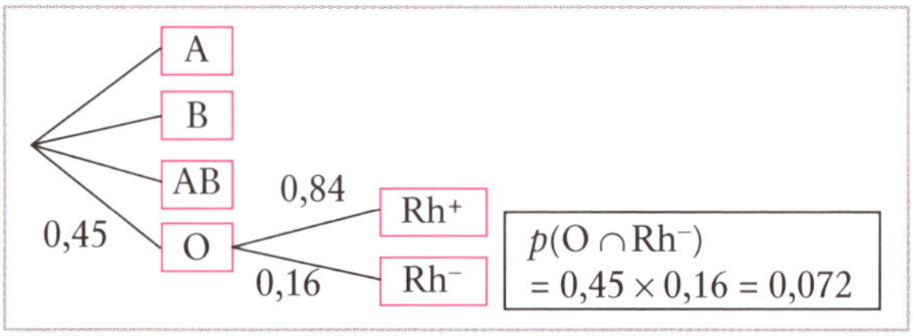

Ainsi, $p(\text{O} \cap \overline{\text{R}}) = p(\text{O}) \times p_{\text{O}}(\overline{\text{R}}) = 0,45 \times 0,16 = 0,072$.

Ne pas confondre $p_A(B)$ et $p(A \cap B)$

Lors des interventions, les services de chirurgie d'un hôpital utilisent des boîtes de compresses. Chaque boîte contient normalement dix compresses, mais certaines boîtes ne contiennent que neuf compresses.
Dans cet hôpital 60 % des boîtes de compresses proviennent d'un même fournisseur, qui indique que 3 % de ses boîtes ont neuf compresses. On note :
- A : « une boîte contient neuf compresses » ;
- F : « la boîte provient du fournisseur principal ».

On choisit au hasard une boîte de compresses dans cet hôpital.
Calculer $p(\text{F} \cap \text{A})$, puis $p_{\text{F}}(\text{A})$.

CONSEILS

- $p(\text{F} \cap \text{A})$ est la probabilité que que la boîte provienne du fournisseur principal et contienne neuf compresses.
- $p_{\text{F}}(\text{A})$ est la probabilité qu'une boîte provenant du fournisseur principal contienne neuf compresses.

SOLUTION

$p_{\text{F}}(\text{A}) = 0,03$ et $p(\text{F} \cap \text{A}) = 0,6 \times 0,03 = 0,018$.

Utiliser le théorème des probabilités totales

RAPPELS DE COURS

1 Définition d'une partition de l'univers

Des événements forment une **partition** de l'univers lorsqu'ils sont incompatibles deux à deux et que leur réunion est l'univers.

2 Théorème des probabilités totales

▶ Si les événements $A_1, A_2, \ldots, A_n$ forment une partition de l'univers Ω alors :

$$p(B) = p(A_1 \cap B) + p(A_2 \cap B) + \ldots + p(A_n \cap B)$$

▶ Cas particulier : $p(B) = p(A \cap B) + p(\overline{A} \cap B)$.

MÉTHODES

Appliquer la formule des probabilités totales

Un nouvel alcootest est mis sur le marché. On note :

- T « le test est positif » ;
- A « la personne a une alcoolémie supérieure au seuil autorisé ».

On donne $p_A(T) = 0{,}92$, $p_{\overline{A}}(\overline{T}) = 0{,}995$ et $p(A) = 0{,}01$.

Un gendarme contrôle un automobiliste au hasard.

Calculer la probabilité que cet automobiliste soit contrôlé positif.

Conseils

Un arbre de probabilités, même s'il n'est pas explicitement demandé par l'énoncé, est fortement conseillé. En effet, il peut servir de justification.

Solution

On construit un arbre de probabilités traduisant les données. La probabilité que cet automobiliste soit contrôlé positif est $p(T)$.

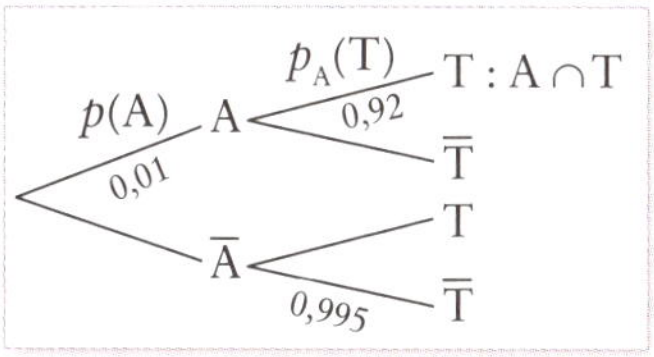

D'après le théorème des probabilités totales :

$$p(T) = p(A \cap T) + p(\overline{A} \cap T) = 0{,}01 \times 0{,}92 + 0{,}99 \times 0{,}005$$
$$= 0{,}014\,15.$$

Calculer une probabilité conditionnelle

On reprend la situation précédente.

a. Calculer $p_{\mathrm{T}}\left(\overline{\mathrm{A}}\right)$. Interpréter le résultat.

b. Calculer la probabilité de trouver une personne ayant une alcoolémie supérieure au seuil autorisé parmi les personnes ayant un test négatif.

c. Conclure sur la fiabilité de cet aloccotest.

Conseils

La probabilité conditionnelle $p_{\mathrm{B}}(\mathrm{A})$ se calcule par :

$$p_{\mathrm{B}}(\mathrm{A}) = \frac{p(\mathrm{A} \cap \mathrm{B})}{p(\mathrm{B})}$$

où $p(\mathrm{B})$ s'obtient avec la formule des probabilités totales.

Solution

a. $p_{\mathrm{T}}\left(\overline{\mathrm{A}}\right) = \dfrac{p\left(\mathrm{T} \cap \overline{\mathrm{A}}\right)}{p(\mathrm{T})} = \dfrac{0{,}99 \times 0{,}005}{0{,}014\,15} \approx 0{,}35.$

La probabilité de trouver une personne sobre parmi ceux qui ont été contrôlés « positif » est donc environ de 0,35.

b. La probabilité de trouver une personne ayant une alcoolémie supérieure au seuil autorisé parmi les personnes ayant un test négatif est $p_{\overline{\mathrm{T}}}(\mathrm{A})$:

$$p_{\overline{\mathrm{T}}}(\mathrm{A}) = \frac{p\left(\overline{\mathrm{T}} \cap \mathrm{A}\right)}{p\left(\overline{\mathrm{T}}\right)} = \frac{0{,}01 \times 0{,}08}{1 - 0{,}014\,15} \approx 0{,}000\,8.$$

La probabilité qu'une personne en défaut avec la loi échappe au contrôle est environ de 0,000 8.

c. Le premier résultat montre que les conducteurs sobres ne sont pas avantagés par cet alcootest : le nombre de faux positifs est trop important.

Le second résultat est plus probant, le nombre de faux négatifs est très faible.

En conclusion, cet alcootest ne semble pas au point.

MÉTHODE

Étudier une suite de probabilités à l'aide d'un algorithme

Dans un pays, un institut de sondage publie chaque mois la cote de popularité du président. Les enquêtes réalisées révèlent que, d'un mois à l'autre, 6 % des personnes qui étaient favorables ne le sont plus et 4 % des personnes qui n'étaient pas favorables le deviennent. On interroge au hasard une personne et on note F_n l'événement « le mois n, la personne interrogée a une opinion favorable du président », de probabilité p_n. On donne aussi $p_0 = 0,55$.

a. Reproduire et compléter l'arbre ci-dessous :

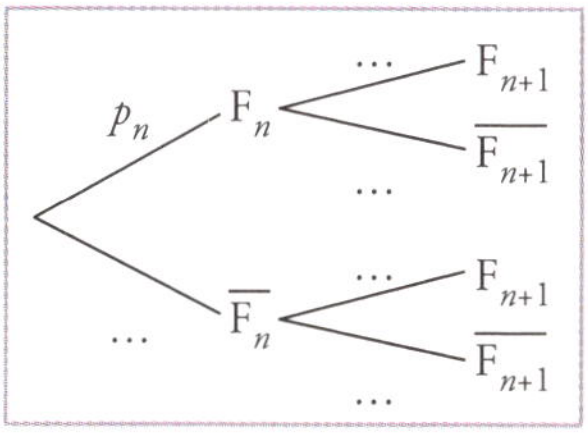

b. Montrer que pour tout entier naturel n :

$$p_{n+1} = 0,9\,p_n + 0,04.$$

c. On admet que la suite (p_n) est décroissante, de limite 0,4. Compléter la 1re ligne de l'algorithme suivant :

```
Déclaration des variables
K et J sont des entiers naturels
P est un nombre réel
Début
P prend la valeur...
J prend la valeur 0.
Saisir la valeur de K.
TANT QUE P > 0,4 +10^-K
    P prend la valeur 0,9 × P + 0,04
    J prend la valeur J + 1
Fin TANT QUE
Afficher J.
Fin
```

d. À quoi correspond l'affichage final J ?
Pourquoi est-on sûr que cet algorithme s'arrête ?

Conseils

b. Utiliser le théorème des probabilités totales.
d. Par exemple, si l'utilisateur saisit $K = 2$, la condition devient $P > 0,41$.

Solution

a. Voici l'arbre de probabilités complété :

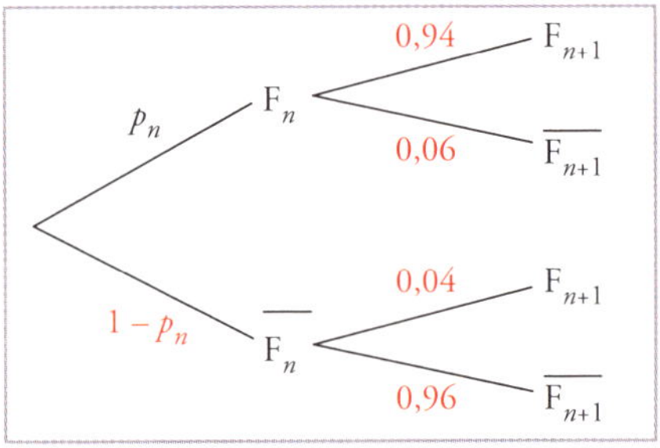

b. D'après le théorème des probabilités totales, on a :

$p_{n+1} = P(F_{n+1})$

$p_{n+1} = 0,94\,p_n + 0,04(1 - p_n)$

$p_{n+1} = 0,94\,p_n - 0,04\,p_n + 0,04$

$p_{n+1} = 0,9\,p_n + 0,04$

c. On initialise avec la valeur de $p_0 = 0,55$.
On écrira donc : « P prend la valeur 0,55. »

d. J est le rang pour lequel p_n passe au-dessous du seuil $0,4 + 10^{-K}$. Ce seuil est une valeur approchée de la limite au nombre de décimales K près.
Par exemple, si $K = 2$, l'algorithme donne $J = 26$: cela signifie que la première valeur de la suite qui passe au-dessous de 0,41 est p_{26}.
Si $K = 3$, l'algorithme donne $J = 48$: cela signifie que la première valeur de la suite qui passe au-dessous de 0,401 est p_{48}.
On est sûr que l'algorithme s'arrête car la limite est 0,4. Après un certain nombre d'itérations, on peut s'approcher de cette limite aussi près que l'on veut.

Connaître la notion de variable aléatoire

75

RAPPELS DE COURS

On considère une expérience aléatoire d'univers Ω.

▶ Une **variable aléatoire** X est une fonction à valeurs réelles définie sur Ω. Si X prend un nombre fini de valeurs $x_1, x_2, ..., x_n$, on dit qu'il s'agit d'une variable aléatoire discrète.

▶ La **loi de probabilité** de X est la donnée des probabilités $p_1, p_2, \ldots, p_n$ des événements $(X = x_1), (X = x_2), ..., (X = x_n)$.

▶ L'**espérance** de X est le nombre réel :

$$E(X) = p_1x_1 + p_2x_2 + ... + p_nx_n$$

MATHS

MÉTHODES

Établir une loi de probabilité

Une association organise une tombola avec 1 000 tickets. Parmi les 1 000 tickets :

- 1 seul rapporte 200 € ;
- 20 rapportent 20 € chacun ;
- tous les autres sont perdants.

On admet que les achats des billets sont des événements équiprobables, et que tous les billets sont vendus. Soit X la variable aléatoire égale au gain réalisé avec le ticket acheté.
Établir la loi de probabilité de X.

Conseils

Pour établir une loi de probabilité :
- on identifie toutes les valeurs possibles prises par la variable aléatoire X ;
- puis on calcule la probabilité de chacune de ces valeurs.

Les résultats sont présentés sous forme d'un tableau.

Solution

Les valeurs possibles prises par X sont 0, 20 et 200.

Les probabilités correspondantes sont $\frac{979}{1\,000}$, $\frac{20}{1\,000}$ et $\frac{1}{1\,000}$.

On présente les résultats dans le tableau ci-après.

X	0	20	200
Probabilités	$\dfrac{979}{1\,000}$	$\dfrac{20}{1\,000}$	$\dfrac{1}{1\,000}$

Déterminer si un jeu est équitable

Quel doit être le prix d'achat d'un billet de tombola (dans les conditions du jeu précédent) pour rendre le jeu équitable ?

Conseils

On dit qu'un jeu est équitable si l'espérance pour le joueur est nulle.

Solution

$$E(X) = 0 \times \frac{979}{1\,000} + 20 \times \frac{20}{1\,000} + 1 \times \frac{200}{1\,000} = 0{,}6.$$

L'espérance de gain pour un joueur de cette tombola est 0,6 €. Si le prix d'achat du billet est 0,6 €, le jeu est équitable.
L'organisateur de la tombola aura donc intérêt à fixer un prix du billet supérieur à 0,6 € s'il espère avoir un bénéfice à la fin du jeu.

Interpréter une espérance mathématique

Le nombre d'appels téléphoniques reçus en 5 min par un employé du standard d'une compagnie aérienne donne lieu à une étude de probabilités. On note p_i la probabilité de recevoir i appels en 5 min :

Nombre d'appels	0	1	2
p_i	0,1	0,5	0,4

Calculer et interpréter l'espérance de cette loi numérique.

Conseils

L'espérance mathématique est une moyenne des nombres réels x_i, pondérée par les probabilités p_i, ce qui permet d'obtenir une estimation du résultat moyen que l'on peut attendre après un grand nombre d'expériences.

Solution

$E = 0 \times 0{,}1 + 1 \times 0{,}5 + 2 \times 0{,}4 = 1{,}3$. On peut interpréter ce nombre comme une moyenne d'appels reçus en 5 min, dès lors que le nombre d'expériences réalisées est très grand.

Calculer avec une loi binomiale 76

RAPPELS DE COURS

1 Épreuve et schéma de Bernoulli

▶ Une **épreuve de Bernoulli** est une expérience aléatoire qui ne comporte que deux issues :

- le « succès », de probabilité p ;
- l'« échec », de probabilité $1 - p$.

▶ Un **schéma de Bernoulli** est une répétition d'épreuves de Bernoulli, identiques et indépendantes les unes des autres.

2 Loi binomiale

▶ On dit que la variable aléatoire qui compte le nombre de succès, dans un schéma de Bernoulli à n répétitions, suit une **loi binomiale** de paramètres n et p.

▶ La probabilité d'obtenir k succès parmi n répétitions est :

$$\binom{n}{k} p^k (1-p)^{n-k}$$

où $\binom{n}{k}$ est le nombre de façons d'obtenir ces k succès.

▶ Les nombres $\binom{n}{k}$, où n est un entier strictement positif et k un entier tel que $0 \leqslant k \leqslant n$, sont appelés **coefficients binomiaux**.

▶ L'**espérance** de la loi binomiale de paramètres n et p est np.

MÉTHODES

Justifier l'utilisation de la loi binomiale

On lance un dé non pipé à 6 faces n fois de suite. Justifier que la variable aléatoire qui compte le nombre de 6 obtenus suit une loi binomiale dont on précisera les paramètres.

MATHS

Conseils

La rédaction doit préciser que les épreuves comportent deux issues, et que les répétitions de cette épreuve sont identiques et indépendantes les unes des autres.

Solution

À chaque lancer, il n'y a que deux issues : l'apparition du 6 (le succès de probabilité $\frac{1}{6}$) ou sa non-apparition (l'échec de probabilité $\frac{5}{6}$). Les lancers successifs sont identiques et indépendants les uns des autres. Donc le nombre de 6 obtenus lors de n lancers de ce dé suit une loi binomiale de paramètres n et $\frac{1}{6}$.

Calculer un coefficient binomial avec une calculatrice

On veut calculer $\binom{8}{3}$ qui donne 56.

▶ Avec une TI : Entre 8 et 3, presser la touche [MATH], puis PRB et COMBINAISON, ce qui affiche 8 COMBINAISON 3.

▶ Avec une Casio : Entre 8 et 3, presser la touche [OPTN], puis PRB et nCr, ce qui affiche 8 nCr 3.

▶ Avec un tableur : =COMBIN (8 ; 3)

Traduire un énoncé comportant « au moins »

Calculer la probabilité d'obtenir au moins une fois le 6 en dix lancers d'un dé.

Conseils

Le contraire de « au moins une fois » est « aucune fois ».

Solution

On considère l'événement contraire qui consiste à ne jamais obtenir le 6 en dix lancers, c'est-à-dire d'obtenir 0 succès en dix répétitions :

$$\binom{10}{0}\left(\frac{1}{6}\right)^0\left(\frac{5}{6}\right)^{10} = \left(\frac{5}{6}\right)^{10}.$$

Ainsi, la probabilité d'obtenir au moins une fois le 6 en dix lancers est :

$$1-\left(\frac{5}{6}\right)^{10}.$$

MÉTHODES

Comprendre un algorithme

Dans l'expérience aléatoire simulée par l'algorithme suivant, on appelle X la variable aléatoire prenant la valeur C affichée.
Quelle loi suit la variable X ? Préciser ses paramètres.

```
A et C sont des entiers naturels.
Début
C prend la valeur 0.
RÉPÉTER 9 fois
    A prend une valeur aléatoire entière entre 1 et 7.
    SI A > 5 alors C prend la valeur de C + 1
    Fin SI
Fin RÉPÉTER
Afficher C.
Fin
```

CONSEILS

Pour comprendre un algorithme, on le fait fonctionner en notant les valeurs prises par les variables aux différentes étapes.

SOLUTION

L'expérience aléatoire consiste à tirer au hasard un nombre entier entre 1 et 7 :

- soit le nombre est entre 1 et 5, avec une probabilité de $\frac{5}{7}$;
- soit il vaut 6 ou 7, avec une probabilité de $\frac{2}{7}$.

Puisque C est le nombre de fois où on a obtenu 6 ou 7, la variable aléatoire X suit une loi binomiale de paramètres 9 et $\frac{2}{7}$.

Simuler une expérience aléatoire

Une personne fortement alcoolisée quitte un restaurant R et souhaite atteindre l'arrêt de bus B. Elle se dirige vers le point B en diagonale, vers la gauche ou vers la droite, avec une même probabilité de 0,5. On suppose qu'elle fait 20 pas de longueurs identiques. Voir l'exemple de trajet ci-après.

MATHS

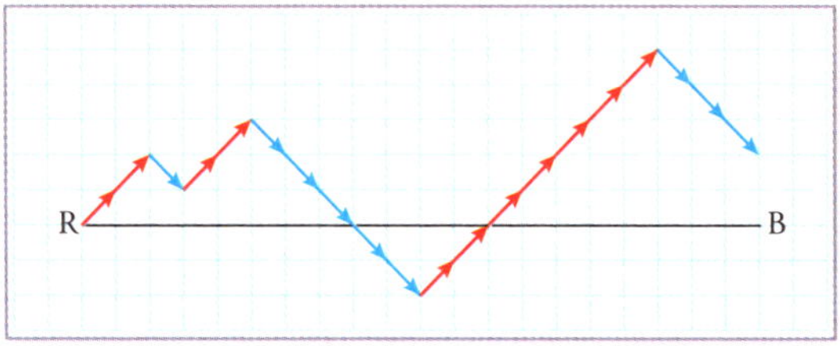

Voici un algorithme simulant une telle « marche aléatoire » :

```
D prend la valeur 0.
POUR I de 1 à 20 :
    P prend aléatoirement la valeur – 1 ou 1 ;
    SI P = 1 ALORS D prend la valeur D + 1 ;
    Fin SI.
Fin POUR.
Afficher D.
```

a. Que représente la variable D ? Quelles sont les valeurs possibles de D ? Que se passe-t-il lorsque $D = 10$?

b. Modifier cet algorithme pour qu'il soit exécuté 10 000 fois et qu'il calcule le nombre de fois où la personne a rejoint l'arrêt de bus.

CONSEILS

Si P prend la valeur – 1, cela peut représenter un pas à gauche.

SOLUTION

a. D compte le nombre de pas à droite, les valeurs possibles sont les entiers de 0 à 20. Si $D = 10$, la personne a atteint l'arrêt de bus.

b. La variable B compte le nombre de fois où l'arrêt de bus est atteint. L'affichage final donne le nombre moyen de fois où l'arrêt de bus a été atteint.

```
Début
B prend la valeur 0.
POUR J de 1 à 10 000 :
    D prend la valeur 0.
    POUR I de 1 à 20 :
        P prend aléatoirement la valeur – 1 ou 1 ;
        SI P = 1 ALORS D prend la valeur D + 1 ;
        Fin SI.
    Fin POUR.
    SI D = 10 ALORS B prend la valeur B + 1.
Fin SI.
Fin POUR.
Afficher B/10 000.
Fin
```

Découvrir la notion de loi à densité 78

RAPPELS DE COURS

1 Loi à densite (ou loi continue)

▶ On appelle **densité de probabilité** sur un intervalle $[a\,;b]$ toute fonction f, continue, positive sur $[a\,;b]$ et telle que $\int_a^b f(x)\,\mathrm{d}x = 1$.

▶ Soit f une densité de probabilité sur $[a\,;b]$.
On définit une **loi de probabilité P de densité f** sur $[a\,;b]$ en associant à tout intervalle $[\alpha\,;\beta]$ inclus dans $[a\,;b]$ le réel :

$$P([\alpha\,;\beta]) = \int_\alpha^\beta f(x)\,\mathrm{d}x$$

2 Loi uniforme

▶ La **loi uniforme** sur $[a\,;b]$ a pour densité la fonction constante sur $[a\,;b]$: $x \mapsto \dfrac{1}{b-a}$.

▶ La **probabilité d'un intervalle** $[\alpha\,;\beta]$ inclus dans $[a\,;b]$ est le quotient de la longueur de l'intervalle $[\alpha\,;\beta]$ par celle de l'intervalle $[a\,;b]$:

$$P([\alpha\,;\beta]) = \int_\alpha^\beta f(x)\,\mathrm{d}x = \int_\alpha^\beta \frac{1}{b-a}\,\mathrm{d}x = \frac{\beta-\alpha}{b-a}$$

▶ L'**espérance d'une variable aléatoire** suivant une loi uniforme sur $[a\,;b]$ est $\dfrac{a+b}{2}$.

MÉTHODES

Vérifier qu'une fonction est une densité de probabilité

Vérifier que la fonction f définie sur $[0\,;\ln 2]$ par $f(x) = 2\mathrm{e}^{-x}$ est une densité de probabilité.

Conseils

Pour vérifier qu'une fonction est une densité de probabilité, il suffit de vérifier une par une les trois conditions sur l'intervalle considéré : continuité, fonction positive et intégrale égale à 1.

MATHS

Solution

La fonction f est continue et positive sur $[0\,;\ln 2]$.
Son intégrale sur cet intervalle est :

$$\int_0^{\ln 2} 2\mathrm{e}^{-x}\,\mathrm{d}x = \left[-2\mathrm{e}^{-x}\right]_0^{\ln 2} = -2\mathrm{e}^{-\ln 2} + 2 = 1.$$

La fonction f est donc une densité de probabilité sur $[0\,;\ln 2]$.

Utiliser la loi uniforme

Soit X une variable aléatoire qui suit une loi uniforme sur $[2\,;8]$.
Calculer la probabilité que X prenne des valeurs entre 3 et 5.

Conseils

Cela revient à calculer le rapport des longueurs des intervalles $[3\,;5]$ et $[2\,;8]$.

Solution

$$P([3\,;5]) = \frac{5-3}{8-2} = \frac{1}{3}.$$

Retrouver l'espérance dans le cas d'une loi uniforme

Montrer que l'espérance d'une variable aléatoire qui suit une loi uniforme sur $[a\,;b]$ est $\dfrac{a+b}{2}$.

Conseils

On admet que l'espérance d'une variable aléatoire qui suit une loi de densité f sur $[a\,;b]$ est donnée par $\int_a^b x f(x)\,\mathrm{d}x$ et on utilise $f(x) = \dfrac{1}{b-a}$.

Solution

$$\int_a^b \frac{1}{b-a} x\,\mathrm{d}x = \frac{1}{b-a}\left[\frac{x^2}{2}\right]_a^b = \frac{1}{b-a}\left(\frac{b^2}{2} - \frac{a^2}{2}\right)$$

$$= \frac{1}{b-a}\,\frac{(b-a)(b+a)}{2} = \frac{b+a}{2}.$$

La valeur trouvée est le centre de l'intervalle.
Par exemple, l'espérance d'une variable aléatoire qui suit une loi uniforme sur $[2\,;8]$ est 5.

Utiliser la loi normale

79

RAPPELS DE COURS

1 Densité de la loi normale

▶ On appelle **loi normale** de moyenne μ et d'écart type σ la loi de probabilité de densité $f : x \mapsto \frac{1}{\sigma\sqrt{2\pi}} e^{-\frac{1}{2}\left(\frac{x-\mu}{\sigma}\right)^2}$ (ne pas retenir).

▶ On la note $\mathcal{N}(\mu\,;\sigma^2)$ et on l'appelle loi de Laplace-Gauss ou **loi de Gauss**. La courbe de f est en forme de cloche, on l'appelle parfois **gaussienne**.

2 Valeurs remarquables

Si X suit une loi normale $\mathcal{N}(\mu\,;\sigma^2)$:

$$P(\mu - \sigma \leqslant X \leqslant \mu + \sigma) \approx 0{,}683$$
$$P(\mu - 2\sigma \leqslant X \leqslant \mu + 2\sigma) \approx 0{,}954$$
$$P(\mu - 3\sigma \leqslant X \leqslant \mu + 3\sigma) \approx 0{,}997$$

MÉTHODES

Ne pas confondre écart type et variance

Dans la notation $\mathcal{N}(\mu\,;\sigma^2)$, le deuxième nombre est la **variance**. Pour les calculs, on a besoin de l'**écart type** qui est la racine carrée de la variance. Par exemple, si X suit une loi normale $\mathcal{N}(2\,;0{,}64)$, alors l'écart type est égal à $\sqrt{0{,}64} = 0{,}8$.

Utiliser une calculatrice

X est une variable aléatoire qui suit une loi $\mathcal{N}(120\,;100)$.

a. Calculer la probabilité que X soit comprise entre 115 et 125.

b. Quel est le neuvième décile ?

CONSEILS

- La loi normale étant une loi continue, les probabilités correspondent à des aires qui se calculent avec une intégrale (→ FICHE 68). Le calcul de l'intégrale avec une primitive étant ici impossible, on utilise une calculatrice ou un tableur.
- Le neuvième décile est la valeur d telle que $P(X \leqslant d) = 0{,}9$.

MATHS

Solution

a. $P(115 \leqslant X \leqslant 125) \approx 0{,}383$.

- Calculatrice TI

Dans le menu DISTRIB (touches [2nde] et [VAR]), normalFRép (115,125,120,10).

- Calculatrice CASIO

Dans le menu STAT, choisir DIST puis NORM et Ncd. Saisir les bornes 115 et 125, puis l'écart type 10 et la moyenne 120.

b. $d \approx 132{,}8$.

- Calculatrice TI

Dans le menu distrib (touches [2nde] et [VAR]) : FracNormale (0. 9,120,10).

- Calculatrice CASIO

Dans le menu STAT, choisir DIST puis NORM et InvN. Saisir 0. 9, puis l'écart type 10 et la moyenne 120.

Connaître et utiliser les valeurs de référence

On suppose que la taille d'un bébé né à terme suit une loi normale de moyenne 50 cm et de variance 4 cm^2.

Calculer la probabilité que la taille d'un bébé né à terme soit inférieure à 48 cm.

Conseils

Les trois valeurs citées dans les rappels de cours $(0{,}683 ; 0{,}954 ; 0{,}997)$ sont à connaître car elles permettent de trouver certaines probabilités sans calculs. Par exemple, la première signifie qu'environ 68,3 % des valeurs sont à moins d'une fois l'écart type de la moyenne.

Solution

La variance est 4 cm^2, donc l'écart type est 2 cm.

La probabilité que la taille soit située à moins d'un écart type de la moyenne, c'est-à-dire entre 48 cm et 52 cm, est environ égale à 0,68.

La probabilité que la taille soit inférieure à 48 cm et la probabilité qu'elle soit supérieure à 52 cm sont égales, par symétrie de la loi normale par rapport à sa moyenne, à $\dfrac{1-0{,}68}{2} = 0{,}16$.

Utiliser la loi normale centrée réduite

80

MATHS

RAPPELS DE COURS

1 Densité de la loi normale centre réduite

Si X suit une loi $\mathcal{N}(\mu\,;\sigma^2)$, alors $U = \dfrac{X-\mu}{\sigma}$ suit une loi $\mathcal{N}(0\,;1)$, appelée loi normale centrée réduite de moyenne 0, et d'écart type 1.

La densité de cette loi est la fonction $x \mapsto \dfrac{1}{\sqrt{2\pi}}e^{-\frac{x^2}{2}}$

2 Représentation graphique et valeurs remarquables

- Si X suit la loi normale centrée réduite $\mathcal{N}(0\,;1)$:
$P(-1{,}96 \leqslant X \leqslant 1{,}96) \approx 0{,}95$.
L'aire égale à 0,95 est coloriée en jaune ci-contre :
- $P(-1 \leqslant X \leqslant 1) \approx 0{,}683$
$P(-2 \leqslant X \leqslant 2) \approx 0{,}954$
$P(-3 \leqslant X \leqslant 3) \approx 0{,}997$

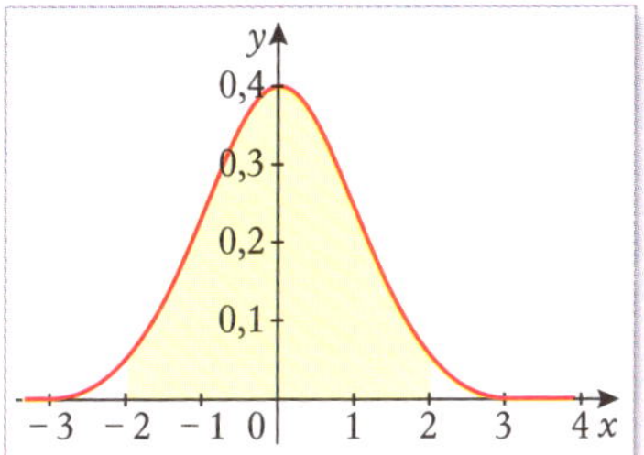

Loi normale centrée réduite

MÉTHODES

Connaître et utiliser la valeur de référence

On suppose que la performance annuelle d'un fonds de placement suit une loi normale de moyenne μ (rendement annuel moyen) et d'écart type σ (volatilité annuelle moyenne).
Dans le cas où $\mu = 8$ % et $\sigma = 6$ %, dans quel intervalle peut-on dire que la performance du fonds va évoluer pendant un an, avec une probabilité de 0,95 ?

CONSEILS

1,96 est une valeur importante à connaître. Elle est notamment utilisée avec les intervalles de fluctuation et de confiance (→ FICHES 82 ET 83). Connaissant la probabilité 0,95, elle permet de revenir aux bornes de l'intervalle.

Solution

Avec une probabilité de valeur 0,95, la variable centrée réduite est dans l'intervalle $[-1,96\,;1,96]$. Donc la performance du fonds est dans l'intervalle :

$$[\mu - 1,96\sigma\ ;\ \mu + 1,96\sigma].$$

Finalement, il y a 95 % de chances de trouver la performance du fonds dans $[-3,76\,\%\,;19,76\,\%]$.

Se ramener à la loi normale standard

On suppose que, dans une population donnée, le poids moyen d'un bébé né à terme suit une loi normale de moyenne 3,02 kg et d'écart type 0,5 kg.

Quelle est la probabilité qu'un bébé né à terme dans cette population ait un poids supérieur à 4 kg ?

Conseils

Il est possible de calculer cette probabilité directement (→ FICHE 79). Ici, on va effectuer le changement de variable afin d'utiliser la valeur remarquable.

Solution

On pose le changement de variable :

$$U = \frac{X - 3,02}{0,5}.$$

On a alors :

$$P(X > 4) = P\left(U > \frac{4 - 3,02}{0,5} = 1,96\right).$$

Comme $P(-1,96 \leqslant X \leqslant 1,96) \approx 0,95$, on en déduit que :

$$P(U > 1,96) = \frac{1 - 0,95}{2} = 0,025.$$

Calculer des pourcentages

81

RAPPELS DE COURS

- Une **augmentation** de x % se traduit par une multiplication par :
$$1+\frac{x}{100}.$$
- Une **diminution** de x % se traduit par une multiplication par :
$$1-\frac{x}{100}.$$
- Le **taux de variation** entre une valeur V_1 et une valeur V_2 est :
$$\frac{V_2-V_1}{V_1}.$$

MÉTHODES

Calculer une évolution réciproque

Par quelle augmentation peut-on compenser deux baisses successives de 50 % ? (On dit qu'il s'agit de l'évolution réciproque.)

CONSEILS

Chaque évolution d'une quantité sera traduite à l'aide d'un coefficient multiplicateur. Par exemple, une augmentation de 3 % se traduit par une multiplication par $1,03$.

SOLUTION

Chaque baisse de 50 % est traduite par une multiplication par $0,5$. Deux baisses successives sont traduites par une multiplication par $0,5\times 0,5=0,25$. Pour compenser ces baisses, la quantité doit être multipliée par 4, ce qui donne une augmentation de 300 %.

Écrire un taux de variation

Calculer le taux de variation entre les valeurs 15 et 18.

CONSEILS

ATTENTION ! Le taux de variation n'est pas $\frac{V_2-V_1}{V_1}\times 100$ puisque c'est la multiplication par 100 qui permet d'obtenir le nombre à écrire devant le symbole %.

Solution

De façon correcte, on écrit $\frac{18-15}{15} = 0,2$.

Le taux de variation est donc $0,2$ soit 20 %.

On aurait pu aussi écrire $\frac{18-15}{15} \times 100 = 20$. Mais il ne faut surtout pas ajouter le signe % à la fin de cette égalité. On peut ensuite conclure : le taux de variation entre 15 et 18 est 20 %.

Calculer un taux moyen

Le cours d'une action était de 12 € il y a un an exactement. Il est de 15 € aujourd'hui. Calculer le taux d'augmentation moyen mensuel.

Conseils

Un raisonnement utilisant les coefficients multiplicateurs est préférable. Ainsi, on cherche le coefficient multiplicateur mensuel moyen permet tant d'obtenir le coefficient multiplicateur global.

Solution

Le coefficient multiplicateur global annuel est $\frac{15}{12} = 1,25$.

Soit A le coefficient multiplicateur mensuel moyen. Puisqu'il y a douze mois dans une année, on a $A^{12} = 1,25$.

Il vient alors $A = 1,25^{\frac{1}{12}} \approx 1,0188$ (→ FICHE 48) : la hausse mensuelle moyenne est d'environ 1,88 %.

Modéliser à l'aide d'une fonction exponentielle

Une quantité est modélisée par la fonction $f(x) = e^{0,02x+2,46}$, où x représente un nombre de mois.

Calculer le taux d'augmentation annuel.

Conseils

On peut commencer par écrire $f(x)$ sous la forme $A \times B^x$. En effet, avec cette écriture, le coefficient multiplicateur mensuel est B.

Solution

$f(x) = e^{0,02x+2,46} = e^{0,02x}e^{2,46} \approx 11,7 \times 1,02^x$,

Puisque $e^{0,02} \approx 1,02$ et $e^{2,46} \approx 11,7$.

Le coefficient multiplicateur mensuel est 1,02 donc le coefficient multiplicateur annuel est $1,02^{12} \approx 1,27$.

Le taux d'augmentation annuel est donc 27 %.

Utiliser un intervalle de fluctuation 82

MATHS

RAPPELS DE COURS

▶ On étudie une **variable qualitative** dans une population, de fréquence théorique p connue.
Si $N \geqslant 30$ et si $Np \geqslant 5$ et $N(1-p) \geqslant 5$, alors on peut parier que, dans un échantillon de taille N représentatif de la population, la fréquence observée f est dans l'**intervalle de fluctuation** (on dit aussi intervalle de pari) au seuil de 95 % :

$$\left[p - 1{,}96\sqrt{\frac{p(1-p)}{N}}\ ;\ p + 1{,}96\sqrt{\frac{p(1-p)}{N}}\right]$$

▶ On peut remplacer cet intervalle par un autre, moins précis mais plus simple :

$$\left[p - \frac{1}{\sqrt{N}}\ ;\ p + \frac{1}{\sqrt{N}}\right]$$

MÉTHODES

Vérifier a priori *les conditions*

L'INSEE indiquait en 2006 que 25 % de la population française était composée de jeunes de moins de 25 ans. On constitue un échantillon représentatif de 300 Français.
Peut-on calculer un intervalle de fluctuation de la fréquence de jeunes de moins de 25 ans dans cet échantillon ?

Conseils

Contrairement à l'intervalle de confiance (→ FICHE 83), les conditions portent sur p qui est connu au début du calcul. Cette vérification se fait avant tout autre calcul.

Solution

On a : $N = 300 \geqslant 30$, $Np = 300 \times 0{,}25 = 75 \geqslant 5$ et
$N(1-p) = 300 \times (1 - 0{,}25) = 300 \times 0{,}75 = 225 \geqslant 5$.
Les conditions sont bien respectées. On peut donc écrire un intervalle de fluctuation.

Obtenir un intervalle de fluctuation

On reprend l'exemple précédent dans lequel on constituait un échantillon représentatif de 300 Français, sachant que l'INSEE avait indiqué que 25 % de la population française était composée de jeunes de moins de 25 ans. À quelle quantité de jeunes de moins de 25 ans peut-on s'attendre ?

CONSEILS

Une fois les conditions vérifiées, il suffit d'appliquer les formules.

SOLUTION

L'intervalle de fluctuation au seuil de 95 % du taux de personnes de moins de 25 ans dans l'échantillon s'écrit :

$$\left[0,25-1,96\sqrt{\frac{0,25\times 0,75}{300}}\,;0,25+1,96\sqrt{\frac{0,25\times 0,75}{300}}\right],$$

soit $[0,201\,;0,299]$.

Comme 20,1 % de 300 est égal à 60,3 et que 29,9 % de 300 est égal à 89,7, on peut s'attendre, dans cet échantillon, à avoir entre 61 et 89 personnes de moins de 25 ans.

Comprendre le lien entre la taille de l'échantillon et la précision de l'intervalle

Avec un échantillon de 100 personnes, on a obtenu l'intervalle de fluctuation de niveau 95 % : $[0,08\,;0,12]$.

Quelle taille d'échantillon faut-il pour obtenir [0,095 ; 0,105] ?

CONSEILS

L'intervalle de fluctuation est centré en p et son rayon, parfois appelé précision de l'intervalle, est :

$$1,96\sqrt{\frac{p(1-p)}{N}}.$$

Cette précision est inversement proportionnelle à la racine carrée de N : si la précision est divisée par 2, alors N est multiplié par 4.

SOLUTION

La précision est divisée par 4 (elle était de $0,02$, on la voudrait égale à $0,005$), donc la taille de l'échantillon doit être multipliée par 16. La taille nécessaire est donc 1 600.

Utiliser un intervalle de confiance 83

RAPPELS DE COURS

On étudie une variable qualitative dans une population, de fréquence théorique p. Si f est la fréquence observée dans un échantillon de taille N représentatif de la population, et si *a posteriori* on vérifie que :

$$N \geqslant 30,\ Np \geqslant 5 \text{ et } N(1-p) \geqslant 5$$

pour toutes les valeurs p de l'intervalle, alors on peut **estimer** que, dans la population, la fréquence théorique p est dans l'**intervalle de confiance** au niveau de confiance 95 % :

$$\left[f - \frac{1}{\sqrt{N}}\,;\, f + \frac{1}{\sqrt{N}}\right]$$

MÉTHODES

Estimer une proportion théorique

Un échantillon de $N = 400$ personnes est extrait au hasard d'une population. On compte 40 personnes diabétiques. Déterminer un intervalle de confiance au niveau de confiance 95 % du taux de personnes diabétiques dans la population.

CONSEILS

La formule de l'intervalle de confiance s'applique sous réserve que les conditions soient vérifiées (→ MÉTHODE SUIVANTE).

SOLUTION

La fréquence observée est $f = \dfrac{40}{400} = 0{,}1$.

Sous réserve de vérification des hypothèses *a posteriori*, l'intervalle de confiance au niveau de confiance 95 % du taux de personnes diabétiques dans la population s'écrit :

$$\left[0{,}1 - \frac{1}{\sqrt{400}}\,;\, 0{,}1 + \frac{1}{\sqrt{400}}\right] = [0{,}05\,;\, 0{,}15].$$

Vérifier a posteriori *des conditions*

On reprend les données de l'exemple précédent. Vérifier si les conditions de validité sont réunies.

CONSEILS

Les conditions portent sur N et p qui est inconnu au début du calcul. C'est pourquoi on effectue ces vérifications après le calcul et non avant.

SOLUTION

Avec $N = 400 \geqslant 30$ et $p \in [0{,}05\,;0{,}15]$, on a :
$Np \geqslant 400 \times 0{,}05 = 20 \geqslant 5$
et $N(1-p) \geqslant 400 \times (1-0{,}15) = 340 \geqslant 5$.
Les conditions sont respectées, l'estimation est donc validée.

Déterminer la taille d'échantillon nécessaire pour obtenir une précision donnée

L'intervalle de confiance au niveau de confiance 95 % du taux de personnes qui fréquentent régulièrement une bibliothèque dans une population donnée est $[0{,}15\,;0{,}25]$.
Quelle taille d'échantillon a permis d'obtenir ce résultat ?

CONSEILS

Il s'agit de déterminer la taille N de l'échantillon, alors que l'intervalle est connu ou, ce qui revient au même, alors que la précision de l'intervalle est donnée.

SOLUTION

La fréquence observée est le centre de l'intervalle $f = 0{,}2$.
La précision est donc égale à 0,05 et cette précision correspond dans la formule de l'intervalle à $\dfrac{1}{\sqrt{N}}$.

$$\frac{1}{\sqrt{N}} = 0{,}05 \Leftrightarrow \sqrt{N} = 20 \Leftrightarrow N = 400.$$

C'est donc un échantillon de taille 400 qui a permis d'obtenir cet intervalle de confiance.

REMARQUE Si on souhaite diviser par 2 la précision de l'intervalle de confiance, il faut multiplier par 4 la taille de l'échantillon.

MÉTHODE

Déterminer un taux moyen avec un algorithme

Écrire un algorithme permettant de saisir plusieurs taux d'évolutions afin de retourner le taux moyen d'évolution.

CONSEILS

Une possibilité est de demander le nombre d'évolutions à saisir et d'utiliser une boucle POUR.

SOLUTION

Les commentaires de chaque ligne commencent par le symbole #.

```
Saisir N.                  # N est le nombre de saisies de taux d'évolutions successives
CMG = 1                    # initialisation du coefficient multiplicateur global
POUR I de 1 à N :
    Saisir T ;             # On demande, un à un, les taux.
    CM = 1 + T/100 ;
    CMG = CMG × CM ;       # calcul du coefficient multiplicateur global.
Fin POUR.
CMM = CMG^ (1/N).
Afficher (CMM – 1) × 100.  # affichage du taux moyen
```

Estimer une intégrale via la méthode de Monte-Carlo

On considère une fonction f définie, continue et positive sur $[0\,;1]$.

```
Début
C = 0.
POUR I de 1 à 100 000 :
    X est un nombre réel aléatoire pris dans [0 ; 1] ;
    Y est un nombre réel aléatoire pris dans [0 ; 1] ;
    SI Y < = f (X) ALORS C prend la valeur C + 1 ;
    Fin SI.
Fin POUR.
Afficher C/100 000.
Fin
```

a. Décrire la variable C et expliquer ce qu'affiche cet algorithme.

b. Si $f(x) = \frac{1}{\sqrt{2\pi}} e^{-\frac{x^2}{2}}$, l'algorithme donne en sortie 0,342 96. Était-ce prévisible ?

c. Modifier cet algorithme pour qu'il permette de saisir un nombre de points N puis retrouve un intervalle de confiance au niveau de confiance 95 % de la fréquence de points sous la courbe.

Conseils

a. 100 000 fois, un couple de valeurs est pris au hasard entre 0 et 1. On peut imaginer qu'il s'agit de points, de coordonnées $(X ; Y)$, placés dans un repère orthonormal. On pourra se demander quelle partie du plan est décrite par la condition « $Y <= f(X)$ ».

b. Cette fonction est la densité de la loi normale centrée réduite.

Solution

a. C compte le nombre de points situés au-dessous de la courbe de f. L'algorithme affiche la proportion de ces points par rapport aux 100 000 points pris au hasard dans le carré unité.

Ainsi, cette valeur est une estimation de $\int_0^1 f(x)\,\mathrm{d}x$.

b. Cette fonction est la densité de la loi normale centrée réduite. Lorsqu'une variable aléatoire X suit cette loi, on connaît la valeur remarquable $P(-1 \leqslant X \leqslant 1) \approx 0{,}68$, ce qui donne par symétrie : $P(0 \leqslant X \leqslant 1) \approx 0{,}34$. Par conséquent, $\int_0^1 f(x)\,\mathrm{d}x \approx 0{,}34$.

```
Début
C = 0.
Saisir N.
POUR I de 1 à N :
    X est un nombre réel aléatoire pris dans [0 ; 1] ;
    Y est un nombre réel aléatoire pris dans [0 ; 1] ;
    SI Y <= f(X) ALORS C prend la valeur C + 1 ;
    Fin SI.
Fin POUR.
R prend la valeur 1/√N.
Afficher C/N – R et C/N + R.
Fin
```

Histoire

SOMMAIRE
HISTOIRE

CHECK LIST

Épreuve et méthodes du bac

OK ☑

Les mémoires : lecture historique

OK ☑

Socialisme, communisme et syndicalisme en Allemagne depuis 1875

OK ☑

Médias et opinion publique dans les grandes crises politiques en France depuis l'affaire Dreyfus

OK ☑

Les chemins de la puissance : les États-Unis et la Chine depuis 1918

OK ☑

Le Proche et le Moyen-Orient, un foyer de conflits depuis la fin de la Première Guerre mondiale

OK ☑

L'épreuve d'histoire-géographie au bac en terminale L, ES

85

1 *L'épreuve écrite*

A Descriptif

▶ L'épreuve écrite dure 4 heures et comprend **deux parties** :
1. une composition d'histoire ou de géographie ;
2. un exercice dans la discipline qui ne fait pas l'objet de la composition :
– en histoire : une étude critique d'un ou deux documents ;
– en géographie : une étude critique d'un ou deux documents, ou une production graphique (croquis).

▶ L'**évaluation** de la copie est globale.

B La composition en histoire ou géographie

▶ **Deux sujets** vous sont proposés au choix.
Leur **formulation** peut prendre des formes diverses :
– reprise (partielle ou totale) d'un intitulé du programme ;
– question ou affirmation ;
– problématique explicite ou non.

▶ Il s'agit de montrer que vous savez :
– **analyser** un sujet ;
– **organiser** vos connaissances ;
– **rédiger** un texte comportant une introduction, plusieurs parties structurées et une conclusion ;
– intégrer éventuellement une (ou des) production(s) graphique(s).
Pour plus de conseils, → FICHE 86.

C L'étude critique d'un ou deux documents en histoire ou géographie

▶ L'objectif est :
– de **dégager le sens général** du document, en relation avec la question à laquelle il se rapporte ;
– de **montrer son intérêt et ses limites** éventuelles.

▶ En géographie, vous devez également faire apparaître les **enjeux spatiaux** que le document exprime et la manière dont il en rend compte.

HISTOIRE

▶ Lorsque deux documents sont proposés, il vous faut également les **mettre en relation** en montrant l'intérêt de cette confrontation. Pour plus de conseils, → FICHE 87.

D Production graphique en géographie

Pour la réalisation du croquis de géographie, un fond de carte vous est fourni.

2 *L'épreuve orale de contrôle*

Il s'agit d'une épreuve de rattrapage. Si vous n'avez pas obtenu la moyenne à l'ensemble des épreuves écrites du premier groupe, vous pouvez repasser l'épreuve d'histoire-géographie à l'oral.

A Durée et contenu de l'épreuve orale

▶ Cette épreuve dure **20 minutes** :
– 10 minutes d'exposé ;
– 10 minutes d'entretien.
Le temps de préparation est de 20 minutes.

▶ Le sujet comprend **une question d'histoire et une question de géographie.**
L'une des deux questions est accompagnée d'un document que vous devez présenter et interpréter.
L'autre question est une question de cours qui porte sur une partie du programme.

B Quelques conseils

Utilisez une partie du temps de préparation pour produire un **plan détaillé** que vous garderez sous les yeux pendant l'exposé.
C'est un aide-mémoire qui vous permettra de réaliser une présentation claire, selon une logique démonstrative.

Rédiger une composition

86

Un sujet de composition porte sur l'équivalent de deux ou trois heures de cours. Son libellé s'appuie sur celui des questions du programme.

1 Objectifs

▶ Il s'agit de montrer que vous savez **analyser un sujet** et que vous maîtrisez les connaissances nécessaires à son traitement.

▶ Vous devez également prouver votre capacité à **rédiger** un texte comportant une introduction, plusieurs **parties structurées** et une conclusion.

2 Démarche à mettre en œuvre

A Analyser le sujet et mobiliser ses connaissances

▶ Lisez attentivement le sujet en repérant les **mots clés**. Notez-en les définitions au brouillon. Identifiez le ou les espaces concernés.

▶ Puis **mobilisez vos connaissances** : listez les notions à ne pas oublier, les informations principales, les exemples significatifs.

B Formuler une problématique et construire un plan

▶ La **problématique** doit dégager les enjeux du sujet et annoncer le fil conducteur du devoir. Il faut la formuler sous la forme d'une question, pour qu'elle soit clairement identifiable par le correcteur.

▶ Transformez l'idée centrale de la problématique en deux ou trois questions, qui vont vous permettre d'élaborer un **plan structuré**. Le plan analytique est fréquent en géographie mais vous pouvez également être amené à utiliser un plan comparatif, voire dialectique.

Sujet	Ce qui est attendu	Plan à privilégier
analytique	Décrire et expliquer un phénomène	analytique (facteurs, aspects, conséquences ou limites)
comparatif	Présenter les points communs et les différences entre deux éléments	thématique en comparant, pour chaque thème, les éléments d'étude
dialectique	Discuter une affirmation	dialectique (thèse, antithèse, synthèse)

HISTOIRE

▶ Notez au brouillon les **informations, arguments, exemples**, qui s'intègrent dans chacune des parties.

▶ Choisissez **la ou les productions graphiques** (→ FICHE 89) à réaliser pour argumenter. Ces productions graphiques ne sont pas obligatoires mais elles sont valorisées par les correcteurs.

C Rédiger

▶ L'**introduction** doit comporter trois parties :
– l'annonce du sujet (accroche), la définition des mots importants et de l'espace concerné ;
– la problématique ;
– l'annonce du plan : les différentes parties de votre composition doivent être clairement formulées.

▶ Le **développement** doit être structuré. Chaque partie commence par une phrase résumant l'idée générale. Il est très important d'intégrer des exemples pour soutenir votre argumentation et prouver votre bonne maîtrise du sujet.

▶ Si vous ajoutez des **schémas**, n'oubliez pas leur titre et leur légende. Dans le développement, vous pouvez renvoyer à ces schémas : « le schéma montre que… » ou bien : « cf. schéma ci-dessous ».

▶ Il faut soigner les **transitions** entre les différentes parties de votre composition : en une phrase, reprenez l'idée générale de ce qui précède, et introduisez l'idée générale de la partie suivante.

▶ La **conclusion** répond à la problématique et élargit le sujet à un autre espace.

D Soigner la présentation

▶ Veillez à **soigner la présentation** de votre copie :
– chaque paragraphe commence par un alinéa ;
– entre deux grandes parties, il faut sauter quelques lignes ;
– l'écriture doit être bien lisible.

▶ Une **relecture** attentive de votre composition doit vous permettre de corriger d'éventuelles fautes d'orthographe.

CONCLURE

Pour réussir une composition, vous devez mobiliser vos connaissances sur le sujet, les organiser selon un plan cohérent, rédiger votre devoir de manière claire et progressive.

Mener une étude critique de documents

87

L'étude de documents en géographie propose souvent deux documents, dont une carte. Il s'agit d'en extraire les informations fournies et d'en dégager les enjeux spatiaux.

1 Objectifs

▶ L'étude doit vous permettre de **rendre compte du contenu** du ou des documents proposés et de dégager ce qu'ils apportent à la compréhension des phénomènes géographiques évoqués.

▶ Vous devez mener une étude critique en montrant **l'intérêt et les limites éventuelles** du ou des documents. Dans le cas où il y a deux documents, mettez en évidence l'intérêt de leur confrontation.

2 Démarche à mettre en œuvre

A Analyser le sujet

▶ Prenez connaissance **du titre et de la consigne** qui accompagnent le(s) document(s) : repérez les mots clés.

▶ Lisez attentivement le(s) document(s). Dégagez-en le **sens général** en relation avec l'objet géographique auquel ils se rapportent.

▶ Pour faire apparaître les **enjeux spatiaux** qu'ils expriment et la manière dont ils en rendent compte, posez-vous les questions suivantes : quelles sont les notions du programme à utiliser ? Quels sont les espaces mis en valeur ? Y a-t-il des emboîtements d'échelles ?

▶ Interrogez-vous sur **l'intérêt et les limites** éventuelles du ou des documents en prenant la distance critique nécessaire. Pour y parvenir, une bonne maîtrise des enjeux de la question est essentielle.

▶ Montrez, le cas échéant, l'intérêt de la **confrontation des documents** : quels aspects du document 1 sont éclairés par le document 2, et inversement ? Quelles informations nouvelles apporte le document 2 ? Les documents se contredisent-ils ?

B Construire un plan

▶ Classez les informations prélevées dans les documents en deux ou trois ensembles, qui constitueront **les parties de votre développement.** La consigne vous aidera probablement à élaborer ce plan.

▶ Éclairez ces informations par vos **connaissances**, celles-ci vous permettant de compléter, de nuancer, de critiquer.

▶ Dans le cas d'une étude de deux documents, il ne faut surtout pas séparer leurs analyses.

C Rédiger l'étude critique

▶ L'**introduction** doit rapidement présenter les documents, en insistant sur leur nature, sur l'espace et le thème concernés. Elle doit se terminer par une annonce du plan.

▶ Le **développement** doit être structuré en deux ou trois parties.
Citez très précisément les documents s'il s'agit de textes et expliquez toutes vos citations.
Si le document est une carte, décrivez précisément les phénomènes représentés.

▶ Une **conclusion** rapide doit remettre en perspective le ou les documents.

D Soigner la présentation

▶ Veillez à **soigner la présentation** de votre copie :
– chaque paragraphe commence par un alinéa ;
– entre deux grandes parties, il faut sauter quelques lignes ;
– l'écriture doit être bien lisible.

▶ Une **relecture** attentive de votre composition doit vous permettre de corriger d'éventuelles fautes d'orthographe.

CONCLURE

Dans une étude de document, il ne faut pas paraphraser le document mais expliciter (éclairer) ce qu'il exprime. Critiquer le document consiste, non pas à donner son opinion personnelle, mais à confronter le document à une information contradictoire.

Réaliser un croquis

88

Étant donné la liste limitée des croquis de synthèse qui peuvent tomber le jour de l'épreuve, il est recommandé de les mémoriser.

1 Généralités

A Objectifs

Un croquis est une réponse cartographique à un sujet : il s'agit de **spatialiser les informations** sélectionnées et de **les ordonner**, tout en respectant les codes de production graphique.

B Liste des 7 croquis pouvant donner lieu à sujet d'examen

- Pôles et flux de la mondialisation
- Une inégale intégration des territoires dans la mondialisation
- Les espaces maritimes : approche géostratégique
- Les dynamiques territoriales des États-Unis
- Les dynamiques territoriales du Brésil
- Le continent africain : contrastes de développement et inégale intégration dans la mondialisation
- Mumbai : inégalités et dynamiques territoriales

2 Les premières étapes

A Analyser le sujet

▶ Relevez les **mots clés** et les mots de liaison. Identifiez-le ou les **espaces concernés.**

▶ Posez-vous les questions suivantes : que veut-on démontrer ? Quels sont les espaces à mettre en valeur ?

B Construire et organiser la légende

▶ Décomposez l'idée centrale en quelques questions qui constitueront les **deux ou trois rubriques de la légende.**

▶ Sélectionnez les informations au brouillon. Vous devez ensuite les **classer** et les **hiérarchiser.**

▶ Attention aux croquis et schémas trop chargés, et donc illisibles.

3 *Conseils pour la réalisation*

A Organiser son travail

▶ Avant de passer à la réalisation, vérifiez avec le plus grand soin l'exactitude de vos **localisations**. On vous pardonnera une imprécision, pas une erreur majeure.

▶ D'une manière générale, il est préférable, pour des raisons de construction, de commencer par réaliser les **surfaces** (aplats de couleurs, puis zones hachurées), de continuer par les figurés linéaires (échanges, réseaux), puis ponctuels (villes).

▶ Enfin, il faudra inscrire la **nomenclature** (toponymie) avec soin, sans oublier de varier les tailles des noms en fonction de l'importance des phénomènes. Écrivez en script ou en capitales d'imprimerie, selon les besoins.

▶ **N'oubliez pas de titrer** votre production graphique.

B Faire un bon usage des couleurs

Respectez l'utilisation classique des couleurs :
– les **couleurs chaudes** (rouge, orange, jaune) sont à réserver aux phénomènes positifs ou de croissance ;
– les **couleurs froides** sont à réserver aux phénomènes négatifs ;
– pour montrer une **gradation**, il faut respecter le sens des couleurs de l'arc-en-ciel (rouge, orange, jaune, vert, bleu, violet). On peut aussi réaliser un camaïeu si l'on dispose d'assez de crayons de couleur (par exemple vert clair, moyen, sombre).

C Soigner son travail

▶ Utilisez une **règle** simple ou une règle de cartographie pour tracer les figures géométriques et les hachures.

▶ Soignez le **coloriage** des aplats : n'hésitez pas à tamponner les zones coloriées avec un mouchoir en papier (propre…) afin d'atténuer les traits de crayon.

▶ Recopiez la **légende au propre**, jamais au dos du croquis ou du schéma. Le correcteur doit avoir la légende sous les yeux en même temps que votre croquis !

Illustrer une composition par un schéma

89

Dans la composition de géographie, la production d'un schéma de synthèse est toujours fortement valorisée.

1 *Méthode*

▶ Le schéma vient **illustrer un élément de votre démonstration.** Votre copie doit **y faire explicitement référence**, par exemple en indiquant : « voir schéma ». Un seul suffit. Il est préférable de le construire sur une copie intercalaire, avec sa légende à côté (jamais au dos !).

▶ Déterminez d'abord ce que vous souhaitez démontrer. Comme dans un croquis, élaborez votre légende, puis schématisez les objets géographiques. Utilisez des couleurs, sans excès mais avec **logique.**

2 *Exemples*

A Sujet 1

Prenons l'exemple d'un sujet de composition sur **la croissance en Asie.** Vous pouvez illustrer les inégalités spatiales de la croissance en Chine à l'aide du schéma ci-dessous.

SCHÉMA 1. Les inégalités spatiales de la croissance en Chine.

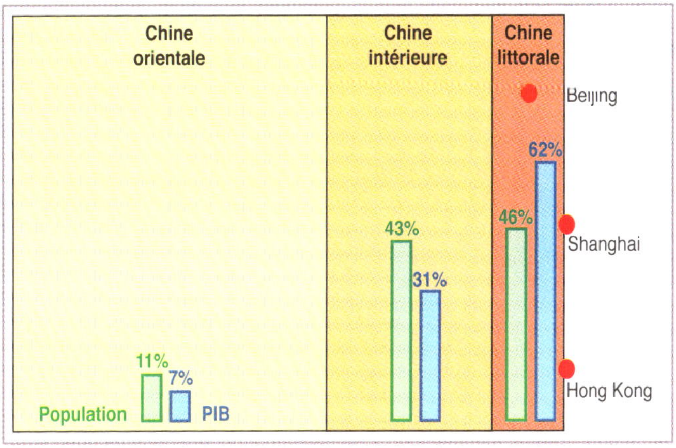

HISTOIRE

Ⓑ Sujet 2

Soit un autre sujet de composition sur **les espaces maritimes dans la mondialisation**. Lorsque vous évoquez les aspects économiques, il peut être utile de s'appuyer sur le schéma ci-dessous.

SCHÉMA 2. Façades et routes maritimes.

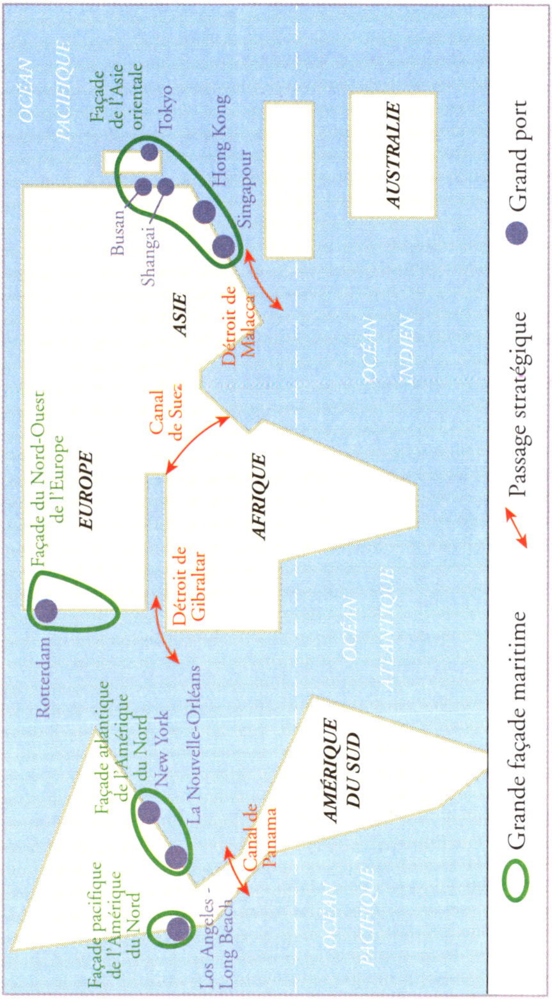

Histoire et mémoires

90

Pourquoi peut-on dire que, pour l'historien, il existe non pas un devoir de mémoire mais un devoir d'histoire ?

1 Les mémoires, objet d'histoire

A La mémoire, une reconstruction affective du passé

▶ La mémoire est **subjective** et susceptible d'évoluer. Elle intègre une expérience, un ressenti, une large part d'émotion et de sensibilité. La mémoire sélectionne, laissant dans l'ombre ce qui dérange, ce qui effraie. Elle se déforme par la diversité des témoignages, et peut aussi être manipulée. **Il n'y a pas une mémoire, mais des mémoires**, qui sont toujours portées par des individus ou des groupes.

▶ Généralement, la mémoire évolue en **plusieurs étapes**. Dans un premier temps, elle est souvent **refoulée** par ceux qui ont vécu des événements traumatiques. Puis, elle est **ravivée**, construite par l'action des témoignages. Enfin, la troisième étape est celle de « **l'obsession mémorielle** ». Elle est entretenue par des images, des commémorations, des mémoriaux et les programmes scolaires. La mémoire peut enfin, plus rarement, s'affaiblir avec le temps.

B L'histoire, une reconstruction scientifique du passé

▶ L'histoire est une science qui se veut **objective et universelle**. Le travail de l'historien consiste à périodiser, à mettre en perspective le passé, et à relier des faits entre eux pour expliquer des phénomènes et des événements. L'historien s'appuie sur des documents, les confronte et tente d'en dégager une vérité historique.

▶ **L'histoire fait de la mémoire un objet de recherche.** Les historiens font aujourd'hui l'histoire de la mémoire collective ou des mémoires. Ils doivent faire la part de ce qui est intégré à cette mémoire, et de ce qui reste encore refoulé. Si la mémoire est une source imparfaite pour l'historien, ces imperfections et ces défaillances légitiment la transformation de la mémoire en objet d'histoire.

2 *L'histoire contre les abus de la mémoire*

A Les lois mémorielles

▶ Depuis les années 1990, plusieurs lois ont été votées, ayant pour objectif de lutter contre la négation de faits historiques avérés et de faire reconnaître symboliquement les **mémoires blessées**.

▶ Ainsi, la loi Gayssot du 13 juillet 1990 condamne le **négationnisme**, c'est-à-dire la négation de l'existence du **génocide des Juifs** par l'Allemagne nazie. En 2001, deux lois reconnaissent le **génocide arménien** de 1915 ainsi que la **traite négrière et l'esclavage** comme étant des crimes contre l'humanité. Enfin, les souffrances et les sacrifices endurés par les rapatriés à la suite de la **décolonisation** sont reconnus en février 2005.

▶ La loi de 2005 contraint les programmes scolaires à faire une place aux « aspects positifs » de la colonisation et au rôle joué par les harkis dans la guerre d'Algérie. Elle est abrogée l'année suivante.

B Les historiens contre l'obsession mémorielle

▶ En 2005, dix-neuf historiens dénoncent ce qu'ils considèrent comme l'aboutissement de revendications catégorielles ou communautaristes. Selon eux, les mémoires de la Shoah, de la France de Vichy et de la guerre d'Algérie sont à étudier parce que ce sont des **mémoires de crises nationales**, et non parce que les sociétés et les politiques revendiquent ce devoir.

▶ Il n'existe pas pour les historiens de « devoir de mémoire » mais bien un « **devoir d'histoire** ». Ils parviennent à faire abolir la mention sur les « aspects positifs de la présence française outre-mer » en 2006.

CONCLURE

Donner la parole aux témoins d'un événement, c'est solliciter leurs mémoires et les considérer comme une source pour faire l'histoire. Mais la mémoire, prise globalement, avec ses vérités et ses contrevérités, ses lumières et ses ombres, devient pour l'historien un objet d'étude à part entière.

Les mémoires de la Seconde Guerre mondiale en France 91

Comment évoluent les mémoires de la Seconde Guerre mondiale en France depuis 1945 ?

1 Une mémoire officielle dans l'après-guerre

A Reconstruire l'unité nationale...

▶ Dès la Libération, le général de Gaulle laisse croire qu'une majorité de Français a résisté à l'occupant allemand. Il crée le « **mythe résistancialiste** », vision également véhiculée par le PCF.

▶ Les associations juives ne souhaitent pas alors se singulariser. Les rescapés des camps d'extermination, peu nombreux, sont difficilement entendus par la société.

B ... passe par l'oubli des responsabilités de Vichy...

▶ Une loi de 1947 amnistie plus de 30 000 collaborateurs et ouvre une période de **« refoulement » de la mémoire**.

▶ Jusqu'aux années 1970, la **thèse du « glaive et du bouclier »** reste l'histoire officielle : de Gaulle aurait été l'épée de la France tandis que Pétain aurait accepté l'armistice et la collaboration pour atténuer les souffrances du pays. Une **mémoire historique** s'élabore.

C ... et la construction d'un objet de mémoire : le résistant

▶ Le retour de De Gaulle au pouvoir en 1958 marque l'apogée des mémoires de **la Résistance** : les cendres de Jean Moulin, héros national, sont transférées au Panthéon en 1964.

▶ La mémoire du génocide des Juifs est alors englobée dans celle de la déportation en général, comme en témoigne le documentaire *Nuit et Brouillard* de 1956.

2 Le réveil des mémoires dans les années 1960-1970

A L'affirmation de la mémoire juive...

▶ En 1961 se tient le procès d'Eichmann, responsable nazi. Dans le contexte des guerres israélo-arabes, la **mémoire de la Shoah** devient un élément déterminant de l'identité juive.

HISTOIRE

▶ En 1979, le professeur Robert Faurisson prétend que le génocide n'est qu'un « mensonge historique ». Des historiens se mobilisent contre ce courant **négationniste**.

B ... entraîne la fin du mythe « résistancialiste »

▶ En 1971, Marcel Ophüls réalise *Le Chagrin et la Pitié*, et montre l'attitude ambiguë des Français sous l'Occupation. En 1973, l'historien américain Robert Paxton démontre que **l'État français a livré des Juifs** sans la contrainte de l'occupant.

▶ Dans les années 1980 et 1990, les **procès** se succèdent pour juger des criminels nazis ou des vichystes (Klaus Barbie, Maurice Papon) et les témoignages de rescapés se multiplient.

3 Des mémoires à l'histoire

A Le temps de la reconnaissance officielle

▶ Jusqu'aux années 1990, la République ne reconnaît pas ses responsabilités dans le génocide. Puis, en 1993, Mitterrand fait du 16 juillet (rafle du Vél' d'Hiv en 1942) « la journée nationale à la mémoire des victimes de persécutions racistes et antisémites ».

CITATION
« Oui, la folie criminelle de l'occupant a été, chacun le sait, secondée par des Français, secondée par l'État français. » J. Chirac, 1995

▶ En 1995, J. Chirac **reconnaît officiellement les crimes du régime de Vichy**. En 2004, le Mémorial de la Shoah est inauguré à Paris.

B L'historicisation des mémoires de guerre

▶ Commémorer la déportation s'impose comme « **un devoir de mémoire** ». En juillet 1990 est votée la **loi Gayssot**, faisant du négationnisme un délit.

▶ Les historiens dénoncent cette approche émotionnelle du passé. Une commission parlementaire préconise en 2006 de **ne plus élaborer de loi mémorielle**, au nom de la liberté de la recherche.

CONCLURE

Jusqu'aux années 1970, la mémoire résistante s'impose en France. Elle est ensuite supplantée par la mémoire de la Shoah et une réévaluation des responsabilités du régime de Vichy, surtout depuis les années 1990.

Les mémoires plurielles de la guerre d'Algérie

92

Comment la multiplicité des mémoires de la guerre d'Algérie complique-t-elle le travail des historiens ?

1 Des groupes mémoriels qui s'opposent

A Les combattants de la guerre d'Algérie

Les combattants véhiculent des mémoires différentes :
– les 1,7 million de soldats français du **contingent** ;
– les **harkis**, musulmans ayant servi aux côtés des Français (abandonnés par la France et considérés comme des traîtres en Algérie) ;
– les « **ultras** » de l'Algérie française, anciens membres de l'**OAS**, hostiles aux accords d'Évian et nostalgiques de l'empire colonial français.
– les **membres du FLN** qui défendent la mémoire d'une guerre d'indépendance contre l'oppression coloniale.

B Les civils

Les **pieds-noirs,** rapatriés d'Algérie en 1962, entretiennent la nostalgie de la terre perdue (*nostalgérie*) ; les **immigrés algériens** sont eux tiraillés entre la mémoire de la colonisation et celle du nationalisme algérien.

2 Des mémoires qui sont le fruit d'une évolution historique

A De l'oubli au réveil des mémoires

▶ De chaque côté de la Méditerranée, les **mémoires** sont **inversées** : en France, juste après le conflit, personne ne veut se pencher sur ce passé immédiat. Une série de lois d'amnistie, dès 1964, organise cet oubli officiel. En Algérie au contraire, la guerre est considérée comme un conflit de libération nationale et le FLN écrit l'histoire officielle, celle du mythe de « un million et demi de martyrs ».

▶ À la **fin des années 1960,** on assiste à un **réveil des mémoires** : en France, des films anticolonialistes, comme *Avoir vingt ans dans les Aurès* de René Vautier (1972), séduisent une jeunesse engagée à gauche. La décennie suivante, les harkis réclament la reconnaissance de leurs souffrances tandis que les enfants d'immigrés manifestent contre le racisme.

HISTOIRE

B Vers la reconnaissance officielle

▶ Dans les années 1990, la guerre civile en Algérie (1991-2001) ravive le discours français favorable à la colonisation. Pour y mettre fin, **l'Assemblée nationale reconnaît officiellement « la guerre » le 10 juin 1999**, tandis que des journalistes font ressurgir la question de la torture par l'intermédiaire de témoignages d'officiers.

▶ Le 23 février 2005, est votée une loi qui reconnaît les souffrances des rapatriés. Les programmes scolaires doivent intégrer les « aspects positifs » de la colonisation, ravivant, malgré son abrogation, une **guerre des mémoires**.

CITATION « Sur cette guerre qui longtemps n'a pas dit son nom en France, [...] nous avons ce devoir de vérité sur la violence, l'injustice, les massacres, la torture. » F. Hollande, 2012

3 Des mémoires parallèles qui rendent difficile le travail de l'historien

A En France

▶ Dès la fin du conflit, **des historiens cherchent à établir les faits** pour valider les récits recueillis lors de la guerre. Depuis les années 1990, ils tentent de rapprocher les groupes mémoriels, aidés, en 1992, par l'ouverture de la majorité des archives.

▶ *La Guerre d'Algérie : 1954-2004, la fin de l'amnésie* est un ouvrage de référence auquel collaborent vingt-six historiens français et algériens, publié sous la direction de Mohammed Harbi et Benjamin Stora.

B En Algérie

▶ L'hypercommémoration des années 1960 est peu favorable à un travail historique, d'autant que les archives sont conservées en France.

▶ En 2007, l'INA et la télévision publique algérienne signent un accord de libre accès aux documents audiovisuels datant de 1940 à 1962. La **coopération** permettra à la recherche d'avancer en Algérie.

CONCLURE

Les mémoires de la guerre d'Algérie, qui a pris fin il y a un demi-siècle, restent vives et souvent opposées.
Les nouvelles générations aspirent à une histoire partagée, et la recherche historique peine encore à y parvenir.

Récap' express 93

Les mémoires : lecture historique

LE SCHÉMA À MÉMORISER

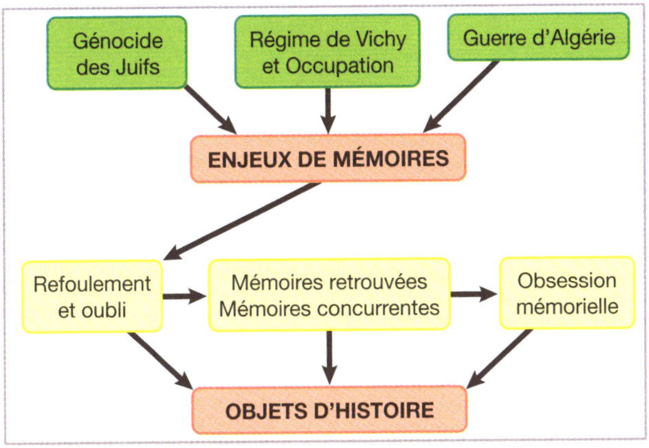

LES DÉFINITIONS

▶ **mémoire historique** : récit qui réduit la diversité des souvenirs à une interprétation dominante.

▶ **mémorial** : œuvre ou lieu qui évoque des faits dont on veut se souvenir. Le mémorial peut être un musée, une stèle. C'est un lieu de mémoire.

▶ **résistancialisme** : mythe forgé à la Libération, selon lequel les Français furent majoritairement résistants face à l'occupant au cours de la Seconde Guerre mondiale.

▶ **déportation** : pendant la Seconde Guerre mondiale, désigne le déplacement des opposants politiques, des résistants, des Juifs, des Tziganes et des personnes jugées asociales par les nazis, vers les camps de concentration et d'extermination.

▶ **génocide** : terme forgé en 1944 par le juriste Raphael Lemkin pour désigner l'extermination systématique et organisée des

Juifs. Il a ensuite désigné le massacre des Tziganes sous le régime nazi, puis celui des Arméniens par les Turcs en 1915.

▶ **négationnisme** : doctrine qui nie le génocide juif. Ces idées sont passibles de poursuites depuis la loi Gayssot de 1990.

▶ **rapatriés** : citoyens contraints de rentrer dans leur pays. Dans le cas de l'Algérie, ce mot désigne les européens d'Algérie (pieds-noirs) mais aussi des Juifs séfarades, ainsi qu'un nombre limité de « Français musulmans », désignés par le terme de **harkis**, supplétifs engagés dans l'armée française de 1957 à 1962.

LES DATES À RETENIR

Les mémoires de la Seconde Guerre mondiale en France

1944	Discours du général de Gaulle place de l'Hôtel de Ville (25 août) créant le mythe résistancialiste
1964	Transfert des cendres de Jean Moulin au Panthéon
1971	Sortie du film *Le Chagrin et la Pitié* de Marcel Ophüls
1973	Publication de *La France de Vichy* de Robert Paxton
1990	Loi Gayssot faisant du négationnisme un délit
1995	Reconnaissance officielle de la responsabilité de l'État français dans la déportation des Juifs

Les mémoires de la guerre d'Algérie

1964	Loi d'amnistie pour les militaires français ayant combattu en Algérie
1991	Publication de *La Gangrène et l'Oubli. La Mémoire de la guerre d'Algérie* de Benjamin Stora
1999	Loi reconnaissant officiellement la guerre d'Algérie
2005	Reconnaissance par la France des souffrances des Français rapatriés d'Afrique du Nord et d'Indochine suite aux guerres de décolonisation

L'organisation du mouvement ouvrier en Allemagne (1875-1914)

94

Comment le mouvement ouvrier s'est-il imposé dans le paysage politique de l'Empire allemand ?

1 La création du parti social-démocrate

▶ En 1875, le **SAP**, premier parti socialiste de l'histoire, est créé lors du congrès de Gotha, dans une Allemagne unifiée et impériale.

▶ Son programme politique est le fruit d'un compromis entre deux tendances (l'une plus marxiste que l'autre). Il considère que le travail, source de la richesse et de la culture, doit être libéré du **monopole capitaliste**. Cette libération ne peut être l'œuvre que de la classe ouvrière, qui doit conquérir la majorité au Parlement pour obtenir l'égalité des droits, faire respecter la liberté de pensée et assurer l'accès universel à la formation et à la culture.

▶ Un nouveau programme, plus influencé par la pensée marxiste, est adopté au **congrès d'Erfurt** en 1891. Le parti prend le nom de **SPD** (parti social-démocrate) et accepte de participer au jeu électoral « bourgeois ».

2 Le dépassement des entraves imposées par Bismarck

A Les lois bismarckiennes

▶ En 1878, deux attentats contre l'empereur Guillaume Ier donnent prétexte au chancelier Bismarck pour décréter des **lois d'exception** : suspension des libertés constitutionnelles, interdiction des partis politiques, des rassemblements et des publications politiques.

▶ Cependant, bien que le SAP soit interdit, **des socialistes peuvent siéger au Reichstag** en tant qu'élus hors parti, et former un groupe parlementaire.

▶ Pour désamorcer les luttes politiques et sociales, Bismarck fait voter un ensemble de **lois sociales** destinées à protéger les travailleurs et à les rallier à l'État : assurance contre la maladie (1883) et contre les accidents du travail (1884), assurance contre l'invalidité et système de retraite (1889).

HISTOIRE

B Le développement des syndicats

▶ Pour contourner l'interdiction du SAP, les socialistes créent leurs propres **organisations sociales et culturelles**. Mais leur syndicat n'est pas le seul : il existe un syndicalisme chrétien et des syndicats libres.

▶ À la suite de la levée des lois d'exception (1890), la **Ligue des syndicats allemands**, créée en 1892, opte pour la signature de conventions collectives avec le patronat, sur les salaires et les conditions de travail. Elle inaugure ainsi la **culture de la négociation**, caractéristique du mouvement syndical allemand.

▶ En France, la situation est inverse : la composante syndicale du mouvement ouvrier précède le parti socialiste (1895 : création de la CGT ; 1905 : création de la SFIO).

3 *Les tensions au sein du mouvement ouvrier*

▶ Trois tendances principales s'opposent au sein du SPD :
– les **réformistes**, partisans de l'action parlementaire, prônent la réforme par l'élaboration de lois ;
– les **« révisionnistes »**, autour d'Eduard Bernstein (1850-1932), soutiennent que, contrairement aux affirmations de Marx, le capitalisme ne va pas disparaître ;
– les **révolutionnaires** privilégient l'action violente.

▶ Malgré l'adoption, en 1905, du principe de la grève générale, c'est plutôt une **ligne modérée** qui domine.

▶ Ces tensions se retrouvent dans l'ensemble du mouvement socialiste européen. Elles s'expriment au sein de la **IIe Internationale**, regroupement de syndicats et de partis socialistes nationaux fondé à Paris en 1889. De plus en plus minoritaires en son sein, les révolutionnaires refusent de participer à un gouvernement bourgeois et veulent riposter à la « guerre bourgeoise » par la grève générale.

CONCLURE

Le mouvement ouvrier allemand s'est imposé en se structurant autour du parti social-démocrate : contrairement à ce qui s'est passé en France, il n'a donc pas connu la tension entre syndicat et parti. En 1914, il représente le groupe parlementaire le plus important, soutenu par 3 millions de syndiqués.

Socialisme, communisme et syndicalisme en Allemagne (1914-1945)

95

Comment l'exercice du pouvoir et les crises de 1914 à 1945 font-elles évoluer le mouvement ouvrier allemand ?

1 *Scission au sein du mouvement ouvrier*

A Le SPD face à la guerre

▶ En 1914, le SPD, première force au Reichstag (110 députés), se prononce en faveur de la guerre et se rallie à **l'Union sacrée.**

▶ Cette rupture avec l'internationalisme suscite l'apparition de **deux courants minoritaires** : les spartakistes, regroupés dès 1914 autour de Rosa Luxemburg et Karl Liebknecht, et l'USPD (SPD indépendant), qui se détache du SPD en avril 1917.

CITATION « [...] les guerres sont des phénomènes barbares, d'une immoralité profonde, réactionnaires et contraires aux intérêts du peuple [...]. » R. Luxemburg, 1914

B Le SPD s'oppose à la révolution

▶ Le 9 novembre 1918, alors que la victoire des Alliés est inéluctable et que l'agitation révolutionnaire monte dans le pays, l'empereur Guillaume II abdique. Le lendemain, le SPD et l'USPD constituent un **gouvernement provisoire.**

▶ Favorables à un « communisme démocratique », les spartakistes s'opposent au gouvernement provisoire. Ils fondent le **KPD** (parti communiste) et déclenchent une insurrection.

▶ Pour mettre fin au soulèvement, le gouvernement fait appel à l'armée, qui **l'écrase dans le sang,** à Berlin en janvier 1919. Cet événement scelle la rupture entre sociaux-démocrates et communistes allemands.

2 *Le SPD et le pouvoir sous la république de Weimar*

A L'expérience du gouvernement

▶ La menace révolutionnaire écartée, le SPD organise des élections pour une assemblée constituante. N'obtenant pas la majorité, elle s'allie avec le centre et les démocrates. La **constitution de juillet 1919** est un compromis entre ces trois tendances.

▶ Le SPD fait adopter plusieurs **lois sociales** : journée de 8 heures, assurances sociales, allocations chômage, conventions collectives. Mais dès 1920, ce parti perd des voix aux élections et doit quitter le gouvernement.

▶ Le KPD ne soutient pas le régime, par ailleurs confronté à une vive agitation d'extrême droite (putsch, assassinats politiques).

B Le SPD sur la défensive

▶ Après la mort en 1925 du président social-démocrate Ebert, Hindenburg, symbole de l'ancien régime, est élu pour le remplacer. Mais **le SPD retrouve à nouveau une place au gouvernement**, au sein de la « grande coalition », entre 1928 et 1930.

▶ Dans un contexte de crise économique et de fortes tensions politiques, **le SPD est de plus en plus isolé** dans son soutien au régime. Aux élections de juillet 1932, les partis opposés à la démocratie parlementaire sont majoritaires (parti nazi avec 37 % ; KPD avec 14 %).

3 *Le mouvement ouvrier allemand face au nazisme*

A Le mouvement ouvrier frappé d'interdit

▶ Nommé chancelier par Hindenburg, le 30 janvier 1933, **Hitler** obtient rapidement les pleins pouvoirs. Il interdit le KPD, les syndicats, le SPD et tous les autres partis.

▶ Les rouages du **totalitarisme** sont alors mis en place : parti et syndicat uniques, police politique (la Gestapo) et propagande.

B L'activité clandestine des socialistes et des communistes

▶ Interdits et pourchassés, socialistes, communistes et syndicalistes allemands tentent d'**organiser la résistance** au totalitarisme nazi. Ils mettent en place des réseaux clandestins, durement réprimés.

▶ Ces réseaux tentent de maintenir le contact avec certains dirigeants en exil en URSS (KPD) ou en Europe de l'Ouest (SPD).

CONCLURE

Pilier de la fragile république de Weimar, le SPD fait adopter des mesures sociales. Mais, divisé entre socialistes et communistes, le mouvement ouvrier allemand ne peut empêcher la montée du nazisme.

Socialisme, communisme et syndicalisme en Allemagne depuis 1945

96

Quels sont les différents types de participation au pouvoir des socialistes et des communistes en Allemagne depuis 1945 ?

1 *L'expérience d'un État socialiste en RDA*

A Un pouvoir d'inspiration soviétique

▶ En avril 1946, dans la zone d'occupation soviétique, le KPD et le SPD fusionnent pour former le SED (parti socialiste unifié). Puis, le 7 octobre 1949, la République démocratique allemande (**RDA**) est créée sur le modèle soviétique.

▶ La vie politique est régie par un **parti unique (le SED)** qui dirige l'État et encadre la société. Il est secondé par une police politique, la Stasi, qui surveille étroitement la population.

▶ La **planification de l'économie** est adoptée. Elle donne priorité à l'industrie lourde au détriment des biens de consommation, tandis que l'agriculture est collectivisée.

B Une contestation précoce et durable

▶ Dès juin 1953, un **mouvement insurrectionnel** éclate à Berlin-Est et se propage dans la plupart des villes, réclamant des élections libres et la fin du régime communiste. Le retour à l'ordre est assuré par les chars soviétiques et par la Stasi.

▶ La fuite à l'Ouest est un autre moyen de manifester son opposition. Les autorités réagissent en bouclant les frontières, puis en construisant le **mur de Berlin** en août 1961.

▶ Au cours des années 1980, l'écho des réformes de Gorbatchev en URSS (*glasnost* et *perestroïka*) stimule la combativité des Allemands de l'Est. Le 9 novembre **1989**, ils réussissent à faire **tomber le mur de Berlin**.

2 *L'intégration du SPD et des syndicats au système libéral de la RFA*

A Des réalisations sociales

▶ La République fédérale d'Allemagne (**RFA**) est créée en mai 1949 par la réunion des trois zones d'occupation occidentales.

HISTOIRE

▶ La vie politique est régie par la Loi fondamentale. L'unité syndicale est assurée par le **DGB** (seize syndicats organisés par branches industrielles) : la négociation avec le patronat doit assurer la paix sociale dans le cadre d'une **« économie sociale de marché »**.

▶ Ce mode de fonctionnement s'appuie sur le système de la **cogestion** (lois de 1951 et 1976), qui permet aux représentants syndicaux de participer aux décisions de l'entreprise.

B Le SPD, de l'opposition à l'exercice du pouvoir

▶ Relégué dans l'opposition, le SPD adopte un nouveau programme lors du **congrès de Bad Godesberg** (1959) : il abandonne la référence au marxisme, et reconnaît l'économie de marché et l'ancrage à l'Ouest.

▶ Le SPD revient au pouvoir après les élections d'octobre 1969 : le **chancelier Willy Brandt**, à la tête de la **coalition socialiste-libérale** (SPD-FDP), mène une politique d'alternance (ouverture à l'Est, plus de démocratie à l'intérieur).

▶ À la même époque, on observe l'émergence de mouvements d'extrême gauche et de la **mouvance écologiste**, qui se structure autour du parti des Verts (*Die Grünen*).

3 *Le devenir du socialisme et du syndicalisme dans l'Allemagne réunifiée*

▶ Généralisant le système ouest-allemand à l'ex-RDA, la réunification se traduit par le démantèlement du système de protection sociale hérité du régime communiste.

▶ Le **SPD** est **à nouveau au pouvoir de 1998 à 2009**, d'abord avec les Verts puis dans une « grande coalition » avec la CDU (Union chrétienne-démocrate). L'accession au pouvoir de la CDU coïncide avec l'élection en 2005 de la chancelière fédérale Angela Merkel et ses trois mandats successifs (2005 à nos jours).

▶ En 2007, un nouveau parti plus à gauche que le SPD se crée : ***Die Linke*** (« la Gauche »).

CONCLURE

Depuis 1990, l'échec de l'État socialiste en RDA a consacré la solution libérale, qui reconnaît le rôle essentiel des partis et des syndicats dans le fonctionnement de la démocratie.

Récap' express 97

Socialisme, communisme et syndicalisme en Allemagne depuis 1875

LES DATES À RETENIR

1870-1871	Unification de l'Allemagne (IIe Reich)
1875	Création du premier parti socialiste (SAP) à Gotha
1891	Congrès d'Erfurt, adoption du nom SPD
1918	Création du KPD
1919	Écrasement de l'insurrection spartakiste Constitution de la république de Weimar
1933	Hitler chancelier
1946	Création du SED (fusion KPD-SPD)
1949	Création de la RFA (mai) et de la RDA (octobre)
1969-1982	Gouvernement de coalition SPD-FDP en RFA
1989	Chute du mur de Berlin
1998-2009	Gouvernement de coalition SPD-Verts (jusqu'en 2005) puis SPD-CDU/CSU (« grande coalition »)

LES BIOGRAPHIES

Karl Marx (1818-1883)

Philosophe et économiste, il démontre que la force de travail de l'ouvrier est exploitée par celui qui possède les moyens de production : le salaire versé ne comprend pas la plus-value tirée de son travail, source d'enrichissement de l'entrepreneur.

Walter Ulbricht (1893-1973)

Membre fondateur du KPD en 1919, puis secrétaire général du SED, il joue le rôle d'un président du conseil tout-puissant en RDA. Il est remplacé par Erich Honecker en 1971.

HISTOIRE

Willy Brandt (1913-1992)

Social-démocrate, résistant au nazisme, il est maire de Berlin-Ouest de 1957 à 1966, puis chancelier de la RFA de 1969 à 1974. Artisan de la réconciliation avec la RDA, il reçoit le prix Nobel de la paix en 1971.

LE SCHÉMA À MÉMORISER

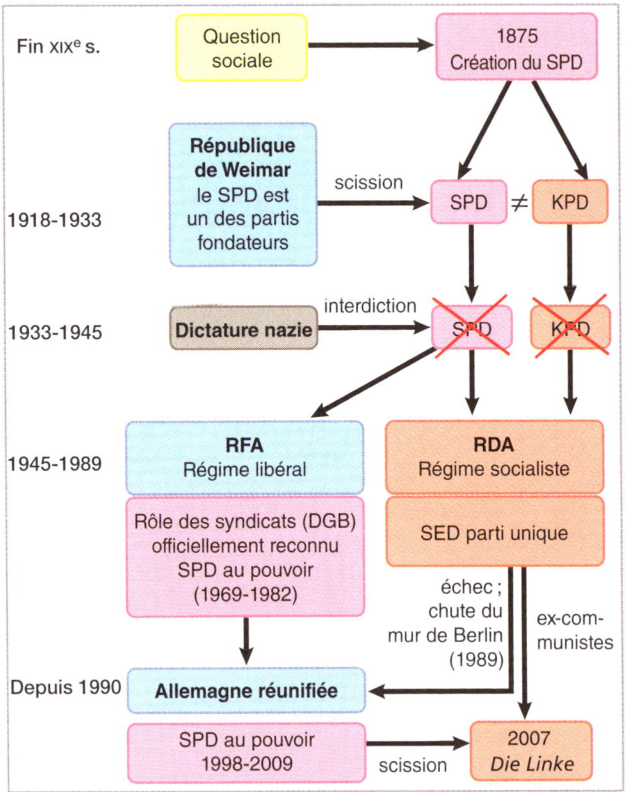

L'émergence des médias et de l'opinion sous la IIIe République

98

Comment les grandes crises politiques, qui ont mis la IIIe République en question, ont-elles favorisé l'émergence et l'affirmation du pouvoir des médias et de l'opinion ?

1 *L'affaire Dreyfus (1894-1906)*

A La domination de la grande presse

▶ Au début des années 1890, **la République est encore fragile.** L'opinion publique demeure marquée par l'humiliation de la défaite de 1870 et n'est pas insensible à la contestation venant de **l'extrême droite.** C'est dans ce contexte qu'en décembre 1894, Dreyfus, officier juif, est condamné pour trahison.

▶ Cet événement rencontre un vif écho dans la **grande presse**, alors en plein développement. Populaire, bon marché (5 centimes), celle-ci contribue à dramatiser les épisodes successifs de l'Affaire.

CITATION « La vérité est en marche et rien ne l'arrêtera. » E. Zola, « J'accuse », *L'Aurore*, 1898

▶ Les doutes sur la culpabilité de Dreyfus apparaissent. Les journaux se divisent, comme l'opinion publique, entre dreyfusards *(Le Petit Parisien)* et antidreyfusards *(Le Petit Journal)*. L'Affaire prend alors un tour politique avec le **« J'accuse » de Zola**, publié le **13 janvier 1898** dans le journal de Clemenceau, *L'Aurore*.

B La mise à l'épreuve de méthodes pour capter l'opinion

▶ Les milliers de publications – journaux, caricatures, affiches, albums, tracts, brochures, chansons – « font » littéralement l'opinion, mettant au point les **méthodes pour capter les lecteurs** : dramatisation, scoop, fausses nouvelles pour obtenir des démentis, annonces sensationnelles, guerre des caricatures, etc.

▶ Dreyfus est finalement innocenté et réhabilité en 1906. Au cours de l'Affaire, la presse a acquis le statut de **quatrième pouvoir** et l'opinion publique est devenue un acteur décisif de la vie publique : **la démocratie en sort renforcée.**

2 La crise politique des années 1930

A L'opinion, la presse et les ligues

▶ Les années 1930 sont marquées par la crise économique et par des **scandales** impliquant des personnalités politiques (affaire Stavisky). L'antiparlementarisme, l'antisémitisme et la xénophobie se déchaînent à nouveau, en particulier dans *L'Action française*, quotidien d'extrême droite, et dans la grande presse à 5 centimes.

▶ Le **6 février 1934**, à l'appel des ligues de droite et d'extrême droite et d'associations d'anciens combattants, une grande manifestation se tient à Paris. Elle fait 15 morts et près de 1 500 blessés, et provoque la chute du gouvernement Daladier.

▶ Les réactions de la presse témoignent des **divisions de l'opinion publique** : tandis que *L'Action française* titre « Après les voleurs, les assassins », *Le Populaire* (socialiste) estime que « le coup de force fasciste a échoué ».

B Les médias et le Front populaire

▶ L'importance politique des médias – presse et, pour la première fois, radio – s'affirme au cours de la campagne pour les élections législatives d'avril-mai 1936. **Le Front populaire** est soutenu par les quotidiens des trois partis qui le composent : *L'Humanité*, *Le Populaire*, *L'Œuvre*, et par quelques hebdomadaires.

▶ Mais la presse de droite est beaucoup plus puissante. Les journaux à grand tirage (*Le Temps, Le Petit Parisien, L'Illustration*) manifestent une opposition plus ou moins implicite à la coalition de gauche.

▶ Sous le Front populaire, dessins, caricatures, photos, films, croquis, contribuent à fabriquer une **nouvelle culture politique**, fraternelle et confiante en l'avenir.

▶ Néanmoins, **la grande presse, subventionnée par le patronat**, conserve son influence sur une grande partie de l'opinion.

CONCLURE

Les grandes crises politiques de la IIIe République montrent comment l'opinion publique, largement façonnée par les médias, pèse désormais sur les décisions politiques des gouvernements.

Médias et opinion publique sous influence

99

Pendant la Seconde Guerre mondiale et la guerre d'Algérie, les pouvoirs en place parviennent-ils vraiment à mettre les médias sous leur coupe ?

1 *La période critique des années 1940-1944 : la propagande mise en échec*

A Les médias, outil de propagande

▶ Sous l'Occupation, les journaux qui ne soutiennent pas le régime de Vichy sont interdits. Par le biais de la censure et des services de propagande, **les médias sont étroitement contrôlés**, voire entre les mains du pouvoir et de l'occupant. Ils cherchent à obtenir l'adhésion de la population aux objectifs de guerre nazis et incitent à pourchasser les « ennemis intérieurs » (francs-maçons, Juifs, résistants).

▶ Pétain considère les médias, et en particulier la radio, comme un moyen privilégié pour contribuer au « **redressement intellectuel et moral** » de la France et diffuser les valeurs de la révolution nationale (l'amour du chef, la discipline, l'obéissance).

▶ Les actualités présentées dans les salles de cinéma, alors très fréquentées, participent également activement à ce projet.

B Les médias, moyen de résistance

▶ S'opposant à cette propagande, les **médias clandestins** (tracts, journaux, réseaux d'information, affiches, les Éditions de Minuit, radio) jouent un rôle politique mobilisateur. Cette résistance intellectuelle commence par l'initiative d'individus isolés, et en premier lieu par **l'appel du 18 juin 1940** émis sur les ondes de la BBC par le général de Gaulle.

▶ À partir de septembre 1940, le contrôle de la radio est l'objet d'une véritable « **guerre des ondes** ». Alors que Radio Paris et Radio Vichy diffusent la propagande officielle, la BBC émet en français des émissions de la France libre (« Les Français parlent aux Français »).

▶ La fiabilité et la précision des informations assurent le succès de la BBC, qui diffuse par exemple le slogan : « Radio Paris ment, Radio Paris ment, Radio Paris est allemand », et mobilise l'opinion en faveur de la Résistance.

2 La crise du 13 mai 1958 : la circulation accélérée de l'information fait pression sur le pouvoir

A De la division de l'opinion à la crise du régime

▶ La **guerre d'Algérie** est à l'origine de profondes divisions de l'opinion publique et de vives tensions avec le pouvoir. Après la chute du gouvernement de Guy Mollet (SFIO) le 21 mai 1957, l'instabilité ministérielle s'installe.

▶ Le 13 mai 1958, les « activistes » d'Alger – partisans de l'Algérie française – veulent **empêcher l'investiture de Pflimlin**, nouveau président du Conseil, favorable à une politique de négociation. Au terme d'une manifestation, ils prennent d'assaut le siège du gouvernement général d'Alger et proclament un Comité de salut public. La crise politique se transforme alors en crise de régime.

B Quand la radio « fait » l'événement

▶ Grâce à la radio, présente au cœur des manifestations d'Alger, **les événements sont vécus en direct à Paris**, ce qui contribue à dramatiser la situation.

▶ La radio se fait aussi l'écho immédiat des **déclarations du général de Gaulle** qui se dit prêt à « assumer les pouvoirs de la République », avant de communiquer le 27 mai qu'il a « entamé le processus régulier nécessaire à l'établissement d'un gouvernement républicain ». Quant au journal filmé des ***Actualités françaises***, il change, en quelques jours, la version des faits, interprétés en faveur du nouveau pouvoir.

▶ Chargé par l'Assemblée nationale, le 1er juin, de modifier les institutions, de Gaulle organise un référendum. Il obtient une très large confiance le 30 septembre 1958 : **la Ve République est née.**

CONCLURE

Les progrès techniques affectant les médias multiplient les outils dont les pouvoirs disposent pour influencer l'opinion. Néanmoins, ils permettent aussi de contrer la propagande officielle et prennent parfois le pouvoir au dépourvu.

Médias et opinion publique sur la voie de l'émancipation ? 100

Comment les progrès techniques et les évolutions de la société de la fin du XXe siècle contribuent-ils à modifier les relations entre opinion publique, médias et pouvoir politique ?

1 Voix médiatique et parole contestataire en Mai 68

A Les médias au cœur de la contestation

▶ **La radio** acquiert un rôle décisif en faisant **vivre en direct** les affrontements du Quartier latin, avant de faciliter le regroupement des manifestants favorables au général de Gaulle, le 30 mai 1968. Le public suit donc de très près les événements.

▶ Une des revendications principales des contestataires concerne la **libération des médias audiovisuels.** Regroupés au sein de l'ORTF, qui dépend du ministère de l'Information, ceux-ci sont en effet sous le contrôle direct de l'État.

B Une liberté de parole encore fragile

▶ « **Les murs ont la parole** » : en couvrant les murs d'inscriptions variées défiant le « **Défense d'afficher** », les étudiants expriment leur liberté et leur aspiration à vivre autrement. Tout au long du mouvement, affiches, tracts, banderoles témoignent d'une **extraordinaire créativité** pour dénoncer le conformisme.

▶ Les **médias audiovisuels**, tout autant que les **médias spontanés** qui se sont greffés sur les manifestations, jouent un grand rôle dans la transformation de la crise étudiante en crise sociale et politique.

CITATION
« Nous allons nous expliquer directement dans la rue, nous allons pratiquer une politique de démocratie directe. »
D. Cohn-Bendit, 1968

▶ Durant près d'un mois, les salariés de l'**ORTF** sont en grève, revendiquant une information pluraliste et autonome. Mais le mouvement s'achève sur une reprise en main par le pouvoir, qui se traduit par des sanctions et des licenciements.

HISTOIRE

2 Les enseignements du 21 avril 2002

A Une opinion publique lasse et désabusée

▶ Les résultats du premier tour de l'élection présidentielle, le 21 avril 2002, sont vécus comme un « **séisme politique** » : Jean-Marie Le Pen, candidat du Front national, arrive 2e avec 17 % des voix, et accède donc au second tour, au détriment du candidat du PS, Lionel Jospin (16 %). Jacques Chirac, le président sortant, est en tête, mais rassemble moins de 20 % des voix. Ni les médias ni les sondages n'avaient anticipé de tels résultats.

▶ Au second tour, Chirac est **réélu avec 82 % des voix**, ce qui témoigne du refus de l'extrême droite et de l'attachement de la majorité des citoyens aux valeurs de la démocratie.

▶ Néanmoins, cette crise met en évidence **le fossé** qui s'est creusé entre les électeurs et la classe politique. L'opinion publique fait de moins en moins confiance aux hommes politiques. L'abstention, en constante augmentation depuis les années 1980, est un autre signe de ce phénomène.

B Une presse discréditée et concurrencée

▶ Le choc du 21 avril souligne aussi le **décalage** entre la population et les médias. Parmis ces derniers, certains, dépendants financièrement de bailleurs de fonds privés, tendent à privilégier le scoop ou l'audience sur l'analyse de fond. D'autres sont accusés de collusion avec le pouvoir.

▶ Encore marginal dans la crise de 2002, **Internet** prend un vif essor dans les années qui suivent, bouleversant l'accès à l'information et l'expression de l'opinion. **Blogs et réseaux sociaux** (Facebook, Twitter) permettent à l'information de circuler en dehors des canaux traditionnels et créent des espaces de discussion aussi dynamiques qu'incontrôlables.

CONCLURE

En « libérant la parole », les étudiants de Mai 68 disaient leur volonté de ne plus être les sujets passifs d'un jeu politique contrôlé par le pouvoir et les médias. Pourtant, à partir des années 1990, la méfiance envers les médias et les gouvernants devient le symptôme d'une crise larvée du politique, dont le développement d'Internet bouleverse les données.

Récap' express 101

Médias et opinion publique dans les grandes crises politiques en France depuis l'affaire Dreyfus

LE SCHÉMA À MÉMORISER

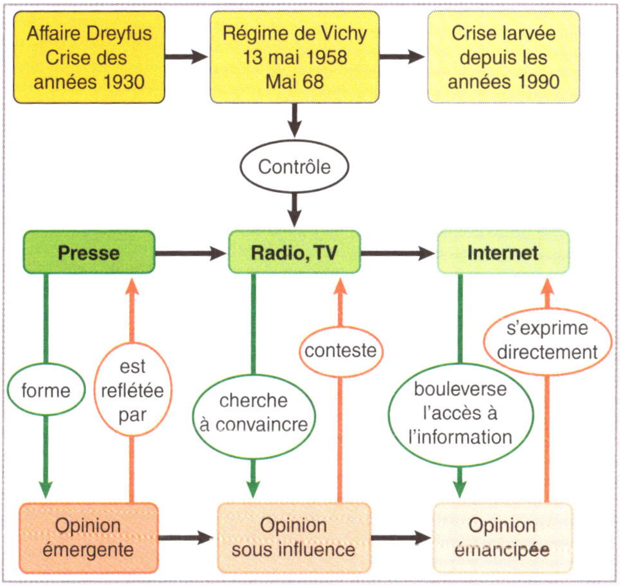

LES IDÉES ESSENTIELLES

▶ Depuis le début de la IIIe République (1870-1871) et la convocation régulière d'élections au suffrage universel, l'opinion est une composante essentielle de la vie politique. Selon Jean-Noël Jeanneney, **l'opinion publique** désigne le « champ dans lequel les médias exercent leur influence, vers lequel ils dirigent tous leurs efforts » (*Une histoire des médias*, Le Seuil, 2001, p. 9).

HISTOIRE

▶ Le terme « **médias** » regroupe l'ensemble des moyens de diffusion de l'information à l'intention du grand public. Tout au long du XXe siècle, ils ne cessent de connaître des évolutions techniques, depuis les affiches, la presse et les tracts, en passant par la radio et la télévision, jusqu'à Internet et aux réseaux sociaux. Ces progrès contribuent à modifier l'expression et la formation de l'opinion publique.

▶ Chacune des **grandes crises politiques** met en évidence une mutation des relations entre les médias, l'opinion et le pouvoir (pression, soumission, émancipation).

LES DATES À RETENIR

1881	Loi sur la liberté de la presse
1894-1906	Affaire Dreyfus
1934	Une manifestation des ligues met la République en question
1940	Appel lancé par le général de Gaulle sur les ondes de la BBC
1940-1944	Le régime de Vichy, l'État français, remplace la République. Mouvements de résistance
1949	Premier journal télévisé.
1968	Mouvement de contestation étudiante, sociale et politique : « les murs ont la parole »
1982	Libération des ondes et création des radios libres
Années 1990	Internet devient accessible au grand public
2001	Premiers réseaux sociaux sur le Web

Les États-Unis des « 14 points » du président Wilson à 1945

102

Comment la puissance des États-Unis s'affirme-t-elle dans la première moitié du XXe siècle ?

1 Les États-Unis après la Grande Guerre : la naissance d'une puissance

A L'affirmation d'une économie-monde américaine…

▶ En 1918, les États-Unis sont les grands **bénéficiaires du conflit**. Créanciers de l'Europe, ils produisent 25 % de la richesse mondiale et New York devient la première place financière de la planète.

▶ De nouveaux modes de production (**taylorisme**, **fordisme**) se diffusent en Europe, soutiennent la croissance et permettent aux États-Unis d'entrer dans l'ère de la **consommation de masse**.

B … qui hésite à s'imposer dans la gouvernance mondiale

▶ Les négociations de paix en 1918 sont orientées par les **« 14 points » du président Wilson** : fin de la diplomatie secrète, droit des peuples à disposer d'eux-mêmes, création d'une Société des Nations (SDN) pour promouvoir la paix.

▶ Mais en s'opposant à la ratification du traité de Versailles, le Sénat américain vote contre l'adhésion du pays à la SDN. Les États-Unis reviennent donc à leur **isolationnisme** traditionnel.

▶ Ils interviennent toutefois pour alléger les réparations allemandes et déclarer la guerre « hors la loi » (pacte Briand-Kellogg, 1928).

2 Les années 1930 : le recul de la puissance américaine ?

A Un pays frappé par la crise

▶ La saturation des marchés et la spéculation boursière débouchent en octobre 1929 sur un brutal retournement : le **krach boursier**. L'économie plonge en **récession**.

▶ Les États-Unis rapatrient les capitaux prêtés aux pays européens et diminuent leurs importations. La crise s'étend au monde entier, elle devient une **dépression**.

▶ En votant des **lois de neutralité** (1935), les États-Unis manifestent leur volonté de se tenir à l'écart des convulsions qui agitent l'Europe (montée du nazisme).

B La naissance de l'État-providence

CITATION « Quand une épidémie physique commence à s'étendre, la communauté approuve la mise en quarantaine [...]. L'Amérique déteste la guerre. » F.D. Roosevelt, 1935

▶ Entre 1933 et 1938, le président Roosevelt propose une réponse inédite à la crise en intervenant directement dans l'économie. Grands travaux, aides sociales pour lutter contre le chômage et maintenir le pouvoir d'achat : c'est le New Deal.

▶ L'État-providence américain (***welfare state***) servira de modèle à de nombreux autres pays.

3 *Les États-Unis dans la Seconde Guerre mondiale : la puissance assumée*

A L'arsenal des démocraties

▶ L'attaque de **Pearl Harbor** par les Japonais, le 7 décembre 1941, provoque l'entrée en guerre des États-Unis.

▶ Le pays devient l'arsenal des démocraties : le Victory Program permet de construire les *liberty ships* et assure le succès des **débarquements** en Normandie et en Provence en 1944.

B Une suprématie plus évidente que jamais en 1945

▶ À partir d'août 1941 (**charte de l'Atlantique**), Roosevelt et ses alliés britanniques et soviétiques se réunissent pour définir les principes de la paix future. Cela débouche sur la **création de l'ONU** à la conférence de San Francisco (26 juin 1945).

▶ Les États-Unis ont doublé leur potentiel de production (50 % de la richesse mondiale). Ils réaffirment leur supériorité financière lors des **accords de Bretton Woods** en 1944. Le **monopole atomique** (jusqu'en 1949) témoigne de leur supériorité militaire.

CONCLURE

La prospérité économique, la participation aux deux conflits mondiaux et la volonté d'organiser la paix contribuent à faire émerger la puissance américaine entre 1918 et 1945.

Les États-Unis et le monde pendant la guerre froide (1945-1991) 103

Comment la superpuissance américaine tente-t-elle d'imposer son modèle au reste du monde pendant la guerre froide ?

1 Les chefs de file du monde libre

A Un modèle idéologique...

▶ Dès 1945, les États-Unis cherchent à diffuser leur **modèle libéral**, fondé sur la reconnaissance des libertés individuelles, sur des élections libres et le libéralisme économique.

▶ Le président Truman énonce, en 1947, la **doctrine de l'endiguement**, qui vise à stopper l'expansion du communisme aux frontières qu'il a déjà atteintes. C'est le **début de la guerre froide**.

B ... qui impose un ordre bipolaire

▶ Dès 1947, les États-Unis proposent une aide économique pour financer la reconstruction de l'Europe. Le **plan Marshall** fidélise les États pour qu'ils ne basculent pas dans le camp soviétique.

CITATION « Les germes des régimes totalitaires sont nourris par la misère et le besoin. » H.S. Truman, 1947

▶ En 1949, l'**OTAN** instaure une défense commune aux pays signataires. Il est complété par l'ANZUS (avec les pays du Pacifique) en 1951, l'OTASE (avec les pays d'Asie) en 1954 et le pacte de Bagdad (avec les pays du Moyen-Orient) en 1955.

2 L'apogée de la puissance américaine : les Trente Glorieuses

A Un modèle économique...

▶ Les **firmes multinationales américaines** se développent et se partagent les secteurs de production les plus rentables (automobile, pétrole, etc.). Elles implantent des filiales dans le monde entier.

▶ Des négociations commerciales dans le cadre du **GATT** permettent l'abaissement progressif des barrières douanières. (→ FICHE 122)

B ... qui influence les sociétés occidentales

▶ Le **système fordiste** (production en série bon marché et politique de hauts salaires) permet l'essor d'une classe moyenne vouée à la consommation, aspirant à la propriété dans une banlieue résidentielle aisée.

▶ **L'*American way of life*** se diffuse en Europe occidentale.

3 Les limites de la puissance américaine

A Des fragilités internes

▶ Avec le **maccarthysme**, la lutte contre le communisme devient une véritable « chasse aux sorcières » de 1950 à 1954. La liberté d'expression est réduite au nom de la sécurité nationale.

▶ La **ségrégation raciale** reste une réalité après la mort de Martin Luther King (1968). Le *Black Power* est lancé et la jeunesse conteste *l'American way of life* et l'intervention au Vietnam.

B Le ralentissement de la croissance économique

▶ Depuis le milieu des années 1970, l'augmentation des prix et du **chômage** montre que le capitalisme n'est pas garant d'une croissance infinie. En 1971, le président Nixon met fin à la convertibilité du dollar en or.

▶ L'économie américaine subit les deux **chocs pétroliers de 1973 et 1979**. Dans les années 1980, le président Reagan mène une **politique de rigueur** néolibérale qui semble porter ses fruits.

C Un modèle contesté à l'extérieur

▶ Les Américains subissent **l'échec au Vietnam (1975)**, la pression de guérillas marxistes en Amérique latine, l'influence grandissante de l'URSS en Afrique et, en 1979, la révolution iranienne. Celle-ci fait peser une nouvelle menace : **l'islamisme**. (→ FICHE 111)

▶ Président de 1980 à 1988, Reagan durcit la politique vis-à-vis de l'URSS (« **guerre fraîche** ») : réarmement, reprise des zones d'influence perdues précédemment (Grenade, Nicaragua).

CONCLURE

Entre 1947 et 1991, les États-Unis sont, avec l'URSS, l'une des superpuissances qui dominent le monde, et incarnent un modèle idéologique et économique. Malgré leur manque de cohésion sociale, ils remportent la guerre froide.

Les États-Unis et le monde depuis 1991 : unique superpuissance ? 104

Après l'effondrement de l'URSS, les États-Unis sont-ils devenus l'unique superpuissance ?

1 *La fin de la guerre froide : l'« hyperpuissance » américaine (1991-2001)*

A Une puissance sans rival

▶ La suprématie des États-Unis est d'abord **militaire** (50 % de l'armement nucléaire) et **diplomatique**. La disparition du bloc soviétique en 1991 leur permet d'accroître leur influence : les anciens États socialistes adhèrent à l'OTAN.

▶ Au plan économique, les États-Unis sont le moteur de la « **troisième industrialisation** ». Au plan culturel, ils dominent les moyens d'information et les médias mondiaux.

▶ Après l'effondrement de l'URSS, Hubert Védrine, ministre français des Affaires étrangères de 1997 à 2002, qualifie les États-Unis d'« **hyperpuissance** ».

B Les gendarmes du monde

▶ Les États-Unis interviennent quand ils estiment que leurs intérêts sont menacés, comme lors de la guerre du Golfe en 1990-1991 (→ FICHE 111). George Bush défend alors l'idée d'un « **nouvel ordre mondial** », encadré par l'ONU et fondé sur le droit international.

▶ Sous Clinton (1993-2001), les États-Unis se veulent l'arbitre des conflits (*hard power*, politique d'« ***enlargement*** »).

2 *De l'hégémonie à l'unilatéralisme (2001-2009)*

A La superpuissance attaquée...

▶ Les **attentats du 11 septembre 2001** provoquent l'effroi. Les Américains craignent d'être devenus une cible.

▶ Ces attentats sont à l'origine d'un tournant dans la politique extérieure américaine. Le président George W. Bush définit un « **axe du Mal** » à combattre, formé par les pays qu'il accuse de participer au terrorisme international (les « États voyous »).

HISTOIRE

B ... et discréditée (→ FICHE 111)

▶ Les États-Unis et leurs alliés, sous mandat de l'ONU, envahissent l'Afghanistan en octobre 2001 pour en chasser les talibans. Mais en 2003, c'est sans l'approbation de l'ONU que George W. Bush attaque l'Irak, instaurant ainsi une **politique unilatérale**.

▶ Après des victoires rapides, **l'armée américaine s'enlise en Irak et en Afghanistan**, minés par la violence et l'instabilité.

3 La superpuissance à l'aube du XXIe siècle

A Les États-Unis demeurent la première puissance

▶ La **puissance économique** s'appuie sur le marché de consommation le plus vaste du monde dans le cadre de l'**ALENA** conclu avec le Canada et le Mexique en 1994. Par ailleurs, les États-Unis utilisent les instances internationales comme l'**OMC** pour faire respecter leurs intérêts.

▶ Le **modèle culturel américain** fédère une population pleine de contrastes et d'inégalités. Il continue à se diffuser dans le monde par l'intermédiaire du cinéma, de la télévision et d'Internet (*soft power*).

▶ Les États-Unis ont une **avance technologique** considérable : ils investissent dans la recherche (NASA), dans les technologies de la communication et dans de grandes universités (*smart power*).

B Une superpuissance contestée et limitée

▶ La **pauvreté** touche 13 % de la population, notamment des « travailleurs pauvres » sans protection sociale. L'économie est concurrencée par les pays-ateliers d'Asie du Sud-Est.

▶ Les États-Unis sont **dépendants de l'extérieur** aux plans énergétique (hydrocarbures) et financier (fort endettement).

▶ **L'anti-américanisme** conteste l'impérialisme des États-Unis et leur politique peu soucieuse de l'environnement.

CONCLURE

À défaut d'être une hyperpuissance, les États-Unis restent l'unique superpuissance économique, politique et culturelle. Mais leur hégémonie est de plus en plus critiquée et concurrencée.

La révolution maoïste en Chine (1949-1978)

105

Comment la Chine passe-t-elle d'un pays affaibli et sous influence à une puissance qui s'affirme dans les relations internationales ?

1 D'une Chine sous influence soviétique...

A La victoire des communistes

▶ Lors de la Seconde Guerre mondiale, la Chine est occupée par le Japon. Pendant cette occupation très violente, deux partis opposés, le **Guomindang** (parti nationaliste) et le **PCC** (parti communiste chinois), s'unissent pour faire face à l'ennemi.

▶ Après la victoire de 1945, l'alliance prend fin entre les nationalistes de Jiang Jieshi et les communistes de **Mao Zedong**. La guerre civile reprend en 1946 et s'achève avec la victoire communiste, le **1er octobre 1949**, et la fuite des nationalistes à Formose (Taïwan).

B Une Chine qui tourne le dos au monde

▶ La République populaire de Chine n'est reconnue que par les pays communistes, rendant l'alliance avec l'URSS indispensable. Le pays **s'isole durablement de l'Occident** et c'est **Taïwan** qui représente la Chine à l'ONU.

▶ De 1949 à 1956, le parti communiste chinois bâtit une Chine nouvelle : nationalisation des usines, priorité à l'industrie lourde, collectivisation des terres, planification de l'économie. Il met en place un **État totalitaire**.

C Une Chine qui redevient une puissance régionale

▶ La Chine reconquiert progressivement son territoire et redevient une **puissance régionale**. En 1951, elle reprend possession du Tibet (autonome depuis 1913) et défie les États-Unis lors de la guerre de Corée. Elle intervient également dans la guerre d'Indochine (1950-1953) et en Inde en 1962, pour annexer une partie du Cachemire.

▶ Le modèle soviétique nécessite de lourds investissements et sacrifie l'agriculture, alors que Mao doit nourrir une population toujours plus nombreuse. Il décide alors de rechercher une autre voie de développement.

HISTOIRE

2 ... à l'émergence d'un poids lourd du Tiers Monde

A La rupture avec l'Union soviétique et le « Grand Bond en avant »

▶ La mort de Staline en 1953 puis la déstalinisation impulsée par Khrouchtchev, à partir de 1956, décident Mao à lancer le « **Grand Bond en avant** » (1958-1961) : industrialisation des campagnes et collectivisation des terres avec la création des « communes populaires ».

▶ Ce **développement autocentré** est un immense échec, entraînant de graves famines. Les relations diplomatiques sont définitivement rompues avec le « grand frère » soviétique en 1963.

B L'affirmation d'un nouvel acteur du Tiers Monde

▶ En 1955, la Chine cherche à se poser comme chef de file des pays du Tiers Monde : elle annonce à Bandung son ralliement au **non-alignement** et dénonce l'existence d'un monde bipolaire.

▶ En 1966, Mao décide de purger le parti de ses éléments modérés et de limiter l'influence des valeurs traditionnelles. Les gardes rouges, jeunes Chinois embrigadés, sont le bras actif de la **révolution culturelle**.

CITATION « Il appartient aux peuples du monde entier de mettre fin à l'agression et à l'oppression de l'impérialisme et principalement de l'impérialisme américain. » M. Zedong, 1958

▶ Le maoïsme incarne cependant un espoir révolutionnaire pour de nombreux intellectuels déçus par l'URSS. Le ***Petit Livre rouge***, recueil des citations du Grand Timonier, se vend à 900 millions d'exemplaires dans le monde.

▶ Au début des années 1970, Mao décide de se rapprocher des États-Unis : la Chine récupère en octobre 1971 un siège au Conseil de sécurité de l'ONU. Nixon se rend en visite officielle en Chine en février 1972.

CONCLURE

Entre 1949 et 1978, la Chine retrouve sa puissance politique et joue un rôle majeur dans les relations internationales. Cependant, la politique intérieure de Mao, qui disparaît en 1976, laisse un pays exsangue économiquement et traumatisé culturellement, à l'écart de la mondialisation en phase d'accélération.

L'ouverture économique de la Chine depuis 1978

106

Comment la Chine est-elle parvenue à s'insérer dans la mondialisation ? Quelles sont les limites de sa puissance ?

1 De l'ouverture contrôlée à la puissance économique mondiale

A Les « quatre modernisations »

▶ Après la mort de Mao (1976), Deng Xiaoping lance une politique dite des « **quatre modernisations** ». Elle concerne l'agriculture, l'industrie, les technologies et la défense. Son but est d'entrer progressivement dans l'économie de marché.

▶ De 1978 à 1989, les terres sont décollectivisées et la production agricole augmente. Quatre **zones économiques spéciales** sont ouvertes aux investisseurs étrangers dans les provinces du Sud puis dans toutes les villes littorales. La Chine connaît un essor industriel sans précédent.

▶ De 1992 à 2001, la Chine se lance dans « **le socialisme de marché** », c'est-à-dire la conquête de certains secteurs industriels : jouet, textile, électronique, grâce à une main-d'œuvre peu onéreuse.

B Une puissance économique et financière

▶ De 8 à 10 % par an depuis 1980, la croissance de son PIB fait de la Chine la **2e puissance économique mondiale** depuis 2010. « Atelier du monde », elle inonde les marchés de produits manufacturés. Ce succès repose sur un bas niveau des salaires et une monnaie sous-évaluée et non convertible, le yuan.

▶ Grâce à ses forts excédents commerciaux et aux IDE, la Chine dispose de **réserves monétaires considérables**. Elle peut s'approvisionner en énergie, développer de nouveaux secteurs (automobile, aéronautique) et acheter des bons du Trésor américain. Elle affirme son rôle dans la gouvernance économique mondiale.

C Une influence culturelle qui se renforce

▶ La **diaspora chinoise**, organisée en communautés qui fonctionnent en réseau, diffuse la culture et les produits chinois à l'étranger.

▶ L'organisation des **Jeux olympiques de Pékin** (2008) et de l'Exposition universelle de Shanghai (2010) consacrent la reconnaissance du statut de grande puissance de la Chine.

2 Encore de nombreux défis à relever

A Une influence politique limitée

▶ **Rejetant le modèle démocratique occidental**, la Chine se méfie des organismes de gouvernance tels que l'ONU et préfère se cantonner à sa puissance économique.

▶ Le régime chinois continue d'être autoritaire. En 1989, la répression s'abat sur les étudiants réclamant une libéralisation politique **place Tiananmen**. De nombreux dissidents sont emprisonnés dans des *laogaï* (camps de travail).

▶ La Chine s'oppose à l'entrée de **Taïwan** à l'ONU, considérant l'île comme sa 23e province. Elle ne renonce pas non plus au **Tibet**.

B De fortes inégalités socio-spatiales

▶ La croissance économique favorise les classes moyennes urbaines du littoral, alors que la Chine de l'Ouest et de l'intérieur, rurale, accuse des retards de développement. L'**exode rural** accentue les déséquilibres du territoire chinois.

▶ Les jeunes diplômés sont touchés par le **chômage** : les postes à responsabilité sont souvent réservés aux fidèles du parti.

C De fortes dépendances et des atteintes à l'environnement

▶ La Chine doit **importer massivement** des matières premières, du pétrole, mais aussi des denrées alimentaires (blé).

▶ L'industrialisation et les grands projets d'aménagement (barrages, mines de charbon) augmentent les **pollutions** et les risques. La priorité de la Chine reste la **croissance** : lors des sommets de la Terre, elle refuse de signer les accords sur la réduction des gaz à effet de serre.

CONCLURE

La Chine est devenue une puissance économique grâce à son ouverture aux marchés mondiaux. Mais une grande part du territoire et de la population ne profite pas encore du développement. De plus, les besoins énergétiques de la Chine bouleversent les équilibres mondiaux.

Récap' express 107

Les États-Unis et la Chine au XXe siècle

LES DATES À RETENIR

Les États-Unis

1918	« 14 points » du président Wilson
1941	Entrée en guerre des États-Unis
1944.1945	Accords de Bretton Woods. Création de l'ONU
1947.1949	Doctrine Truman (endiguement). Création de l'OTAN
2001	Attentats contre le World Trade Center et le Pentagone Invasion de l'Afghanistan
2003	Invasion de l'Irak

La Chine

1949	Proclamation de la République populaire de Chine
1955	Conférence de Bandung
1958-1961	« Grand Bond en avant »
1978	Début de l'ouverture économique de la Chine
1989	Massacre de la place Tiananmen
2010	La Chine 2e puissance économique mondiale

LES BIOGRAPHIES

Thomas Woodrow Wilson (1856-1924)

Président des États-Unis de 1912 à 1920, il engage son pays dans la Première Guerre mondiale en 1917. En 1919, ses « 14 points » influencent les négociations de paix et la création de la SDN.

Franklin Delano Roosevelt (1882-1945)

Président américain de 1932 à 1945, il s'attaque à la crise économique par sa politique du New Deal et rompt avec l'isolationnisme américain.

Mao Zedong (1893-1976)

Membre fondateur du parti communiste chinois, il crée en 1949 la République populaire de Chine. Il impose un régime totalitaire, dont il est jusqu'à sa mort le principal dirigeant.

Deng Xiaoping (1904-1997)

Dirigeant de la République populaire de Chine de 1978 à 1992, il a permis l'ouverture du pays à l'économie de marché.

LE SCHÉMA À MÉMORISER

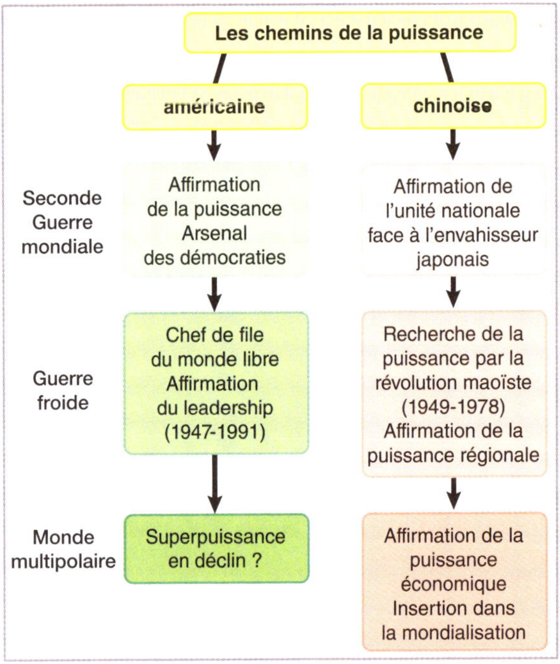

Les racines des conflits au Proche et au Moyen-Orient (1918-1945)

108

Comment les particularités de cette région et les évolutions qu'elle connaît dans la première moitié du XXe siècle en font-elles une zone instable ?

1 Une région stratégique et convoitée

A Une région carrefour…

▶ Le Proche-Orient – situé sur la bordure méditerranéenne – et le Moyen-Orient – centré sur le golfe Persique et la Mésopotamie – sont la **zone carrefour** entre l'Asie, l'Europe et l'Afrique.

▶ Plusieurs **détroits** constituent des points de passage stratégiques : Bosphore et Dardanelles, détroit d'Ormuz… Le **canal de Suez**, ouvert en 1869, offre le plus court chemin entre l'Europe et l'Inde.

B … et riche en pétrole

▶ La richesse pétrolière du Moyen-Orient **suscite l'intérêt** des puissances européennes depuis la fin du XIXe siècle. Mais ce n'est qu'après la Seconde Guerre mondiale que le pétrole devient la première source d'énergie mondiale.

▶ Attisant les convoitises, le pétrole **contribue à l'instabilité** de la région. Mais, tout au long du XXe siècle, il est aussi le principal **facteur d'intégration** du Moyen-Orient dans l'économie mondiale.

2 Une région en manque d'unité

A Un morcellement politique

▶ Jusqu'au début du XXe siècle, l'**Empire ottoman** couvre la majeure partie du Proche et du Moyen-Orient. Il est fragilisé par la montée des **nationalismes**, soutenus et exacerbés par les grandes puissances européennes.

▶ L'Empire ottoman fait partie des vaincus de la Première Guerre mondiale. Le **traité de Sèvres** (août 1920) organise son démembrement : il limite la Turquie au plateau anatolien et attribue plusieurs de ses provinces aux Britanniques (Irak, Transjordanie, Palestine) et aux Français (Syrie, Liban) sous forme de mandats.

HISTOIRE

B De nombreux clivages culturels et religieux

▶ Le Proche et le Moyen-Orient sont composés de **trois grands ensembles culturels** : les mondes arabe, turc et iranien. Ils sont le berceau des trois grandes religions monothéistes, qui y possèdent leurs villes saintes (Jérusalem, La Mecque, Médine).

▶ Largement majoritaires, les musulmans sont divisés entre **sunnites et chiites**. Les sunnites sont les plus nombreux, sauf en Iran, où le chiisme est la religion d'État, et en Irak. D'importantes minorités chiites vivent en Syrie et au Liban.

▶ Les **communautés juives et chrétiennes** sont présentes un peu partout. Les minorités chrétiennes sont diverses : maronites au Liban, coptes en Égypte, Arméniens, etc.

3 *Des aspirations nationales contradictoires*

A Des aspirations soutenues par les Occidentaux...

▶ Au XIXe siècle émerge un mouvement nationaliste arabe, qui souhaite la création d'un État rassemblant tous les Arabes (**panarabisme**). En Europe, le **mouvement sioniste** créé en 1897 prône l'installation des Juifs en Palestine.

▶ Pendant la guerre de 1914-1918, les Britanniques proposent la création d'un « foyer national pour le peuple juif » (**déclaration Balfour**, 1917). Mais, parallèlement, ils promettent aux Arabes de favoriser la création d'un État arabe.

B ... mais déçues après la Première Guerre mondiale

▶ Au lendemain de la guerre, les puissances occidentales créent plusieurs États arabes placés sous leur tutelle (**mandats**) et délimités en fonction de leurs intérêts.

▶ Les progrès de l'immigration juive entraînent des **affrontements** avec les Arabes. Mal soutenus par le Royaume-Uni, les colons juifs déclenchent une insurrection contre les forces britanniques en 1945.

CONCLURE

La puissance des sentiments nationalistes à l'origine de la dislocation de l'Empire ottoman, la présence britannique de plus en plus contestée, ainsi que l'importance stratégique et économique de la région, font du Proche et du Moyen-Orient une zone fragile et convoitée.

L'entrée en scène des deux Grands au Proche et au Moyen-Orient (1945-1956)

109

Comment les États-Unis et l'URSS se sont-ils imposés comme puissances dominantes et rivales au Proche et au Moyen-Orient ?

1 La guerre froide commence en Turquie et en Iran

▶ En 1945, l'URSS veut profiter de sa position de vainqueur de la guerre pour **étendre son emprise** sur les pays qui bordent sa frontière méridionale : la Turquie et l'Iran. Elle espère ainsi obtenir un accès aux détroits.

▶ Cette politique expansionniste entraîne une réaction américaine. Pour **« endiguer » le communisme**, les États-Unis soutiennent la Turquie, qui se trouve ainsi amarrée au bloc occidental dès 1947 : bénéficiaire du plan Marshall, elle adhère à l'OTAN en 1952. (→ FICHE 103)

▶ En 1953, les États-Unis intègrent l'Iran au bloc occidental en renversant le Premier ministre Mossadegh, qui avait nationalisé les ressources pétrolières du pays. Ils rétablissent dans ses pleins pouvoirs le shah, qui devient un solide soutien de leur politique au Moyen-Orient (le « **gendarme du Golfe** »).

▶ Le **pacte de Bagdad (1955)**, qui doit contribuer à l'endiguement du communisme, lie les États-Unis avec la Turquie, l'Irak, l'Iran, le Pakistan et le Royaume-Uni. L'Égypte le refuse.

2 La création de l'État d'Israël et la première guerre israélo-arabe (1948-1949) (→ FICHE 112)

▶ Le génocide des Juifs par les nazis impose à l'ensemble de la communauté internationale la **légitimité d'un État juif**. Trop affaibli pour résoudre seul la tension en Palestine, le Royaume-Uni confie la question à l'ONU.

▶ L'ONU propose un **plan de partage** en deux États, qui attribue 56 % du territoire à l'« État juif » et place Jérusalem sous administration internationale. Approuvé par les deux Grands (1947), ce plan est rejeté par les Palestiniens et les États arabes.

HISTOIRE

▶ À peine constitué, le 14 mai 1948, l'État d'Israël est confronté à une **coalition d'États arabes** : Égypte, Syrie, Transjordanie, Liban. Les Israéliens ont l'avantage et occupent 78 % de l'ancienne Palestine et Jérusalem-Ouest. Des accords d'armistice signés en 1949 mettent fin aux hostilités.

▶ La lutte contre Israël devient le ciment du nationalisme arabe, que défendent les États de la **Ligue arabe** depuis 1945.

3 La crise de Suez et l'effacement des anciennes puissances coloniales (1956)

A Les origines du conflit

▶ Après s'être imposé à la tête de la nouvelle république égyptienne (1954), **Nasser** veut faire de l'Égypte une nation prospère et indépendante. Il procède à une réforme agraire et choisit une **voie « socialiste » de développement**.

▶ Pour financer sa politique, il se tourne vers les États-Unis, qui refusent de lui accorder des crédits. Nasser réplique par la **nationalisation de la Compagnie du canal de Suez** le 26 juillet 1956 et se rapproche de l'URSS (financement du barrage d'Assouan).

CITATION « Les solutions réelles aux problèmes d'un peuple ne peuvent être calquées sur les expériences des autres peuples. »
G.A. Nasser, vers 1955

B Offensive militaire et retrait forcé des armées

▶ Furieux, les Britanniques et les Français organisent le 29 octobre 1956 une riposte militaire avec l'aide d'Israël.

▶ Les États-Unis et l'URSS les obligent à **cesser leur expédition** : les Soviétiques brandissent la menace de la bombe atomique ; les Américains menacent la stabilité monétaire de la livre et du franc. Cette victoire politique de Nasser signe la **perte d'influence européenne** au Moyen-Orient, y laissant les deux Grands face à face.

CONCLURE

Le Proche et le Moyen-Orient sont devenus un terrain d'affrontement entre les deux Grands, car ceux-ci ont réussi à s'imposer comme garants des intérêts contradictoires des nouveaux États, à la place des anciennes puissances coloniales européennes.

Le Proche et le Moyen-Orient dans la guerre froide (1956-1989)

110

Comment cette région a-t-elle en partie échappé à la guerre froide ?

1 Politique et objectifs des deux Grands

A L'URSS et les mouvements nationalistes arabes

▶ L'URSS veut débarrasser le Proche et le Moyen-Orient de l'**impérialisme occidental**, incarné d'abord par la France et le Royaume-Uni, puis par les États-Unis.

▶ Dans cette optique, après avoir soutenu Israël en 1947-1948, l'URSS privilégie les mouvements nationalistes arabes. Elle aide économiquement et militairement le **régime égyptien** de Nasser, dès 1955, et le **parti Baas** en Syrie et en Irak.

B Les États-Unis et le « consensus stratégique »

▶ Le président Eisenhower réplique en proposant lui aussi une aide économique et militaire, en 1957. Cette « **doctrine Eisenhower** » permet aux États-Unis de combler le vide stratégique entraîné par l'effacement des puissances coloniales suite à l'expédition de Suez.

▶ La politique des États-Unis au Moyen-Orient est guidée par la notion de **consensus stratégique**, qui combine la volonté de garantir la stabilité politique de la région, de protéger Israël et d'« endiguer » l'URSS.

2 Des ambitions régionales qui perturbent les calculs des deux Grands

▶ Le **soutien des États-Unis à Israël** conduit les régimes égyptien, syrien puis irakien à se rapprocher de l'URSS. Parvenus au pouvoir suite à des coups d'État militaires, ils sont animés d'une volonté réformatrice.

▶ Ces pays, et en particulier l'Égypte de Nasser, **champion du nationalisme arabe**, adoptent une voie « socialiste » de développement (réforme agraire, politique de grands travaux), sous la conduite d'un **pouvoir fort et autoritaire** (parti unique, répression des opposants).

▶ L'Arabie saoudite et la Jordanie demeurent des **monarchies conservatrices** qui choisissent le camp occidental, tout comme Israël, seul État démocratique de la région.

▶ La rivalité entre États progressistes et États conservateurs est un **facteur de déstabilisation**. En outre, les changements d'orientation perturbent les équilibres régionaux : ainsi, l'Égypte se rapproche des États-Unis après 1970.

3 *Les deux Grands et les guerres israélo-arabes*

(→ FICHE 112)

A La guerre des Six-Jours (juin 1967)

▶ Persuadé qu'Israël prépare une opération militaire, Nasser bloque **le golfe d'Akaba** pour entraver le ravitaillement d'Israël, et se joint à l'Irak et à la Jordanie par un pacte militaire.

▶ Le 5 juin 1967, Israël pilonne au sol l'aviation arabe, puis en six jours, ses troupes s'emparent de nombreux territoires : le Sinaï, la bande de Gaza, la Cisjordanie, le plateau du Golan. L'ONU impose le cessez-le-feu et adopte six mois plus tard la **résolution 242**, qui pose les principes d'un règlement en vue d'une paix durable.

B La guerre du Kippour (octobre 1973)

▶ Anouar el-Sadate, qui a succédé à Nasser à la tête de l'Égypte, veut venger l'humiliation arabe de 1967. Le jour de la fête juive du Grand Pardon, son armée **envahit par surprise le Sinaï** pendant que la Syrie attaque le Golan. Après une contre-offensive israélienne, avec l'aide américaine, l'ONU impose le cessez-le-feu.

▶ Le conflit se double d'une « **guerre du pétrole** » : réunis à Koweït, les pays arabes producteurs décident une hausse de 70 % du prix du pétrole brut ainsi qu'un embargo contre les pays soutenant Israël.

▶ Après la guerre, l'Égypte accepte la politique des « petits pas » proposée par les États-Unis. En septembre 1978, l'Égypte et Israël signent à Camp David un **traité de paix** et normalisent leurs relations diplomatiques, Israël évacuant le Sinaï.

CONCLURE

Les rivalités complexes qui déchirent le Proche et le Moyen-Orient empêchent les deux Grands d'imposer leur domination aux acteurs régionaux.

De nouveaux facteurs de déstabilisation depuis la fin des années 1970

111

Quels éléments font évoluer les conflits au Proche et au Moyen-Orient ?

1 La montée de l'islamisme politique

A Les origines de l'islamisme

▶ L'émergence de l'islamisme est favorisée, au cours des années 1970, par les États-Unis et son alliée, **l'Arabie saoudite**. Riche en pétrole, celle-ci finance les mouvements islamistes dans le monde arabe.

▶ Dans plusieurs pays, le **rôle politique** des islamistes s'accroît (ex. : Frères musulmans en Égypte). Ils se retournent contre les États-Unis et, pour certains, recourent au **terrorisme**.

B La révolution iranienne

▶ Le 16 janvier 1979, le shah est renversé par un mouvement de contestation, ce qui permet à **l'ayatollah Khomeyni** de rentrer d'exil. Une nouvelle constitution consacre la domination des fondamentalistes religieux.

▶ Ce changement de régime **déstabilise la région**. L'Iran se rapproche de la Syrie et soutient des mouvements radicaux (ex. : Hezbollah au Liban).

2 Les ambitions de l'Irak

A La guerre Iran-Irak (1980-1988)

▶ À partir de 1979, **Saddam Hussein** dirige l'Irak, alors en plein développement. Il craint que l'arrivée au pouvoir de Khomeyni ne provoque un soulèvement des chiites irakiens.

▶ En 1980, il attaque l'Iran en prenant pour prétexte un différend territorial : le fleuve Chatt al-Arab, **zone pétrolière** de première importance. Il est soutenu par les Occidentaux.

▶ L'Iran réagit par une gigantesque mobilisation religieuse, politique et militaire, qui entraîne les deux pays dans une **guerre d'usure très meurtrière** (un million de victimes). En 1988, un cessez-le-feu est imposé par l'ONU.

B La guerre du Golfe (1990-1991)

▶ L'**Irak envahit le Koweït** le 2 août 1990, pour s'emparer de ses richesses pétrolières.

▶ L'ONU réagit par une campagne militaire sous commandement américain, « **Tempête du désert** » (janvier-mars 1991), qui contraint l'Irak à retirer ses troupes.

3 Les incertitudes du début du XXIe siècle

A L'intervention américaine et ses conséquences (→ FICHE 104)

▶ Le **11 septembre 2001**, les États-Unis sont violemment frappés par le terrorisme islamiste d'**al-Qaïda**. Ils réagissent en attaquant l'Afghanistan, puis l'Irak (mars-avril 2003).

▶ Malgré un succès rapide dans les deux pays, **les États-Unis s'y enlisent**. Le maintien de leurs troupes et leur volonté d'instaurer des régimes démocratiques rencontrent de vives oppositions.

▶ À la fin de l'année 2011, l'armée américaine quitte l'Irak et achève son retrait de l'Afghanistan en 2014.

B Espoirs et menaces

▶ À partir de 2011, un ensemble de mouvements populaires, partis de Tunisie et d'Égypte, réclame le départ des dictateurs et l'instauration de la démocratie : c'est le « **printemps arabe** ». Il se propage en Libye, au Yémen, dans les États du Golfe et en Syrie où il se traduit par une guerre civile (**Bachar el-Assad**, chef d'État, est soupçonné d'utiliser l'arme chimique).

▶ Porteur d'espoir, il ouvre sur un avenir incertain dans des pays où toute opposition fut muselée pendant des décennies.

▶ **Deux alliances stratégiques** se disputent la prépondérance régionale : l'une, à dominante chiite, entre la Syrie et l'Iran, intégrant le Liban ; l'autre orchestrée par l'Arabie saoudite, qui se pose en chef de file du monde arabe. L'Iran est par ailleurs soupçonné de développer un **programme d'armement nucléaire**.

CONCLURE

Le terrorisme islamiste et l'affrontement des ambitions régionales maintiennent le Proche et le Moyen-Orient dans l'instabilité. Le « printemps arabe » de 2011 pourrait toutefois modifier la géopolitique de la région.

Le conflit israélo-palestinien

112

Comment les enjeux du conflit israélo-palestinien rendent-ils si difficile la conclusion d'une paix ?

1 Les origines de la question palestinienne

▶ Le **sentiment national palestinien** émerge à la fin du XIXe siècle et se renforce après l'exil imposé en 1948, la création d'Israël, les guerres successives et la résistance à l'occupation israélienne.

▶ En 1964, **l'OLP** (Organisation de libération de la Palestine) est créée sur décision de la Ligue arabe. **Yasser Arafat**, dirigeant du Fatah, en prend la tête en 1969. En 1974, elle obtient un statut d'observateur à l'ONU.

▶ Le terrorisme, moyen d'action choisi par l'OLP, dessert sa cause. Il révèle cependant la mutation du problème palestinien, qui passe de la question des réfugiés à celle d'un « **peuple sans État** ».

CITATION « Je viens à vous avec un rameau d'olivier dans la main gauche et une mitraillette dans la droite. Ne faites pas tomber le rameau d'olivier. » Y. Arafat, 1974

2 Des conflits à répétition

A Les guerres israélo-arabes

▶ **Quatre guerres** opposent Israël à ses voisins arabes, en 1948-1949, 1956, 1967 et 1973. À chaque fois, l'État hébreu sort victorieux, grâce au soutien militaire des États-Unis. (→ FICHES 109 ET 110)

▶ Après **la guerre du Kippour** (1973), l'Égypte, qui a choisi l'ouverture vers l'Occident, engage des **négociations de paix** avec Israël, qui aboutissent en 1978.

▶ En réaction, des pays arabes constituent un « **front de la fermeté** » contre le processus de paix et excluent l'Égypte de la Ligue arabe.

B Les guerres du Liban (1975-1990)

▶ Le terrain d'affrontement se déplace alors au Liban, que l'OLP utilise comme base arrière. L'OLP s'allie avec les partis progressistes libanais. En 1975, le Liban plonge dans la **guerre civile**.

HISTOIRE

▶ Longue et meurtrière, celle-ci est marquée par les **interventions de la Syrie et d'Israël**. En 1982, par l'opération « Paix en Galilée », Israël envahit le Liban et assiège Beyrouth. L'OLP doit évacuer la ville.

C Le soulèvement des territoires occupés

▶ En 1987, les Palestiniens de Gaza et de Cisjordanie se révoltent contre l'occupation israélienne, déclenchant la **première Intifada**.

▶ La population, née sous l'occupation, est mue par la volonté de reconquérir liberté et dignité, au moment où **Israël implante des colonies** dans les territoires occupés.

3 *L'échec des processus de paix successifs*

A Les espoirs déçus d'Oslo

▶ En novembre 1988, l'OLP proclame l'existence d'un **État palestinien indépendant** et condamne le terrorisme. En 1993, les **accords d'Oslo** ouvrent un processus de paix et créent l'Autorité palestinienne, tandis qu'Israël et l'OLP se reconnaissent mutuellement.

▶ Cependant, des divergences dans l'application de l'accord, la reprise d'attentats palestiniens et l'intransigeance du **Premier ministre Netanyahou** bloquent le processus.

B Des horizons incertains

▶ Une **seconde Intifada** éclate en septembre 2000, en réaction à la visite du chef du Likoud, **Ariel Sharon**, sur l'esplanade des Mosquées à Jérusalem. La bande de Gaza est évacuée en 2005.

▶ Les **progrès électoraux du Hamas**, de mouvance islamiste, perturbent les équilibres au sein de l'Autorité palestinienne, rendant difficile une stabilisation politique. À partir de 2007, deux gouvernements palestiniens coexistent, l'un à Gaza tenu par le Hamas, l'autre en Cisjordanie, contrôlé par le Fatah.

CONCLURE

Le conflit israélo-palestinien, qui, à la suite de la création de l'OLP, procède du conflit israélo-arabe, occupe une place centrale dans l'instabilité du Proche et du Moyen-Orient. Les problèmes de la reconnaissance de l'État d'Israël par ses voisins et de la création d'un État palestinien ne sont toujours pas réglés.

Récap' express 113

Le Proche et le Moyen-Orient, un foyer de conflits depuis la fin de la Première Guerre mondiale

LE SCHÉMA À MÉMORISER

Le Proche et le Moyen-Orient, un foyer de conflits

Richesse en pétrole
Région carrefour

Morcellement politique suite à l'effondrement de l'Empire ottoman

Clivages culturels et religieux

Impérialismes :
- France, Royaume-Uni
- États-Unis, URSS

Des ambitions régionales :
- Égypte
- Irak
- Iran, Syrie
- Arabie saoudite

Guerres israélo-arabes
Conflit israélo-palestinien

Guerre civile au Liban

Terrorisme islamiste

Des interventions extérieures :
- Suez, 1956
- Afghanistan, 2001
- Irak, 2003-2011

LES BIOGRAPHIES

Gamal Abdel Nasser (1918-1970)

▶ En 1954, il s'impose à la tête de la nouvelle république égyptienne, qu'il engage dans une voie « socialiste » de développement.

▶ Il nationalise le canal de Suez en 1956, ce qui lui vaut un grand prestige dans le monde arabe.

HISTOIRE

Yasser Arafat (1929-2004)

▶ Il fonde le Fatah (Mouvement de libération nationale de la Palestine) en 1959. En 1969, il prend la tête de l'OLP.

▶ Il signe les accords d'Oslo avec Shimon Peres et Yitzhak Rabin.

Saddam Hussein (1937-2006)

▶ Leader du parti Baas, il devient chef de l'État irakien en 1979 et instaure une dictature. Il déclenche la guerre contre l'Iran puis la guerre du Golfe.

▶ Soupçonné de posséder des « armes de destruction massive », il est attaqué en 2003 par les États-Unis et la Grande-Bretagne. Il est condamné à mort et pendu le 30 décembre 2006.

LES DATES À RETENIR

1917	Déclaration Balfour
1920	Le traité de Sèvres attribue des mandats aux Britanniques et aux Français
1948	Création de l'État d'Israël
1948-1949	Première guerre israélo-arabe
1956	Crise de Suez. Deuxième guerre israélo-arabe
1967	Guerre des Six-Jours (troisième guerre israélo-arabe)
1973	Guerre du Kippour (quatrième guerre israélo-arabe)
1975-1990	Guerre civile au Liban
1980-1988	Guerre Iran-Irak
1987	Première Intifada
1990-1991	Guerre du Golfe
1993-1995	Accords d'Oslo
2000	Seconde Intifada
2005	L'armée israélienne évacue la bande de Gaza
2011	« Printemps arabe »

Gouverner la France de 1946 aux années 1970 : moderniser le pays et renforcer la nation

114

Comment les missions de l'État évoluent-elles pendant les Trente Glorieuses ?

1 D'un État centralisateur à un État modernisateur

A Les missions de l'État : le poids des héritages

▶ En France, les premières institutions se mettent en place dès le XIIIe siècle et la **centralisation** s'affirme sous l'Ancien Régime. À la Révolution, le **jacobinisme** introduit une pratique centralisée et technocratique du pouvoir. Le pays est divisé en **départements**, dans lesquels les préfets sont à partir de 1800 les relais de l'État.

▶ Les deux guerres mondiales conduisent l'État à exercer une plus grande emprise sur la vie économique en organisant le ravitaillement, le rationnement et la production.

B L'État dirige la reconstruction

▶ Au sortir de la Seconde Guerre mondiale, pour reconstruire le pays, l'État s'engage dans le dirigisme économique en créant le Commissariat général au **Plan** (1946). De nombreuses entreprises privées sont **nationalisées** dans les secteurs stratégiques : charbon, électricité, gaz, chemins de fer, banques.

▶ À partir de 1945, les représentants de l'État sont formés à l'ENA. Dans le domaine économique, ils luttent contre l'inflation et incitent à la production de biens de consommation.

C L'État devient acteur de la modernisation

▶ Afin de relancer la recherche, l'État crée en 1945-1946 le Commissariat à l'énergie atomique (**CEA**) et l'Institut national de la recherche agronomique (**INRA**). Dans les années 1960, la croissance est tirée par des **secteurs de pointe** : pétrochimie, automobile, aéronautique. L'État les soutient par des commandes publiques et favorise la constitution de grands groupes.

▶ Pour **moderniser l'agriculture**, les lois d'orientation de 1960 et 1962 introduisent de nouvelles méthodes de culture (maïs, sélections animales, engrais) et incitent à la mécanisation et au remembrement.

2 *L'État assure le lien social : le renforcement de l'État-nation*

A Avant 1946, l'État construit la nation

▶ La nation est une **communauté d'individus**, liée à un État et à un territoire donné, fondée sur la conscience de caractéristiques communes et la volonté de vivre ensemble.

▶ L'action centralisatrice du pouvoir royal a contribué à l'émergence de la nation sous l'Ancien Régime. Avec la **Déclaration des droits de l'homme et du citoyen (1789)**, la nation devient souveraine : l'État est son incarnation.

▶ Au XIXe siècle, plusieurs lois contribuent à **renforcer le sentiment national** : service militaire obligatoire (1798), suffrage universel (1848, étendu aux femmes en 1944), politique scolaire de Jules Ferry (1881-1882).

B Après 1946, l'État renforce la nation

▶ Les gouvernements de la IVe République mettent en place un **État-providence** : Sécurité sociale, allocations familiales, salaire minimum, etc.

▶ Afin de renforcer la cohésion du territoire, l'État crée la Direction à l'aménagement du territoire et à l'action régionale (**DATAR**) en 1963 et construit un réseau d'autoroutes. Certaines villes obtiennent le statut de métropoles d'équilibre (Lille-Roubaix-Tourcoing, Lyon, Marseille, etc.). Des villes nouvelles, des zones industrialo-portuaires et des stations balnéaires et de sports d'hiver, sont aménagées.

CONCLURE

Entre 1946 et 1973, l'État dirige la reconstruction et la modernisation du pays. Cette naissance de l'État providence modernisateur permet de renforcer la cohésion nationale.

Le renforcement du pouvoir exécutif sous la Vᵉ République

115

Comment l'évolution des institutions renforce-t-elle les pouvoirs du président de la République depuis 1962 ?

1 La Vᵉ République, un régime présidentiel qui s'affirme

A Un fondement : l'élection au suffrage universel

▶ En 1962, le général de Gaulle propose aux Français d'élire le président de la République au **suffrage universel direct**. Jusque-là élu par les parlementaires, le président verrait ainsi sa légitimité renforcée.

▶ Approuvée par 62 % des voix, cette réforme constitutionnelle assoit la **prééminence du président de la République** au sein de l'exécutif et lui confère une légitimité supérieure au Parlement.

B Un régime contesté

▶ Le scrutin majoritaire lors des élections législatives favorise les grands partis et la **bipolarisation de la vie politique**.

▶ À partir de 1965, les résultats des gaullistes aux élections sont en baisse. L'opposition accuse de Gaulle de « dérive monarchique », il est cependant réélu.

CITATION « À travers tant de peines, tant de larmes et de sang, […] il y a entre nous, Françaises, Français, et moi-même, un lien exceptionnel qui m'investit et qui m'oblige. »
De Gaulle, 1962

▶ **La crise éclate en mai 1968.** Étudiants et ouvriers remettent en cause la société de consommation, les institutions et les valeurs traditionnelles (→ FICHE 100). Mais après la dissolution de l'Assemblée nationale par de Gaulle, le 30 mai, les gaullistes triomphent aux élections législatives.

▶ En avril 1969, de Gaulle propose aux Français un **référendum** sur une importante réforme de l'État : régionalisation et réforme du Sénat. Elle est rejetée à 53 %. De Gaulle démissionne.

HISTOIRE

▶ Georges Pompidou, qui lui succède jusqu'en 1974, puis Valéry Giscard d'Estaing (1974-1981), maintiennent les prérogatives du chef de l'État et atténuent la bipolarisation de la vie politique en gouvernant au centre.

2 La stabilité de l'État menacée par les cohabitations ?

A L'alternance et la cohabitation : de nouvelles situations politiques

▶ Le 10 mai 1981, **la gauche accède au pouvoir** pour la première fois dans la Ve République. En 1986, une situation institutionnelle inédite apparaît : suite à la défaite de la gauche aux législatives, le président François Mitterrand est contraint de nommer Jacques Chirac, leader de la droite, au poste de Premier ministre.

▶ Durant la **cohabitation**, le président garde la primauté en politique étrangère mais ne peut s'opposer à la politique intérieure du Premier ministre. Cette situation se reproduit de 1993 à 1995 et de 1997 à 2002.

B La volonté d'éviter les cohabitations pour assurer la stabilité de l'État

▶ En 2000, le mandat présidentiel est réduit à 5 ans (**quinquennat**) et s'aligne sur celui des députés. Cela renforce la prééminence du président sur le Premier ministre. De plus, avec la tenue des élections législatives quelques semaines après les présidentielles, une cohabitation devient improbable.

▶ Élu président en 2007, Nicolas Sarkozy affirme vouloir « agir sur tout ». La **révision constitutionnelle de 2008** autorise le président de la République à s'exprimer devant le Parlement réuni en Congrès à Versailles. Jusque-là, seuls le Premier ministre et son gouvernement possédaient cette prérogative. Mais cette réforme limite le nombre de mandats présidentiels consécutifs à deux.

CONCLURE

À partir de 1962, le pouvoir du président est renforcé par son élection au suffrage universel. Puis, après avoir reculé durant les périodes de cohabitation, il progresse à nouveau grâce à la réforme du quinquennat.

L'érosion des pouvoirs de l'État depuis la fin des années 1970

116

Comment la mondialisation et la construction européenne remettent-elles en question le rôle de l'État en France ?

1 *L'État affaibli par la mondialisation et la construction européenne*

A La mondialisation réduit les marges de manœuvre de l'État

▶ Avec la mondialisation, la France est **concurrencée** par ses partenaires commerciaux ainsi que par les nouveaux pays industrialisés. Certaines entreprises sous-traitent et délocalisent de nombreuses activités. Les licenciements se multiplient.

▶ La hausse du chômage et des dépenses de santé augmente la **dette publique**. Pour la combler, l'État mène des **politiques de rigueur**. Ainsi, en 1986, Jacques Chirac privatise une partie des secteurs nationalisés par la gauche en 1981.

▶ Ce **retrait de l'État** est poursuivi par les gouvernements suivants. Nicolas Sarkozy réduit le nombre de fonctionnaires et les dépenses de la Sécurité sociale.

B Les transferts de souveraineté à l'Europe (→ FICHES 118 À 121)

▶ Depuis 1957, les chefs d'État lient la puissance de la France aux progrès de la construction européenne. Pour parvenir à la monnaie unique, **le traité de Maastricht** (1993) fixe des critères de convergence en termes de déficit budgétaire (3 %) et de dette publique (moins de 60 % du PIB).

▶ La mise en place de **l'euro, le 1er janvier 2002**, permet à la France de disposer d'une monnaie solide, capable de rivaliser avec le dollar. Mais une monnaie forte réduit les exportations à l'échelle mondiale.

2 *Un recul à nuancer*

A L'État délègue une partie de ses pouvoirs...

▶ Les **lois Defferre de 1982-1983** marquent une étape décisive dans le processus de décentralisation, en dotant les collectivités territoriales de pouvoirs nouveaux.

HISTOIRE

▶ À partir de 1992, ce processus connaît une nouvelle impulsion avec la possibilité de créer des « **communautés de communes** ». En 2003, les transferts de compétences se poursuivent.

B … mais continue d'assumer ses missions

▶ Lorsqu'elle est au pouvoir (1981-1986, puis 1988-1993), la gauche se veut **plus interventionniste** : nationalisations, impôt sur les grandes fortunes, cinquième semaine de congés payés, retraite à 60 ans, création du RMI (1989). Lionel Jospin (1997-2002) instaure la couverture maladie universelle (CMU).

▶ Même dans le contexte de la mondialisation, les discours et les actes de l'État restent **volontaristes**. Les prélèvements obligatoires sont passés de 25 % du PIB en 1945 à 45 % aujourd'hui, et le nombre de fonctionnaires a augmenté (de 1 à 4,8 millions).

▶ Depuis la crise financière débutée en 2008, l'État tente de retrouver son **rôle de régulateur** : plan de sauvetage des banques, lancement d'un grand emprunt national, réduction du nombre de fonctionnaires. Mais l'impact de ces interventions est minimisé par la globalisation. (→ FICHES 122 à 125)

C Le rapport de la nation à l'État a changé

▶ Depuis vingt ans, les Français, en tant que contribuables, semblent souhaiter moins d'État, c'est-à-dire **moins d'impôts**. En même temps, leur **demande de services publics** est toujours croissante dans les domaines de l'éducation, de la santé, de la sécurité alimentaire, de l'environnement.

▶ Ainsi, la nation a renforcé le **rôle législateur de l'État** et son **aspect bureaucratique**. L'intervention publique est devenue considérable dans les domaines de la vie quotidienne : tri des déchets, normes de fabrication, sécurité des habitations privées, etc.

▶ Une frange importante de la nation reste encore attachée à la souveraineté de l'État, comme en témoigne le **refus du projet de Constitution européenne** en juin 2005. (→ FICHE 120)

CONCLURE

La globalisation financière réduit la capacité d'action de l'État en matière économique. Néanmoins, les Français souhaitent maintenir l'État dans sa mission de garant de la cohésion sociale.

Gouverner un État-nation : la France depuis 1946

LES DÉFINITIONS

▶ **État** : organisation permanente qui assure la direction politique et administrative d'une nation. Il doit donc être distingué du gouvernement. En France, l'État républicain est fondé sur une Constitution qui garantit la séparation des pouvoirs et détermine le fonctionnement des institutions. L'État tient sa légitimité de la souveraineté nationale qui s'exprime par le suffrage universel.

▶ **État-nation** : État qui correspond à une nation souveraine et homogène, par opposition à un État multinational, composé de plusieurs nationalités identifiées par des caractères culturels communs.

▶ **État providence** : ensemble des interventions de l'État ayant pour but d'assurer le bien-être de la population, grâce à un système de redistribution des richesses (cotisations obligatoires).

▶ **décentralisation territoriale** : transfert de compétences de l'État à des collectivités territoriales, dont les représentants (maires, conseillers départementaux, conseillers régionaux) sont élus par la population. Elle vise à rééquilibrer les pouvoirs sur le territoire et à rapprocher le processus de décision des citoyens.

▶ **jacobinisme** : courant politique tirant son nom du club des Jacobins sous la Révolution. Il est partisan d'un État centralisé dans lequel la haute administration exerce le pouvoir de façon uniforme sur tout le territoire.

LE SCHÉMA À MÉMORISER

Le pouvoir de l'État entre renforcement et affaiblissement

1946-1981 L'État modernisateur

En politique
- Passage du régime parlementaire de la IVe République au renforcement du pouvoir exécutif de la Ve République
- Construction européenne
- Aménagement du territoire

En économie
- Planification de la reconstruction
- État providence : État régulateur de la croissance économique

Depuis 1981 L'État « incitateur » et ses limites

En politique
- Alternance et cohabitations
- Décentralisation
- Aménagement de nouveaux territoires (intercommunalité, pôles de compétitivité)

En économie
- Politiques de relance ou de rigueur
- Recul de l'État face à la mondialisation et à la construction européenne
- Demande de la nation de plus de services publics
- Essor de l'État législateur

Les premières étapes d'un projet politique européen (1948-fin des années 1960)

118

Comment, à partir de 1948, les pays d'Europe occidentale tentent-ils de coopérer à l'échelle continentale pour éviter un nouveau conflit ?

1 *L'après-guerre, un contexte favorable à la construction européenne*

A L'atlantisme aux origines de la construction européenne

▶ En 1945, les États européens prennent conscience de ce qui les unit : la démocratie libérale, le libéralisme économique et la volonté d'éviter une nouvelle guerre.

▶ Le 17 mars 1948, la France, le Royaume-Uni, la Belgique, les Pays-Bas et le Luxembourg signent le **pacte de Bruxelles**, traité de défense collective. Mais la protection militaire américaine (**atlantisme**) prévaut sur un projet européen autonome : le 4 avril 1949, dix États d'Europe de l'Ouest signent le traité de l'Atlantique Nord, fondateur de l'OTAN.

▶ L'Organisation européenne de coopération économique (OECE), créée le 16 avril 1948, réunit les 16 pays bénéficiaires du plan Marshall. Elle renforce la coopération européenne.

B Deux visions de l'Europe politique

▶ Réunissant 17 pays européens, le **congrès de La Haye** (7-10 mai 1948) marque le début de la construction européenne. Les **fédéralistes**, favorables à un transfert partiel de la souveraineté des États à des institutions supranationales, s'y opposent aux **unionistes**, qui souhaitent une simple coopération économique entre les États (approche intergouvernementale).

▶ Les unionistes l'emportent dans les débats. Le congrès appelle à la libre circulation des marchandises, la coordination des politiques économiques, la mobilité de la main-d'œuvre. Les « **pères de l'Europe** » (Monnet, Schuman, De Gasperi, Spaak, Adenauer) ont conscience que le **rapprochement des peuples** ne pourra résulter que d'un **lent processus**.

2 Un projet politique difficile à mettre en œuvre

A Réussites et échecs de l'Europe politique

CITATION « Ne soyons plus anglais ni français ni allemands. Soyons européens. » V. Hugo, 1887

▶ Le 9 mai 1950, le gouvernement français propose de créer une haute autorité franco-allemande pour la production de charbon et d'acier (**plan Schuman**). Sous une apparence économique, l'objectif est politique : des pays s'échangeant des produits stratégiques ne se font pas la guerre. Le 18 avril 1951, la Communauté européenne du charbon et de l'acier (**CECA**) est fondée par la RFA, l'Italie, la France, le Luxembourg, la Belgique et les Pays-Bas.

▶ Le traité de Communauté européenne de défense (**CED**), signé en 1952, naît de la nécessité d'envisager le réarmement de la RFA. Mais, le 30 août 1954, l'Assemblée nationale française en **rejette la ratification**, mettant ainsi fin au projet d'une union politique.

B La construction d'une Europe avant tout économique

▶ Les pères de l'Europe misent désormais sur l'intégration économique comme préalable à l'union politique, ce qui aboutit aux **traités de Rome** (25 mars 1957) fondant la Communauté économique européenne (**CEE**) et la Communauté européenne de l'énergie atomique (Euratom).

▶ À partir de 1958, le général de Gaulle remet en cause l'alignement atlantiste. Il propose une **Europe plus politique** (plans Fouchet, 1961-1962) dans laquelle le Conseil, organe intergouvernemental, serait tout-puissant. Les autres pays s'y opposent, par peur d'une hégémonie française.

▶ En 1965, les décisions du Conseil se prennent non plus à l'unanimité mais à la majorité. De Gaulle paralyse la CEE par la « politique de la chaise vide » jusqu'à ce que la **règle de l'unanimité** soit rétablie.

CONCLURE

De 1948 à la fin des années 1960, les pères de l'Europe échouent à construire une Europe politique. L'intégration économique, plus pragmatique et plus facile à réaliser, prend le dessus. Néanmoins, le projet européen permet à la paix de triompher.

Définir un projet européen : de la CEE à l'Union européenne (1969-1993)

119

Quelles sont les étapes qui permettent de passer d'un projet resté économique à une construction plus politique ?

1 L'unification de l'Europe de l'Ouest

A Une communauté attractive

▶ En 1969, après le départ du général de Gaulle, **l'arrivée au pouvoir de nouveaux dirigeants** en France (Georges Pompidou) et en Allemagne (Willy Brandt) relance la construction et l'élargissement de l'Europe. Le 1er janvier 1973, le Royaume-Uni, l'Irlande et le Danemark intègrent la CEE.

▶ La Grèce (1981), l'Espagne et le Portugal (1986), puis l'Autriche, la Suède et la Finlande (1995), rejoignent à leur tour la Communauté. **Les candidatures se multiplient**.

B L'approfondissement des institutions communautaires

▶ Le sommet de Paris (1974) décide la création d'un **Conseil européen**, composé des chefs d'État et de gouvernement, pour fixer les orientations des politiques communautaires. À partir de 1979, le **Parlement européen** est élu au suffrage universel direct, ce qui lui confère une autorité nouvelle.

▶ Les années 1980 marquent l'accélération de la construction européenne. François Mitterrand en France, Helmut Kohl en Allemagne et Jacques Delors, à la tête de la Commission européenne, entendent renforcer l'intégration des différents pays. En 1985, les **accords de Schengen** permettent la libre circulation des hommes entre les pays signataires (France, RFA et Benelux).

▶ Le 17 février 1986, **l'Acte unique** réforme les institutions de la CEE, officialise le rôle dirigeant du Conseil européen, augmente le pouvoir de la Commission et du Parlement et étend très largement le vote à la majorité.

C Une construction inachevée

▶ Ces progrès de la dimension supranationale suscitent les réticences de certains pays, en particulier le Royaume-Uni. Son Premier

HISTOIRE

ministre, Margaret Thatcher, est **souverainiste**. Elle obtient une forte réduction de la contribution financière de son pays au fonctionnement de la communauté.

▶ À la fin des années 1980, la CEE reste une **entité purement économique**, sans dimension sociale et avec des institutions politiques faibles. Chaque État membre lui verse une contribution financière inférieure à 1 % de son PIB.

2 *La nouvelle donne européenne : l'Europe de Maastricht*

À partir de 1991, la **fin de l'ordre bipolaire** qui réglait les relations internationales depuis 1945 donne à la CEE l'occasion d'imposer son indépendance et de se rapprocher de l'Europe de l'Est.

A Le traité de Maastricht

▶ Le 7 février 1992, le traité de Maastricht fonde **l'Union européenne** (UE) et prévoit l'instauration d'une monnaie unique en 1999.

▶ Il met en place un **cadre plus politique** pour l'intégration des différents pays : coopération en matière de politique étrangère et de sécurité commune (PESC) et en matière judiciaire et pénale, création du statut de **citoyen européen**. Celui-ci permet de résider librement dans la communauté, de voter et d'être élu pour les élections européennes et municipales dans l'État de résidence.

B Les limites et les obstacles à Maastricht

▶ Après avoir rejeté le traité, les Danois en obtiennent un remaniement afin de rester dans l'UE. Les Français ne l'adoptent qu'à une faible majorité (51 %), et il n'entre en vigueur que le 1er novembre 1993.

▶ Le **manque de transparence des procédures** qui requièrent souvent l'unanimité aboutit à des marchandages voire à des pressions entre États membres.

CONCLURE

L'élargissement de la communauté européenne et l'approfondissement de ses institutions mettent en place un projet original. Ni Europe des États, ni Europe fédérale, l'UE ressemble à une « fédération d'États-nations » (J. Delors). Néanmoins, à mesure qu'elle s'élargit et se complexifie, elle rencontre un certain nombre de résistances.

L'adaptation de l'Union européenne au monde d'aujourd'hui

120

En quoi l'adaptation à la mondialisation rend-elle nécessaire un nouveau projet européen à partir des années 1990 ?

1 L'adaptation à la mondialisation : de nouveaux membres, un nouveau projet

A L'union économique renforcée

▶ La **monnaie commune**, l'euro, est introduite sur les marchés financiers en 1999, puis mise en circulation en 2002. Elle est gérée par la Banque centrale européenne (**BCE** créée en 1997).

▶ La « **zone euro** » compte dix-neuf membres, qui ont dû respecter plusieurs critères pour l'intégrer : un déficit public inférieur à 3 % du PIB, une dette ne dépassant pas 60 % du PIB. La Lettonie fait partie de la zone euro depuis 2014 et la Lituanie doit l'intégrer en 2015.

▶ La monnaie est un **élément unificateur de l'Europe**. La vigueur de l'euro face au dollar est bénéfique pour les entreprises, sauf celles qui facturent en dollar (ex. : Airbus). La mise en place de l'euro permet aussi une meilleure intégration à la mondialisation.

B Une Europe élargie

▶ Entré en vigueur le 1er février 2003, le **traité de Nice** réforme les institutions de l'Union en vue de son élargissement. Il définit un équilibre entre grands et petits États, plus nombreux, et, pour l'adoption des décisions par le Conseil des ministres, remplace le vote à l'unanimité par la majorité qualifiée.

▶ Le **1er mai 2004** s'opère le **plus grand élargissement** jamais réalisé par l'UE, avec huit pays d'Europe centrale et orientale (Estonie, Lettonie, Lituanie, Slovaquie, Slovénie, Pologne, République tchèque, Hongrie), ainsi que Chypre et Malte.

▶ Le 1er janvier 2007, c'est au tour de la Bulgarie et de la Roumanie de rejoindre l'UE. En juillet 2013, la Croatie y entre à son tour.

HISTOIRE

2 Le besoin d'adhésion des citoyens : le projet de Constitution européenne

▶ Officiellement prévu depuis 2001, un projet de **Constitution européenne** est adopté le 29 octobre 2004. Il prévoit entre autres l'élection d'un président du Conseil européen tous les deux ans.

▶ Soumis aux différents pays par voie référendaire ou parlementaire, le traité constitutionnel est **rejeté par les Français et les Néerlandais** en 2005. Cet événement constitue l'un des échecs les plus importants de la construction européenne.

▶ La volonté de sanctionner les gouvernements en place ou le rejet des dispositions du traité peuvent expliquer ces votes négatifs. Une partie des citoyens a le sentiment de ne pas être associée à la construction européenne.

▶ Adopté par le Conseil européen le 23 juin 2007, le **traité « modificatif » de Lisbonne** symbolise la volonté de surmonter l'échec de 2005. Ratifié par tous les États membres (en France par voie parlementaire), il entre en vigueur le 1er décembre 2009.

3 Quel avenir pour l'Europe ?

▶ **L'élargissement de l'Europe** se poursuit en direction des Balkans et de la Turquie. On s'achemine ainsi vers une Europe élargie, composée d'une trentaine d'États, ce qui soulève la **question des frontières** de l'Europe.

▶ Le sentiment citoyen à l'égard de l'Europe peine néanmoins à émerger. L'application des directives européennes et la perte de souveraineté suscitent des réticences. L'UE doit ainsi faire face à l'« **euroscepticisme** », qui prend une nouvelle ampleur depuis la crise de la dette grecque.

CITATION
« Sortir de l'Europe, c'est sortir de l'Histoire. »
F. Hollande, 2014

CONCLURE

La monnaie unique a renforcé la place de l'UE dans la mondialisation, et la modification des institutions a permis aux nouveaux États de prendre place dans la gouvernance continentale. Mais la crise de l'euro et l'euroscepticisme font peser de nombreuses menaces sur l'avenir.

Gouverner à l'échelle continentale

LE SCHÉMA À MÉMORISER

Les institutions européennes entre le supranational et l'intergouvernemental

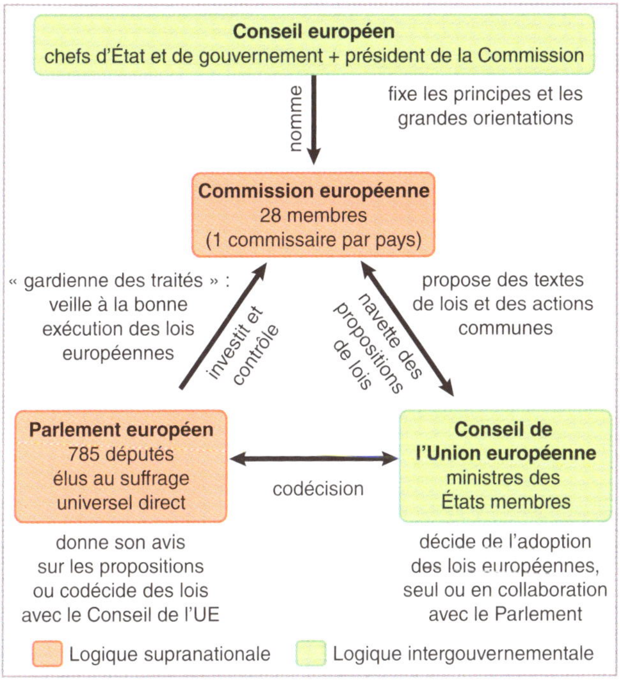

LES DÉFINITIONS

▶ **élargissement** : la notion d'élargissement désigne l'adhésion de nouveaux États membres à l'Union européenne. L'approfondissement est synonyme d'une intégration sans cesse plus étroite de ses membres.

▶ **Europe fédérale** : modèle souhaité par le courant fédéraliste. Les pays d'Europe mettraient en place une autorité politique européenne élue démocratiquement et dont les lois s'appliqueraient dans tous les États membres (**supranationalité**).

▶ **Europe des États** : modèle d'union souhaité par le courant confédéraliste ou unioniste, consistant en une simple coopération entre des États conservant leur souveraineté (fonctionnement **intergouvernemental**).

▶ **euroscepticisme** : ensemble des critiques formulés à propos du projet, des institutions et des résultats de l'UE.

▶ **souverainisme** : courant politique s'opposant au projet d'une Europe politique et fédérale, et souhaitant l'affaiblissement, voire la suppression des institutions européennes.

LES DATES À RETENIR

1948	Congrès de La Haye
1951	Traité de Paris fondant la CECA (6 États)
1957	Traité de Rome fondant la CEE (6 États)
1985	Accords de Schengen
1993	Entrée en vigueur du traité de Maastricht fondant l'UE
2002	Mise en circulation de l'euro (12 États sur 15)
2004	Élargissement de l'UE (25 États)
2005	Échec du projet constitutionnel
2007	Élargissement de l'UE (27 États) ; traité de Lisbonne
2013	Adhésion de la Croatie à l'UE (28^e^État)

L'économie mondiale organisée par le système de Bretton Woods (1944-1971)

122

Comment les Alliés tentent-ils de réguler l'économie mondiale pour assurer la paix et la prospérité ?

1 *Une économie mondiale désorganisée en 1944*

▶ À l'issue de la guerre, les pays européens doivent assurer leur **reconstruction** : rebâtir leurs infrastructures, freiner l'inflation et rétablir la solidité de leurs monnaies.

▶ Une **nouvelle hiérarchie des puissances** émerge : le Japon est placé sous tutelle américaine ; l'URSS ne tient pas un rôle économique en rapport avec sa puissance politique.

▶ Les **États-Unis contrôlent les marchés.** Ils détiennent les deux tiers du stock monétaire mondial et assurent 25 % des échanges. Puissance industrielle et financière, ils s'imposent comme une superpuissance. (→ FICHE 103)

2 *La mise en place d'une gouvernance économique mondiale*

A Les accords de Bretton Woods

▶ À Bretton Woods (22 juillet 1944), 44 pays édifient un nouveau système monétaire international (**SMI**). La valeur de chaque monnaie est exprimée en or ou en dollar. Un taux de change fixe, indexé sur le cours du dollar, lui-même rattaché à l'or, est mis en place : c'est le « *Gold Exchange Standard* ».

▶ Créé en décembre 1945, le Fonds monétaire international (**FMI**) maintient la stabilité des changes. La Banque internationale pour la reconstruction et le développement (**BIRD**) accorde des prêts à long terme.

▶ Les États-Unis dominent ces institutions. En 1947, ils complètent le SMI par le **plan Marshall**, aide de 13 milliards de dollars aux pays d'Europe occidentale, qui stimule la production américaine et vise à endiguer l'influence soviétique.

HISTOIRE

B La mise en place du GATT

▶ Le General Agreement on Tariffs and Trade (**GATT**) est signé à Genève, en 1947. Les droits de douane sur les produits manufacturés sont abaissés pour **relancer les échanges.**

▶ Ces accords luttent **contre le protectionnisme et la concurrence déloyale.** Ils offrent un cadre de négociations souple qui correspond aux désirs du Congrès américain de ne pas mettre en place une organisation trop contraignante, contraire au libéralisme.

C Le rôle de l'ONU

▶ Les fondateurs de l'**ONU** considèrent que la coopération économique entre les États constitue un facteur de développement mais aussi une garantie du **maintien de la paix.** Le FMI et la BIRD sont donc rattachés à l'ONU dès sa création.

▶ À la demande des **pays en développement**, de nouvelles institutions sont créées au milieu des années 1960 : la Conférence des Nations unies sur le commerce et le développement (CNUCED) et le Programme des Nations unies pour le développement (PNUD).

3 *Un ordre économique incomplet*

▶ À partir de 1947, la **guerre froide** radicalise l'opposition entre les pays ayant choisi le capitalisme libéral et ceux qui adoptent le socialisme dirigiste. Le bloc de l'Est refuse de participer au SMI et d'adhérer au GATT.

▶ La gouvernance économique mondiale est aussi **contestée par les pays du Tiers Monde**, qui réclament l'instauration d'un « nouvel ordre économique mondial ». Ils dénoncent les inégalités des termes de l'échange : ils fournissent des produits bruts aux pays industrialisés, qui en fixent eux-mêmes la valeur.

CONCLURE

Les lendemains de la Seconde Guerre mondiale marquent une étape majeure dans la construction d'une échelle mondiale de gouvernement. Fonctionnant sur un mode interétatique, celle-ci entérine la domination des États-Unis, qui mettent en place des institutions garantissant la paix (ONU), la stabilité financière (FMI), le libre-échange (GATT) et le développement (BIRD, CNUCED).

La gouvernance économique mondiale à l'épreuve de la crise (1971-années 1990)

123

Pourquoi la gouvernance économique mondiale opère-t-elle une réorientation dans le contexte du ralentissement de la croissance ?

1 *La fin du système de Bretton Woods*

▶ La **croissance mondiale ralentit** dès la fin des années 1960 : les coûts élevés de la production (liés aux salaires et aux taxes élevés) et l'augmentation de la concurrence entraînent chômage et faillites.

▶ La **crise** révèle son ampleur dans la décennie suivante. Les États-Unis ne peuvent plus financer à la fois la conquête spatiale, l'État providence et la guerre du Vietnam. Le pays a donc recours à la **fabrication de monnaie**. Les dollars en circulation dans le monde représentent en 1971 cinq fois la valeur de l'or conservé aux États-Unis.

▶ Le président Nixon annonce, le 15 août 1971, la fin de la convertibilité du dollar en or. Les monnaies fluctuent désormais librement, ce qui encourage la spéculation monétaire et rend les économies plus instables. La fin du système de Bretton Woods devient officielle en 1976 lors des **accords de Kingston**.

▶ La dépréciation du dollar, entre autres, incite les **pays exportateurs de pétrole** à augmenter fortement leurs prix en 1973 et 1979 (chocs pétroliers), ce qui aggrave la crise.

2 *La victoire du libéralisme*

▶ La crise favorise **l'avènement du néolibéralisme**. Née dans les pays anglo-saxons, cette théorie attribue la crise aux perturbations monétaires et aux interventions de l'État dans l'économie. Pour la combattre, elle préconise des politiques de rigueur et l'ouverture aux échanges. Elle s'appuie sur **l'autorégulation des marchés**, garantie par les organisations internationales.

▶ Ainsi, une nouvelle **réduction des barrières douanières** est négociée. En 1986 s'ouvre l'Uruguay Round, le plus grand cycle de négociation du GATT (117 pays). Il vise toutes les formes de protectionnisme (quotas, normes).

▶ Le FMI et la Banque mondiale conditionnent désormais leurs prêts à l'adoption de **mesures de libéralisation** : abaissement des barrières douanières, réduction des dépenses publiques, privatisations, etc. L'aide au développement diminue.

▶ Ces politiques libérales font exploser les échanges de biens et de services et contribuent à la création d'un marché mondial des capitaux : on parle de **globalisation financière**.

3 *L'affirmation de nouveaux acteurs*

▶ À partir de 1974, le **G6**, groupe de discussion et de partenariat économique, se réunit chaque année. Il rassemble six pays parmi les plus puissants du monde : États-Unis, Japon, Allemagne, France, Royaume-Uni, Italie. Il s'élargit au Canada en 1976 puis à la Russie en 1998 pour former le **G8**.

▶ Les **firmes transnationales** des pays du Nord délocalisent leur production, notamment vers les pays du Sud où le coût de la main-d'œuvre est faible. Elles constituent des groupes de pression.

▶ Pour stimuler les échanges avec leurs voisins et coordonner leurs politiques économiques, les pays tendent à se regrouper au sein d'**organisations régionales continentales** : UE, ALENA (Accord de libre-échange nord-américain), Mercosur, ASEAN.

▶ Portés par le dynamisme du Japon, les **NPIA** (nouveaux pays industrialisés d'Asie : Hong-Kong, Singapour, Corée du Sud, Taïwan) jouent un rôle croissant dans l'économie mondiale. La Chine communiste s'ouvre aux investissements étrangers en 1978 : l'économie mondiale devient multipolaire. (→ FICHE 106)

CONCLURE

Dans les années 1970, les difficultés de l'économie américaine conduisent à l'abandon du système de Bretton Woods. La gouvernance économique mondiale fait intervenir de nouveaux acteurs et se concentre sur les règles de la concurrence et le libre accès aux marchés.

Gouvernance économique mondiale et mondialisation depuis les années 1990

124

En quoi l'intensification des échanges à l'échelle planétaire rend-elle une gouvernance économique mondiale à la fois de plus en plus difficile et nécessaire ?

1 *Une gouvernance qui stimule la mondialisation*

▶ L'ouverture aux échanges de nouveaux pays (Russie et Europe de l'Est, Chine) est à l'origine d'une nouvelle phase de la mondialisation. En 1995, l'Organisation mondiale du commerce (**OMC**) **succède au GATT**. Elle veille à la libre concurrence et peut infliger des amendes aux pays qui en faussent le jeu.

▶ En 2001, à **Doha**, 145 pays se mettent d'accord pour engager des discussions sur un nouvel abaissement des tarifs douaniers et la suppression des subventions aux exportations agricoles.

▶ La **mondialisation des échanges** s'intensifie grâce à la révolution des technologies de communication (Internet) et des transports maritimes (conteneurisation).

2 *Le recul de la régulation publique à l'origine de nouvelles crises*

A De nouvelles crises économiques…

▶ La « nouvelle économie » (télécommunications et informatique) génère une croissance spectaculaire aux États-Unis. Mais elle entraîne aussi une spéculation boursière, qui aboutit en mars 2000 au **krach du Nasdaq**, indice boursier des entreprises de haute technologie.

▶ En 2008, la **crise des *subprimes*** aux États-Unis plonge le monde dans une crise de confiance. La pénurie des prêts accordés aux entreprises et aux ménages paralyse l'économie mondiale.

B … nécessitant l'intervention des États

▶ Les États européens, profondément endettés, notamment la Grèce, traversent une **crise monétaire** grave à partir de mai 2010. Les agences de notation, qui évaluent leur capacité à faire face à leurs créances, acquièrent un rôle prépondérant.

HISTOIRE

▶ Néanmoins, pour éviter la faillite, **banques et entreprises font appel aux États**, rappelant ainsi l'importance de l'intervention publique dans l'économie.

3 Une gouvernance économique mondiale dans l'impasse ?

Plusieurs pistes sont explorées pour résoudre la contradiction entre une économie organisée au niveau mondial et des pouvoirs politiques généralement limités à un État.

A Une gouvernance internationale…

▶ Les institutions internationales soutiennent la mise en place d'une gouvernance associant États, ONG, entreprises transnationales, experts scientifiques, etc. (ex. : conférences sur le changement climatique).

▶ Mais le rôle le plus important revient désormais au **G20**. Ce groupement de 20 pays concentre 90 % du PIB mondial et les deux tiers des échanges mondiaux. Ses membres manifestent la volonté de contrôler et d'agir sur certains acteurs des marchés financiers.

B … de plus en plus contestée

CITATION
« […] la gouvernance doit assurer le leadership, incarner une vision, insuffler l'énergie politique et la motivation nécessaires. » P. Lamy, 2009

▶ Une « mauvaise gouvernance mondiale » est de plus en plus dénoncée : le **mouvement altermondialiste** manifeste contre l'OMC, le G20 ou le FMI, et réclame l'instauration d'une taxe sur les transactions financières ainsi qu'une redéfinition des normes de fonctionnement de la mondialisation.

▶ Bien que l'idée d'une plus grande régulation de l'économie mondiale progresse depuis la crise de 2008, les **divergences** restent profondes sur son étendue et ses modalités de fonctionnement.

CONCLURE

Pour stabiliser l'économie mondiale, les États tentent de faire entendre leur voix face aux marchés financiers et aux firmes transnationales. Ils parviennent à édicter quelques règles pour « mieux gouverner » le monde. Cependant, une gouvernance durable, juste et associant tous les acteurs, ne semble pas encore d'actualité.

Gouverner à l'échelle mondiale

LE SCHÉMA À MÉMORISER

La crise des subprimes : une crise du capitalisme mondialisé (2008)

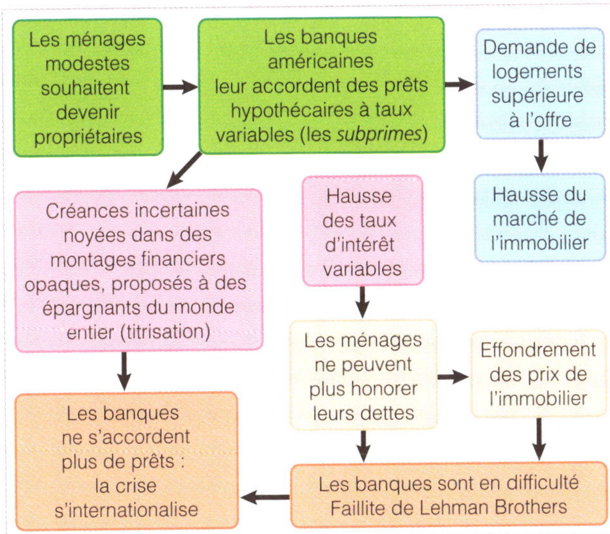

LES DÉFINITIONS

▶ **gouvernance** : démarche de concertation et de prise de décision, qui implique de façon responsable les acteurs (publics et privés) ou les populations concernées. Son objectif est d'aboutir à des décisions acceptables par la majorité et contribuant au bien commun.

▶ **protectionnisme** : politique d'un État consistant à protéger son économie de la concurrence extérieure, en limitant les importations par des taxes, des normes contraignantes ou des quotas, en encourageant les exportations et en privilégiant les entreprises nationales par des commandes publiques.

▶ **mondialisation** : multiplication des échanges à l'échelle mondiale. Elle repose sur une suppression des entraves à la circulation internationale des hommes, des capitaux et des produits.

▶ **zone de libre-échange** : organisation constituée de pays éliminant entre eux les droits de douane ainsi que les quotas à l'importation.

▶ **système monétaire international** (SMI) : mode d'organisation des taux de change entre les monnaies. En 1944, un taux de change fixe est mis en place, ajustable à plus ou moins 1 % par rapport au dollar américain, lui-même indexé sur l'or.

▶ **spéculation financière** : opération ou série d'opérations d'achat et de vente de titres financiers, dans l'objectif d'en tirer un bénéfice grâce à la variation de leurs cours.

LES DATES À RETENIR

1944-1971 : réguler l'économie pour la paix et la prospérité

- Accords de Bretton Woods (1944)
- Création du FMI et de la BIRD (1945-1946)
- Croissance économique des Trente Glorieuses

1971-1990 : la gouvernance mondiale face à la crise

- Fin de la convertibilité du dollar en or (1971)
- Croissance dépressive
- Essor du néolibéralisme
- Dérégulation de l'économie et fluctuation des monnaies

Depuis 1990 : la nécessité d'une nouvelle gouvernance mondiale

- Spéculation boursière
- Endettement des États et crise de la dette
- Intervention du FMI, du G20, des organisations régionales et des États

Géographie

SOMMAIRE
GÉOGRAPHIE

CHECK LIST

Des cartes pour comprendre le monde

OK ☑

La mondialisation en fonctionnement

OK ☑

Les territoires dans la mondialisation

OK ☑

L'Amérique : puissance du Nord, affirmation du Sud

OK ☑

L'Afrique : les défis du développement

OK ☑

L'Asie du Sud et de l'Est : les enjeux de la croissance

OK ☑

Les dynamiques géopolitiques du monde contemporain

126

Quelles logiques géopolitiques organisent l'espace mondial ?

1 *Les États structurent le monde*

▶ Le monde est organisé en États, entités souveraines disposant d'un territoire déterminé. Aujourd'hui, **197 États sont reconnus par l'ONU**. Jamais le monde n'a été aussi fragmenté : en 1945, il n'en comptait que 72.

▶ Ces États ont des superficies, des populations, des régimes politiques et des niveaux de développement **très divers**.

▶ **L'État joue un rôle fondamental.** Régulateur, investisseur, capable d'assurer la formation de sa population, il peut rendre son territoire attractif pour l'économie mondialisée.

2 *La multiplication des organisations internationales*

▶ Les États se regroupent au sein d'organisations internationales qui visent à **maintenir la paix** (ONU) ou remplissent des **fonctions économiques** (OMC, FMI).

▶ Des organisations se développent **au niveau régional** pour favoriser le libre-échange (UE, ALENA, etc.).

3 *La persistance des conflits*

▶ Les affrontements entre États ou au sein d'un même État, bien qu'en recul, sont toujours présents. Ils sont souvent causés par des **rivalités ethniques** ou liés aux **ressources naturelles** (eau, pétrole).

▶ La mondialisation facilite l'approvisionnement en armes et en argent, ainsi que la diffusion d'images des zones de conflits auprès de l'opinion internationale.

CONCLURE

L'espace mondial est organisé en États, eux-mêmes regroupés en organisations internationales ou régionales, dont le rôle est croissant.

L'organisation géopolitique du monde : un monde partagé

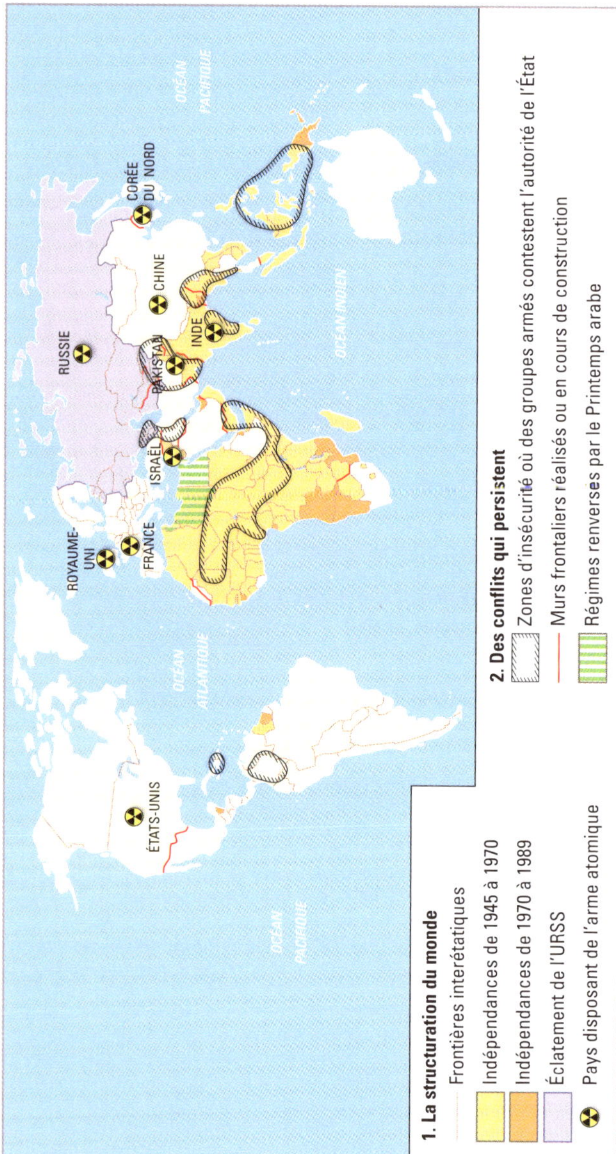

Un monde inégalement développé 127

Quels sont les grands contrastes de développement dans le monde ?

1 Un monde dominé par les États riches et développés

▶ Les États dits du **Nord** sont les plus développés : leur IDH est supérieur à 0,9. Les États de la **Triade** (Amérique du Nord, Europe occidentale et Japon) dominent cet ensemble.

▶ Il existe cependant des **contrastes de développement** au sein de ces territoires (ex. : Italie du Nord et du Sud). Les pays de l'**ancien bloc soviétique** sont dans une situation intermédiaire : certains, en particulier en Asie centrale, ne font plus partie des pays développés.

CHIFFRE CLÉ Bien que 2e puissance mondiale, la Chine est toujours considérée comme un pays du Sud. (→ CARTE AU VERSO)

2 La diversité des pays en développement

▶ Les pays en développement ont des **caractéristiques communes** : IDH généralement inférieur à 0,8, retard industriel, faible niveau d'alphabétisation, etc.

▶ Néanmoins, ils présentent des **situations très diverses** : les pays émergents (Brésil, Inde…) connaissent un développement très rapide ; les pays exportateurs de pétrole sont très riches, tandis que les pays les moins avancés (PMA) restent en retard.

3 Un monde interdépendant en réseau

Les échanges entre pays et régions du globe explosent : les **firmes transnationales** y contribuent grandement. Les **flux les plus importants relient par ailleurs les pays les plus riches**. Les pays en développement exportent surtout des matières premières.

CONCLURE

Le monde est très inégalement développé. Il est dominé par les États les plus riches, mais la montée en puissance des pays émergents remet en question la notion de Triade et la distinction Nord/Sud.

Un espace mondial hiérarchisé et inégalement développé

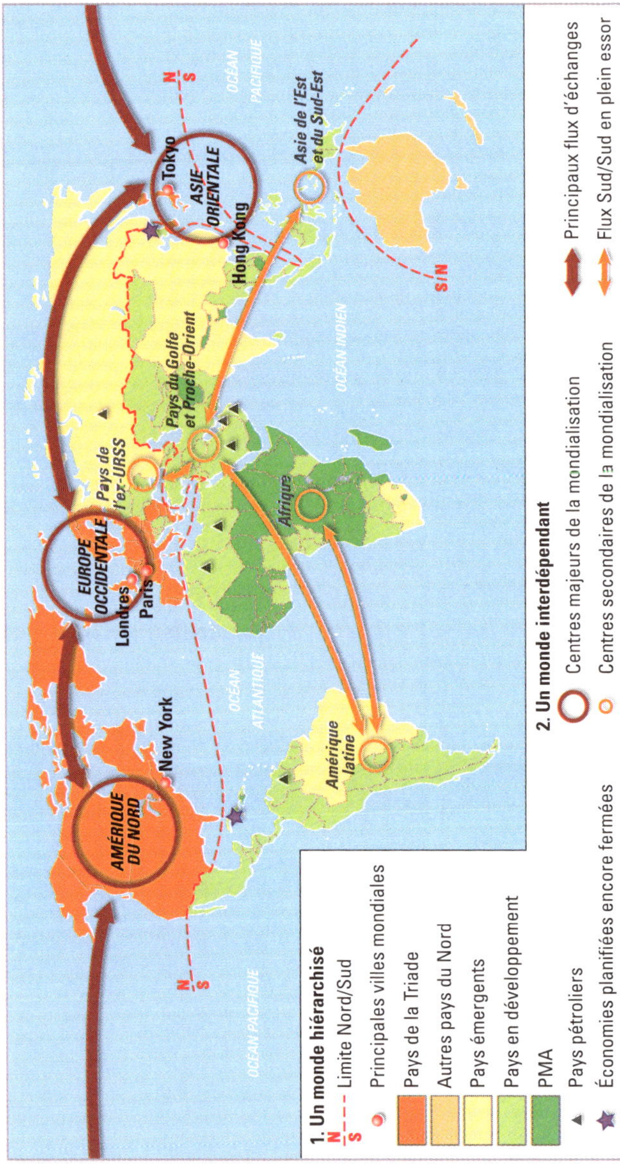

Les dynamiques géoculturelles du monde

128

La mondialisation s'accompagne-t-elle d'une homogénéisation culturelle du monde ?

1 La persistance des aires de civilisation

▶ Les aires de civilisation regroupent un ensemble de territoires définis par des **caractéristiques matérielles, culturelles, religieuses et linguistiques.** Leurs limites géographiques sont souvent floues.

▶ Les **langues** sont un **puissant facteur identitaire.** Si l'anglais est la langue véhiculaire la plus utilisée, le mandarin reste la langue la plus parlée dans le monde.

▶ La plupart des aires de civilisation restent très vivantes et conservent leurs traits principaux. Mais **toutes ne sont pas homogènes.**

▶ La notion d'aire de civilisation est ainsi discutable. Elle se fonde souvent sur le **critère religieux**, qui peut regrouper des cultures très différentes (ex. : la « civilisation islamique » s'étend de l'Afrique de l'Ouest à l'Extrême-Orient).

2 De puissantes résistances à l'homogénéisation du monde

▶ La **mondialisation** tend à diffuser, à l'échelle de la planète, le **mode de vie** et les **valeurs occidentales** prétendant à l'universalité, comme la démocratie ou les droits de l'Homme. On parle souvent d'une « américanisation du monde ».

> CHIFFRES CLÉS Le cinéma américain représente 60 % des recettes du cinéma mondial, et 75 % des images diffusées par les télévisions du monde entier ont pour origine les États-Unis.

▶ Pourtant, de puissantes résistances identitaires, notamment culturelles, sont nées. Les **cultures locales** sont valorisées, ainsi que les langues régionales qui connaissent un renouveau important.

▶ Beaucoup d'aspects du mode de vie conservent leur **originalité**, comme l'alimentation, malgré le succès des fast food.

CONCLURE

Bien que la mondialisation tende à l'uniformisation, celle-ci est beaucoup moins avancée en matière culturelle qu'en matière économique.

GÉOGRAPHIE

Les principaux découpages culturels du monde

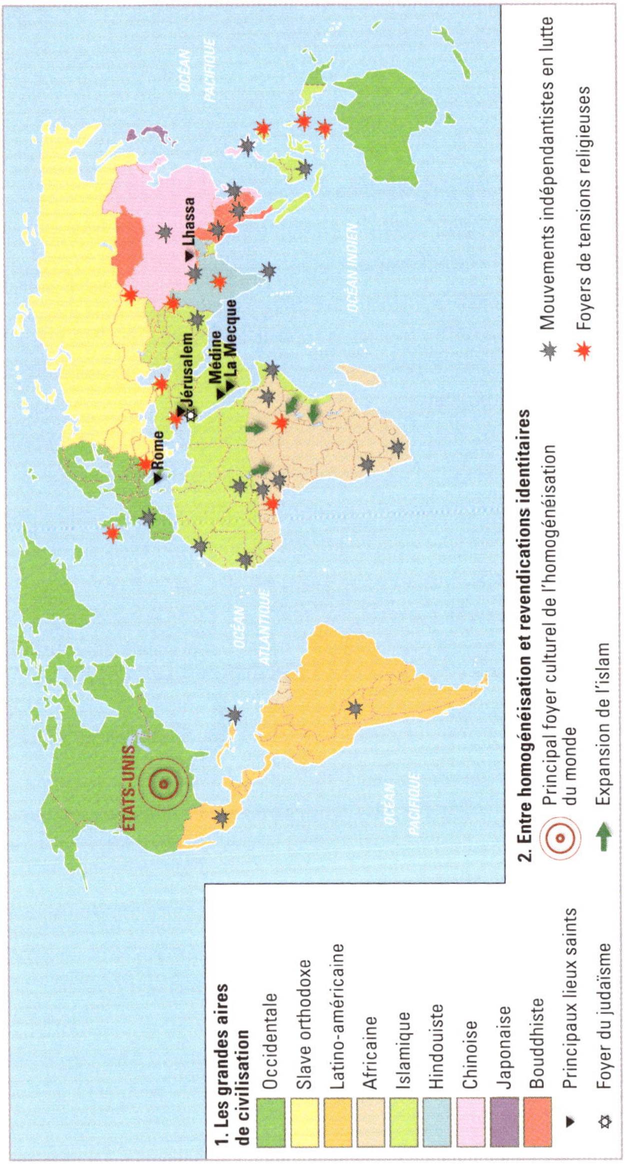

L'environnement, enjeu planétaire

129

Pourquoi l'environnement est-il un des enjeux majeurs du XXIe siècle ?

1 *Une cause sans frontière*

▶ L'utilisation abusive des ressources de la planète, due en partie à la croissance démographique, est à l'origine de **graves dégradations de l'environnement.**

CHIFFRES CLÉS
L'élévation du niveau des océans liée au changement climatique pourrait contraindre 250 millions de personnes à migrer d'ici 2050.

▶ L'eau, l'air, le réchauffement climatique ou les menaces sur la biodiversité ne connaissant pas de frontière, les **enjeux écologiques** ne peuvent s'appréhender qu'à l'échelle planétaire.

▶ Réponse aux inquiétudes suscitées par ces maux, la notion de **développement durable** cherche à concilier la satisfaction des besoins économiques et sociaux des populations avec les équilibres écologiques, afin de garantir les besoins des générations futures.

2 *Une coordination internationale nécessaire mais difficile*

▶ En 1992, le sommet de la Terre de Rio définit des grands principes ; en 1997, le **protocole de Kyoto** fixe des objectifs de réduction des émissions de gaz à effet de serre. Depuis, les conférences internationales aux succès divers se succèdent.

▶ La mise en pratique est difficile et hésitante. Les deux plus gros pays **émetteurs de CO_2** (→ CARTE AU VERSO) refusent toute réglementation internationale : les **États-Unis** pour préserver leur mode de vie, la **Chine** pour poursuivre son développement sans contrainte.

▶ La mise en place de politiques ambitieuses implique la création d'**organismes internationaux de contrôle.**

CONCLURE

Les dégradations subies par l'environnement provoquent des menaces planétaires qui nécessitent une réaction concertée de la communauté internationale.

GÉOGRAPHIE

Le développement durable, un enjeu mondial

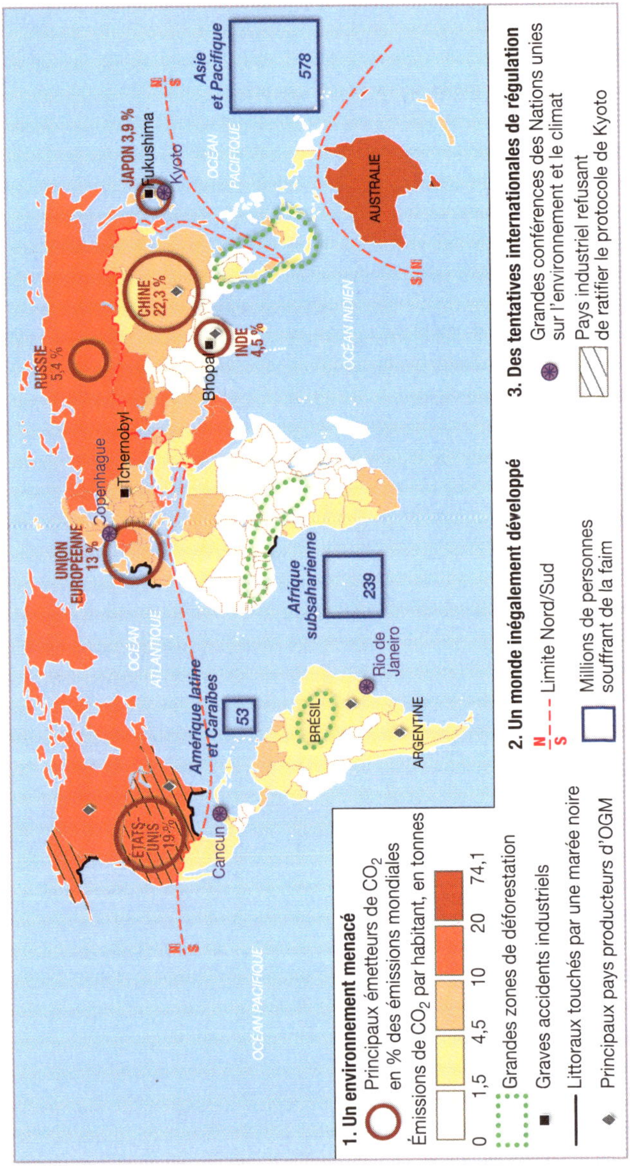

Récap' express 130

Des cartes pour comprendre le monde

UN SCHÉMA POUR MÉMORISER

Clés de lecture d'un monde complexe

Lecture géopolitique
- États et organisations internationales
- Conflits

Limites
- Inégale solidité des États
- Diversité dans la nature des conflits

Lecture géoculturelle
- Aires de civilisation
- Homogénéisation *vs* résistances culturelles

Limites
- Aires de civilisation : difficulté à tracer leurs limites et critères de définition contestables

Lecture géoéconomique
- Inégalités de développement
- Explosion des échanges

Limites
- Multiplicité des critères évaluant le développement
- Diversité du développement selon les échelles

Lecture géoenvironnementale
- Ressources naturelles
- Atteintes à l'environnement

Limites
- Données souvent incertaines
- Difficulté à délimiter les phénomènes dans l'espace

LES DÉFINITIONS

▶ ***American way of life*** **(mode de vie américain)** : modèle de société fondé sur la liberté individuelle, la consommation et les loisirs, à l'image de la société américaine.

GÉOGRAPHIE

▶ **développement durable** : développement raisonné et soucieux de l'environnement, visant à permettre la satisfaction des besoins économiques et sociaux des populations, tout en garantissant celle des générations futures.

▶ **Organisation des Nations unies (ONU)** : organisme international fondé en 1945 et ayant pour but le maintien de la paix entre les États.

▶ **produit intérieur brut (PIB)** : somme des richesses produites sur un territoire.

▶ **indicateur de développement humain (IDH)** : indice permettant d'évaluer le niveau de développement d'un État. Il est fondé sur trois critères : le PIB/habitant, l'espérance de vie à la naissance et le niveau d'éducation de la population. Sa valeur maximale est de 1.

▶ **pays en développement (PED)** : pays dont l'IDH est inférieur à 0,8. Caractérisés par une très grande diversité, ils ont pour seul point commun d'être moins développés que les pays du Nord. On y trouve les pays émergents, les nouveaux pays industrialisés, les pays producteurs de pétrole, mais aussi les PMA.

▶ **pays émergents** : pays dont l'économie connaît une croissance exceptionnelle (Brésil, Inde, Chine…).

▶ **pays les moins avancés (PMA)** : pays les moins avancés sur la voie du développement, et marginalisés dans le cadre de l'économie mondialisée. Ils se caractérisent par la faiblesse de leur PIB et de leur IDH (souvent inférieur à 0,5), et par la situation sanitaire préoccupante de leur population.

LES CHIFFRES CLÉS

Les langues dans le monde
• 5 000 langues sont recensées sur la planète, mais moins de 100 sont parlées par 95 % de l'humanité.
• 1,3 milliard de personnes ont le mandarin pour langue maternelle ;
• 329 millions de personnes, l'espagnol ;
• 328 millions de personnes, l'anglais ;
• 68 millions de personnes, le français.

Un produit mondialisé : le coton

131

En quoi le marché du coton est-il un marché mondialisé ?

1 *Les acteurs du marché mondial du coton*

A Un marché mondial

▶ Le coton est la **troisième production agricole de la planète**. Il couvre environ 2,5 % des surfaces cultivables mondiales.

▶ Utilisé principalement pour l'**industrie textile**, il est aussi à la base de la fabrication d'huile et d'aliments pour le bétail.

▶ Environ **350 millions de personnes**, réparties dans plus de 150 pays, vivent de la filière cotonnière, employées le plus souvent par des entreprises de faible ou de moyenne importance.

B Une production et une consommation très concentrées

▶ Une centaine de pays produisent du coton, mais les quatre premiers pays producteurs (Chine, Inde, États-Unis et Pakistan) fournissent près de **70 % de la production mondiale**.

▶ La **Chine, premier exportateur mondial de textile**, est simultanément le premier importateur et le premier producteur de coton : elle transforme près de 40 % de la production mondiale.

▶ Les États-Unis sont les **premiers consommateurs finaux**.

2 *Le fonctionnement du marché d'un produit mondialisé*

A Des conditions de production très diverses

▶ Dans les pays en développement, la **culture du coton reste traditionnelle** et occupe une importante main-d'œuvre.

▶ Dans les pays développés, la culture est au contraire **très mécanisée, et subventionnée par l'État**.

B Un produit qui subit de multiples transformations

▶ Les graines de coton sont séparées des feuilles dans les pays producteurs, puis acheminées vers les filatures où elles sont filées, tissées puis teintes, souvent dans les **« pays-ateliers » asiatiques**. Ces cotonnades sont ensuite vendues aux entreprises de confection textile.

▶ Les **cotonnades** sont alors coupées, assemblées et cousues, avant d'être pour l'essentiel **vendues dans les pays du Nord**. En moyenne, un jean parcourt 19 000 km de la production du coton jusqu'à l'acheteur final.

C Un produit reflet de la mondialisation

▶ Le marché du coton est **dominé par les pays riches**, à la fois donneurs d'ordre et principaux destinataires des vêtements fabriqués.

▶ Les pays émergents du Sud participent à ce marché en produisant la fibre et en fabriquant des vêtements, dans le cadre de la division internationale du travail (DIT).

▶ De nombreux pays, petits producteurs, en particulier en Afrique, sont peu impliqués dans ce marché, vendant leurs fibres à bas prix.

3 *Les enjeux du marché du coton*

A Un produit objet de débats entre le Nord et le Sud

▶ Le **cours du coton** est fixé dans les bourses mondiales. Il subit d'importantes fluctuations en fonction de la conjoncture internationale, mais aussi de la concurrence accrue des fibres synthétiques.

▶ Les États du Nord, en particulier les États-Unis, subventionnent la culture du coton, afin de **rester compétitifs face aux productions des pays émergents** (Chine, Inde, Pakistan, Brésil), moins chères. Les États du Sud ont donc saisi l'Organisation mondiale du commerce (OMC) pour **contester ces subventions**. Les États du Nord ont été condamnés en 2005, sans accepter pour autant de se soumettre.

B Un produit au cœur des enjeux du développement durable

▶ La culture du coton est **très polluante** (25 % des insecticides et 11 % des pesticides utilisés dans le monde), tout en nécessitant des apports en eau très importants.

▶ Le **coton OGM** est en pleine expansion (**35 %** de la production mondiale). Le **coton solidaire**, respectueux de l'environnement, ne représente encore que **1 %** de la production mondiale.

CONCLURE

Le marché du coton est un exemple de marché mondialisé, faisant intervenir de nombreux acteurs, et créant des flux et des interdépendances entre différents territoires.

Processus et acteurs de la mondialisation

132

Comment et sous l'impulsion de quels acteurs le processus de la mondialisation s'affirme-t-il ?

1 Un processus ancien qui s'est récemment affirmé

A Les trois phases de la mondialisation

▶ Amorcée au **XVIe siècle** avec les Grandes Découvertes, la mondialisation **s'accélère au XIXe** siècle avec l'**industrialisation** et la **colonisation**.

▶ Au XXe siècle, la mondialisation prend une extension sans précédent et s'accélère encore après la **disparition de l'URSS** (1991).

B L'accélération des échanges (→ FICHE 133)

▶ Les politiques de libéralisation du commerce mondial mises en œuvre depuis 1945 ont conduit à l'**effacement des barrières à la circulation** et à une accélération des échanges.

▶ Les échanges de marchandises ont été bouleversés par la **révolution des transports**, plus rapides, plus sûrs et moins coûteux.

CHIFFRE CLÉ Toutes les secondes, 16 conteneurs maritimes sont chargés ou déchargés dans le monde.

C L'explosion des flux invisibles

▶ Les communications se sont intensifiées avec l'extension des téléphones filaire puis mobile et d'Internet, permettant le développement d'un **marché virtuel planétaire**.

▶ Cela est particulièrement net dans le domaine de la **finance** où les bourses mondiales travaillent en réseau.

2 Les acteurs de la mondialisation

A Le rôle dominant des firmes transnationales (FTN)

▶ La plupart des 80 000 FTN et leurs 800 000 filiales réalisant plus de **10 % du PIB mondial**, appartiennent aux États de la Triade. Toutefois, de puissantes FTN apparaissent dans les pays émergents.

▶ Les FTN choisissent souvent d'installer leurs **unités de production dans les pays du Sud**, où la main-d'œuvre est peu chère. Les centres de décision et de recherche restent au Nord.

B Le rôle des États et des organisations régionales

Les États restent des acteurs essentiels qui peuvent **rendre leur territoire attractif**, assurer la formation de la population, garantir la stabilité monétaire, etc. Pour renforcer leur rôle, ils s'associent au sein d'**organisations régionales** (Union européenne, ALENA).

C Les organisations internationales

L'**OMC**, le **FMI** et la **Banque mondiale** définissent et font respecter les règles du libre-échange. Les forums de discussion (**G8**, **G20**) sont aussi les garants de la mondialisation.

D Les autres acteurs

▶ La plupart des organisations non gouvernementales (**ONG**) cherchent à limiter les disparités provoquées par la mondialisation. Elles interviennent dans de nombreux domaines : droits de l'Homme, humanitaire, écologie, etc.

▶ Les groupes de pression (lobbies), les diasporas, les **réseaux clandestins** et les **mafias** jouent aussi un rôle non négligeable.

3 *Un processus complexe*

A Une mondialisation plurielle

▶ La mondialisation est aussi **culturelle** : les modes de vie s'uniformisent, s'occidentalisent, tendant à copier l'*American way of life*, tandis que le sport devient un spectacle mondial.

▶ Elle est également **politique et écologique** : les valeurs de droits de l'Homme, de démocratie ou de développement durable, malgré de fortes résistances, se diffusent partout.

B Une double logique d'intégration et de fragmentation de l'espace mondial

▶ Si la mondialisation met en relation de plus en plus étroite certains espaces de la planète, elle conduit aussi à la fragmentation de l'espace mondial et à l'**accroissement des inégalités** : aux territoires les mieux intégrés s'opposent des espaces marginalisés.

CONCLURE

La mondialisation est un processus complexe de mise en relation des espaces de la planète, qui voit coopérer, mais aussi s'affronter, de nombreux acteurs.

Mobilités, flux et réseaux

133

Comment la mondialisation dessine-t-elle un nouvel espace mondial ?

1 *L'intensification des flux de biens*

A Des échanges de marchandises triplés depuis 1990

▶ **81 %** des échanges mondiaux concernent les **biens matériels.**

CHIFFRE CLÉ Les matières premières énergétiques représentent seulement 8 % des échanges mondiaux de marchandises, mais restent très stratégiques.

▶ Parmi ceux-ci, la part relative des **matières premières** (22 % environ) ne cesse de diminuer, en particulier celle du trafic de produits agricoles.

▶ Les **produits manufacturés** représentent 78 % des échanges de marchandises. Il s'agit aussi bien de produits à faible valeur ajoutée (textile) que de produits de haute technologie, dont la part ne cesse d'augmenter.

B Les échanges immatériels en forte hausse

Les flux de **biens immatériels** représentent **19 %** du commerce mondial et sont en pleine expansion. Ils sont de **natures très diverses** : services, transferts financiers, informations, produits culturels, etc. Ils transitent directement via les **réseaux de télécommunications.**

2 *L'accroissement des mobilités humaines*

A Le tourisme

▶ Les mobilités touristiques concernent plus de **1,035 milliard de personnes** en 2012. Elles sont d'abord le fait des populations des pays développés, et génèrent des flux de proximité Nord-Nord.

▶ Le tourisme, fortement lié à la conjoncture économique et géopolitique, est soumis à de **fortes fluctuations.**

B Les migrations économiques

▶ Les populations les mieux formées sont attirées par les pays les plus développés : c'est le ***brain drain*** (fuite des cerveaux), dont les États-Unis sont les principaux bénéficiaires.

▶ Parmi les plus pauvres, certains cherchent à s'installer dans les **pays riches et développés**, principalement l'Amérique du Nord et l'Union européenne. Les pays du **golfe Persique** sont aussi un important pôle de réception.

▶ Ces migrations de la pauvreté, au contraire du *brain drain*, sont soumises à de nombreuses **restrictions politiques et économiques**. Les frontières, qui s'effacent pour les marchandises, sont des barrières souvent difficiles à franchir pour les plus pauvres.

C Les flux de réfugiés

▶ Les déplacements contraints sont essentiellement liés à la **guerre** et concernent surtout les pays en développement. Ces flux sont principalement Sud-Sud, car ils se font sur des distances relativement courtes.

▶ Les **réfugiés climatiques** sont de plus en plus nombreux.

3 *Un monde en réseau(x)*

▶ En créant des flux intenses, la mondialisation met en relation étroite les différents espaces de la planète. Mais ces liaisons sont **sélectives et hiérarchisées**.

▶ En effet, certains territoires entretiennent entre eux, au-delà de la distance, des rapports privilégiés. C'est le cas en particulier entre les **trois pôles de la Triade** : le plus puissant réseau de l'espace mondial unit ces trois espaces moteurs de l'économie mondiale (Amérique du Nord, Europe occidentale et Asie orientale), qui sont donc les principaux « nœuds » de l'espace mondial.

▶ **Des pôles émergent** et s'insèrent dans des réseaux secondaires qui les unissent aux trois pôles de la Triade : c'est le cas de l'Inde, du Brésil ou de l'Afrique du Sud.

▶ Inversement, **des espaces sont marginalisés**, et appartiennent seulement à des réseaux mineurs. C'est le cas, par exemple, de l'essentiel de l'Afrique subsaharienne.

CONCLURE

L'espace mondial est maillé par des réseaux intensément parcourus par des flux de biens matériels, de biens immatériels et d'hommes. Il est hiérarchisé : les espaces moteurs sont toujours plus reliés entre eux, tandis que de vastes espaces restent marginalisés.

Débats et contestations face à la mondialisation

134

Quel champ de réflexion, de débat et de contestation s'est construit autour de la mondialisation et de ses effets ?

1 La question de la gouvernance mondiale

▶ La **circulation des idées et des opinions** s'est largement mondialisée grâce aux médias. Des ONG transnationales (ex. : Greenpeace) diffusent des revendications qui tendent à devenir universelles.

▶ L'inégal développement des populations et les problèmes environnementaux mobilisent une **opinion publique internationale**. Celle-ci réclame également plus de démocratie, le respect des droits de l'Homme (éducation, santé) et des libertés fondamentales.

▶ Ces enjeux et ces revendications mettent au centre la question de la gouvernance : **comment « bien gouverner » le monde** pour le rendre plus équitable ? La plupart s'accordent à souhaiter davantage de participation citoyenne aux prises de décision.

▶ L'instauration de la **Cour pénale internationale** en 2002 répond à la volonté d'universaliser les droits de l'Homme et le droit international humanitaire.

2 La montée du local

▶ La diffusion planétaire des informations, des films et des programmes télévisés, grâce aux nouvelles technologies de la communication, peut laisser croire à l'**unification culturelle de la planète**. En outre, un certain nombre de produits culturels, vêtements ou modes alimentaires (fast food, pizzas, sushis) semblent avoir conquis une grande partie du monde.

▶ Pourtant, les firmes globales elles-mêmes sont obligées de composer avec les **particularismes culturels** : il n'y a pas de « consommateur mondial » uniforme. Ainsi, Coca-Cola pénètre le marché asiatique grâce à des produits spécialement élaborés, conformes aux goûts locaux.

▶ Les **mouvements de défense** des langues, musiques ou savoir-faire régionaux sont de plus en plus nombreux. En Espagne, les identités

GÉOGRAPHIE

basque, catalane ou encore andalouse sont très vives. L'Inde et le Nigeria développent leurs productions cinématographiques.

▶ L'**attachement au territoire de vie**, au local, se renforce par des initiatives très concrètes : marchés locaux solidaires, associations liant consommateurs et producteurs, banques d'investissement solidaire régional, etc. Ce retour s'accompagne souvent d'une exigence de qualité et de traçabilité qui rejoint les préoccupations écologiques.

3 Démondialisation et décroissance

A Les mouvements altermondialistes

▶ Les mouvements contestant la mondialisation dans son fonctionnement et ses buts sont **très divers, sans leader et sans programme communs**. On trouve dans cette mosaïque aussi bien des syndicats qui luttent contre les délocalisations, que des partis écologistes, des mouvements paysans ou des mouvements citoyens.

▶ Les altermondialistes organisent des **forums sociaux mondiaux** (150 000 participants à Belém en 2009) et des manifestations lors des sommets du G8, du G20 ou de l'OMC (ex. : à Seattle en 1999).

B Quelles alternatives à la mondialisation ?

▶ Face à la multiplication des crises et à l'accroissement des inégalités à toutes les échelles, certains altermondialistes envisagent une **démondialisation**, par l'abolition du libre-échange, la réinstauration des droits de douane (protectionnisme) et la relocalisation de la production.

▶ D'autres vont plus loin encore et souhaitent une **décroissance**. Contestant l'idée d'un développement économique perpétuel, qui épuise les ressources naturelles et dégrade l'environnement, ils prônent une diminution des biens et des richesses produites. Pour eux, la **relocalisation des activités** est impérative.

CONCLURE

Les détracteurs de la mondialisation sont nombreux, et les préoccupations identitaires et écologiques expriment la volonté d'en repenser le processus.

Récap' express 135

La mondialisation en fonctionnement

UN SCHÉMA POUR MÉMORISER

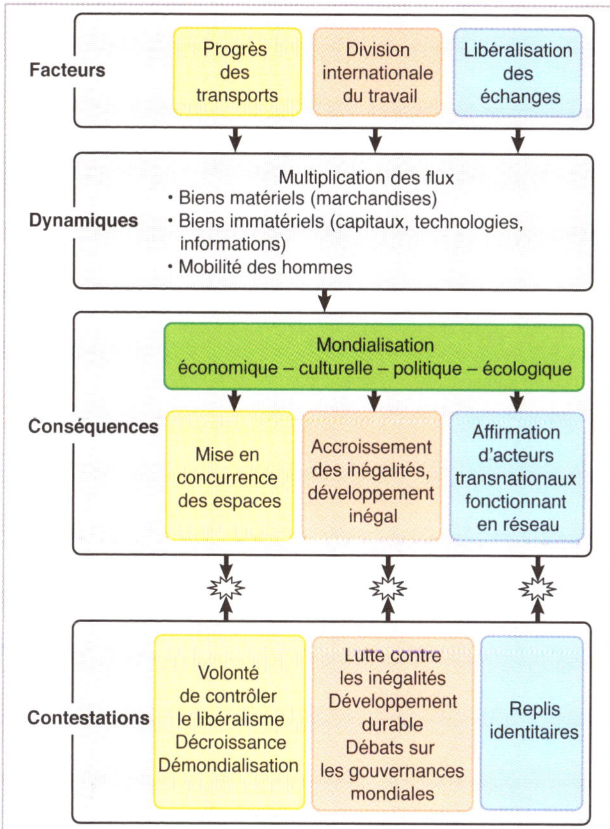

LES DÉFINITIONS

▶ **mondialisation** : mise en relation accélérée des différents espaces de la planète, grâce à l'intensification des flux de marchandises, de personnes et de biens immatériels.

▶ **firme transnationale** : entreprise exerçant son activité dans plusieurs États, via des filiales ou des unités délocalisées.

▶ **Investissements directs à l'étranger** (IDE) : mouvements internationaux de capitaux visant, pour une entreprise, à installer ou renforcer une filiale à l'étranger, ou à prendre une participation dans une entreprise étrangère.

▶ **altermondialisme** : ensemble des mouvements qui critiquent la mondialisation dans son mode de fonctionnement et dans ses conséquences, et prônent un développement plus soucieux de l'homme et de l'environnement.

▶ **forum social mondial** : manifestation altermondialiste qui s'oppose au forum économique mondial regroupant chaque année les pays les plus puissants.

▶ **Organisation mondiale du commerce** (OMC) : organisation internationale pour promouvoir et garantir le libre-échange.

▶ **Division internationale du travail** (DIT) : processus géo-économique de répartition des activités créatrices de richesses selon les avantages comparatifs de chaque espace ou pays.

▶ **G8** : forum de discussion réunissant les États-Unis, le Canada, le Royaume-Uni, la France, l'Allemagne, l'Italie, la Russie et le Japon. Il tend à être supplanté par le **G20**, qui élargit ce cercle à des pays émergents.

LES CHIFFRES CLÉS

Structure des échanges mondiaux	En % du commerce mondial	En milliards de dollars
Échanges de marchandises : • produits agricoles • produits énergétiques • produits manufacturés	81 % 8 % 8 % 62,4 %	18 217
Échanges immatériels	19 %	4 149

Les mobilités humaines
• 1,035 milliard de touristes en 2012. • 214 millions de personnes ne vivent pas dans le pays où elles sont nées, soit 3,1 % de la population mondiale.

Londres, ville mondiale

136

Quel rôle Londres joue-t-elle dans l'économie mondiale ? Comment sa puissance se manifeste-t-elle dans l'organisation du paysage urbain ?

1 Une capitale politique et économique

▶ Londres compte, dans son aire urbaine, plus de **13 millions d'habitants** (24e ville la plus peuplée du monde). C'est une **ville cosmopolite** : 30 % des Londoniens sont nés hors du Royaume-Uni.

▶ Londres concentre des **fonctions de commandement de haut niveau**, liées à son statut de capitale du Royaume-Uni. Le quartier de Westminster abrite le palais royal, les ministères et le Parlement.

▶ L'agglomération londonienne réalise plus de 20 % du PIB du Royaume-Uni. Son économie est **très fortement tertiarisée** (80 % de l'emploi), et connaît une surreprésentation des activités tertiaires supérieures (finances, assurances, médias).

2 Un rôle d'impulsion majeur sur l'organisation du monde

A Une métropole mondiale

▶ **Londres polarise un vaste territoire** : cœur du Sud-Est britannique, région la plus peuplée et la plus active du pays, elle est intégrée à la dorsale européenne et joue un rôle essentiel à l'échelle mondiale.

▶ **Premier centre financier du monde** en nombre et en volume de transactions, Londres compte 34 sièges sociaux parmi ceux des 500 premières entreprises mondiales.

▶ La ville concentre **des fonctions culturelles et universitaires** de premier plan. Capitale de la mode, elle abrite des musées prestigieux et des universités d'excellence au rayonnement planétaire (ex. : la London School of Economics).

B Un nœud de communications international

▶ **Carrefour majeur**, Londres dispose de très bonnes infrastructures de transport et de communication. La gare TGV de Saint-Pancras la relie aux autres capitales européennes, et la ville compte pas

GÉOGRAPHIE

moins de cinq aéroports. Parmi ceux-ci, **Heathrow** est le premier du monde pour le nombre de passagers internationaux. Autoroutes et téléports complètent le dispositif.

▶ Londres accueille environ **27 millions de touristes par an**, attirés par les musées et monuments, mais aussi par l'animation culturelle et nocturne de la ville. Les Jeux olympiques de 2012 et la célébration du jubilé de la reine Elisabeth II sont une occasion supplémentaire de capter des flux internationaux.

3 *Les conséquences socio-spatiales de l'intégration à la mondialisation*

A D'importants contrastes

▶ Le **paysage de la ville** traduit sa puissance et son rayonnement international. Il est dominé par les gratte-ciel des quartiers d'affaires (*Central Business Districts* ou CBD). Le CBD historique, **la City**, se double désormais de nouveaux pôles, dont le plus important est Canary Wharf, aménagé dans l'ancien quartier des docks. Cette verticalisation du bâti est caractéristique du développement des villes mondiales.

▶ Dans l'ensemble de l'agglomération, la **ségrégation socio-spatiale** s'accroît : les populations les plus pauvres sont concentrées dans les quartiers les plus mal desservis, tandis que les centres connaissent un processus de **gentrification**. L'espace urbain se fragmente, le prix du foncier augmente : Londres est l'une des villes les plus chères au monde.

B Le défi de l'étalement urbain

▶ L'étalement de la ville est spectaculaire : si les limites de l'agglomération sont floues, certains géographes considèrent qu'elle s'étend sur **45 000 km²** (l'Île-de-France couvre pour sa part environ 12 000 km²).

▶ Ce gigantisme est source de nombreuses **pollutions** et constitue un défi pour l'avenir, car l'aménagement des **réseaux de transport** doit sans cesse être revu. En 2003, pour décongestionner le centre-ville des voitures, un péage urbain a été instauré.

CONCLURE

Londres est une ville mondiale à l'influence planétaire, entretenant des relations intenses avec les autres villes mondiales.

L'inégale intégration des territoires dans la mondialisation

137

Quelle typologie des territoires peut-on établir en fonction de leur participation à la mondialisation ?

1 *Les espaces moteurs de la mondialisation*

A Les pôles de la Triade

▶ La **Triade** rassemble les trois pôles majeurs de la planète : Amérique du Nord, Europe occidentale, Asie orientale. Ils contrôlent l'essentiel du pouvoir politique et économique du monde, et cumulent **puissance financière, militaire, diplomatique, culturelle et scientifique.**

> CHIFFRES CLÉS **La Triade représente 68 % du PIB mondial, 75 % de la production industrielle et 85 % de la capitalisation boursière.**

▶ Très bien connectés au reste du monde, bien qu'échangeant principalement entre eux, les pôles de la Triade concentrent la plus grande part des richesses. Les **principaux centres de décision, de recherche et d'enseignement** y sont établis.

B Les villes mondiales

▶ Au cœur de ces territoires, on trouve de puissantes **mégalopoles** organisées autour de **villes mondiales** telles que New York, Londres (→ FICHE 136), Tokyo, Paris ou Shanghai.

▶ Intégrées à l'économie mondiale, elles abritent des centres de commandement, d'innovation et de gestion à vocation planétaire. Elles sont étroitement reliées les unes aux autres, formant un **archipel métropolitain mondial.**

2 *Un monde de plus en plus multipolaire*

La mondialisation est un processus qui produit des inégalités selon une **double logique d'intégration et de marginalisation.**

A L'émergence de nouveaux pôles

▶ L'organisation du monde évolue de plus en plus vers la multipolarité, car la **domination de la Triade est remise en question** par la montée en puissance des pays émergents. Parmi ceux-ci, les plus dynamiques sont les **BRICS** (Brésil, Russie, Inde, Chine, Afrique du Sud), qui rassemblent 40 % de la population mondiale et, à part l'Afrique du Sud, font partie des dix premiers PIB mondiaux.

▶ D'autres « centres » s'affirment : les pays **producteurs de pétrole**, mais aussi des périphéries qui fournissent des matières premières agricoles, minières, énergétiques, ou encore de la main-d'œuvre bon marché (« pays-ateliers »).

B De nombreux espaces marginalisés

▶ Mal connectés aux réseaux mondiaux de transport et de communication, les **pays les moins avancés** restent à l'écart de la mondialisation.

▶ D'autres États sont **mis au ban** de la communauté internationale pour des **raisons politiques** (Corée du Nord, Birmanie).

▶ On peut donc parler d'**éclatement des Sud** : aux métropoles intégrées des pays émergents s'opposent des angles morts de la mondialisation.

3 *La mondialisation, une question d'échelle ?*

▶ À l'échelle des États, les territoires ne sont pas intégrés de manière homogène à la mondialisation. Les villes en sont, partout, les **relais** et les **nœuds**. Le rôle d'interface que jouent les **littoraux** est également déterminant (→ FICHE 138).

▶ Les **espaces ruraux** sont souvent moins intégrés, surtout quand ils sont situés à l'écart des réseaux de transport et de communication. Ainsi, en Chine, le littoral pacifique est très fortement intégré, tandis que l'intérieur demeure agricole et peu modernisé.

▶ Au sein de l'espace urbain, les **centres-villes** sont mieux connectés aux réseaux mondiaux que les banlieues. Ce contraste est saisissant dans les métropoles du Sud, où les populations les plus pauvres se regroupent dans des bidonvilles.

▶ Ce mouvement de différenciation des territoires **freine l'uniformisation** à l'échelle du globe, d'autant qu'il se double parfois de revendications identitaires et de replis communautaires.

CONCLURE

La très forte intégration de certains territoires contraste avec la marginalisation d'autres espaces : la mondialisation fragmente l'espace mondial.

Les espaces maritimes : approche géostratégique

138

Comment la mondialisation accroît-elle l'importance géostratégique des mers et des océans ?

1 Des espaces aux vocations économiques multiples

▶ Les mers et océans sont riches en ressources halieutiques, minières et énergétiques. Les progrès techniques permettent d'exploiter ces dernières en « off-shore » (plateformes pétrolières).

CHIFFRES CLÉS
50 000 navires marchands sillonnent la planète, transportant 90 % du volume du commerce mondial.

▶ Dans le cadre de l'économie mondialisée, le transport maritime, bon marché, est une activité essentielle.

▶ Cette importance croissante renforce le rôle des façades maritimes et accentue la littoralisation des économies. Littoraux et zones portuaires font l'objet d'aménagements, et des espaces sont parfois conquis sur la mer (polders ou terre-pleins) afin d'étendre la surface des villes côtières (Tokyo, Shanghai, Singapour).

2 Des zones de tensions

A Le défi de la sécurité maritime

▶ Pour les États les plus puissants, la sécurisation des voies maritimes est un enjeu crucial pour assurer leur approvisionnement énergétique (exploitation et transport).

▶ Contraints d'emprunter un certain nombre de points de passage obligés (détroits, canaux), les flux maritimes sont vulnérables et suscitent convoitises et tensions. Cela est vrai dans le détroit de Malacca (par lequel transite un quart du trafic maritime mondial) et au large de la Somalie. La mer est aussi empruntée par les trafiquants, les pirates et les réseaux d'immigration clandestine.

▶ La maîtrise militaire de l'espace maritime revêt donc une importance capitale. Avec leur flotte répartie sur toutes les mers du globe, les États-Unis disposent à ce titre de points d'appui sans équivalent.

B Des espaces en plein bouleversement

▶ À cause du **réchauffement climatique**, une nouvelle route maritime pourrait s'ouvrir dans l'océan Arctique, contournant le continent américain par le nord jusqu'au détroit de Béring (**passage du Nord-Ouest**).

▶ Ceci crée de **nouvelles tensions** : le Canada considère le passage du Nord-Ouest comme appartenant à ses eaux intérieures, tandis que les États-Unis veulent en faire un détroit international.

3 *Les tentatives de régulation internationale*

La multiplication des revendications souvent concurrentes des États sur les espaces maritimes a rendu nécessaire une **approche multilatérale**.

A La zone économique exclusive

▶ En 1982 est signée à Montego Bay la **convention des Nations unies** sur le droit de la mer. Les pays développés imposent des amendements et retardent son adoption jusqu'en 1994. Cette convention définit la zone économique exclusive (**ZEE**).

▶ Destinée à trancher les litiges interétatiques, la création de la ZEE n'a pas mis un terme à la convoitise des États sur les ressources des océans : ainsi, la **Russie** revendique l'extension de sa souveraineté sur l'océan Arctique.

B Les enjeux environnementaux

▶ Mers et littoraux subissent les ravages causés par des **pollutions multiples** : marées noires, rejets industriels toxiques, etc. Par ailleurs, **les ressources halieutiques s'épuisent** : certaines espèces de poissons sont en voie de disparition.

▶ Pour tenter d'éviter les dégradations environnementales des mers et océans, l'ONU a classé le fonds des mers et des océans « **patrimoine commun de l'humanité** » (1970). Elle encourage de nombreux pays à fixer des quotas de pêche en fonction des stocks halieutiques et de leurs capacités de renouvellement.

CONCLURE

Parce que de leur contrôle dépend la maîtrise des échanges et des flux d'approvisionnement des États, les espaces maritimes constituent un enjeu majeur de la mondialisation.

Récap' express 139

Les territoires dans la mondialisation

LES DÉFINITIONS

L'inégale intégration dans la mondialisation

▶ **métropole** : ville concentrant des fonctions organisationnelles importantes et dont le commandement s'exerce sur un vaste territoire. Lorsque ce commandement s'étend sur la planète entière, on parle de **ville mondiale**.

▶ **archipel métropolitain mondial** (AMM) : les métropoles qui commandent l'espace mondial tissent entre elles des liens puissants, et échangent intensément, au point qu'on les compare aux îles d'un archipel. On parle aussi d'archipel mégalopolitain mondial.

▶ **mégalopole** : espace urbanisé dans lequel se trouvent plusieurs métropoles, dont les banlieues tendent à se rejoindre. Les principales mégalopoles sont la Mégalopolis américaine (Boston-Washington), la dorsale européenne (Londres-Milan) et la mégalopole japonaise (Tokyo-Fukuoka).

▶ **gentrification** : phénomène urbain de rénovation et d'embourgeoisement de certains quartiers, conduisant à l'homogénéisation de leur profil socioculturel au profit de classes sociales favorisées.

▶ **ségrégation sociospatiale** : séparation des populations dans des quartiers différents en fonction de leur niveau de fortune.

▶ ***Central Business District*** (CBD) : quartier d'affaires, souvent caractérisé par un paysage de gratte-ciel. On y trouve une forte concentration de sièges sociaux, de banques et d'activités financières.

Les espaces maritimes : approche géostratégique

▶ **Zone économique exclusive** (ZEE) : espace maritime s'étendant jusqu'à 200 milles marins du littoral, sur lequel un État côtier exerce ses droits souverains et dont il peut exploiter les ressources.

▶ **littoralisation** : concentration des hommes et des activités à proximité du littoral.

DES SCHÉMAS POUR MÉMORISER

Les territoires moteurs de la mondialisation

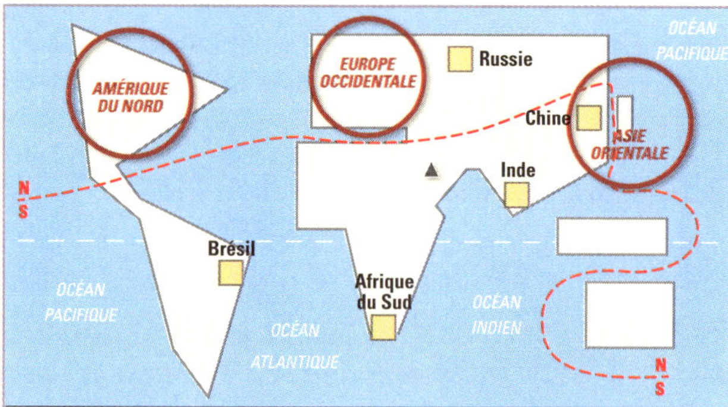

- Les trois principales aires de puissance
- Les puissances émergentes : BRICS
- Principale zone d'extraction de pétrole
- Limite Nord/Sud

L'organisation spatiale d'une ville mondiale : Londres

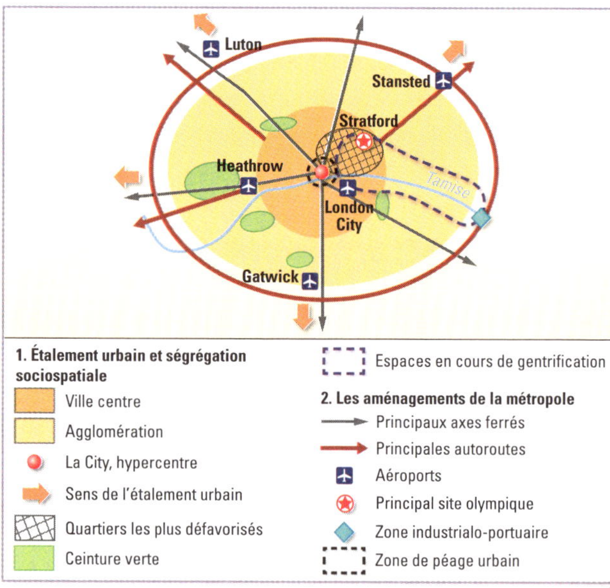

1. Étalement urbain et ségrégation sociospatiale

- Ville centre
- Agglomération
- La City, hypercentre
- Sens de l'étalement urbain
- Quartiers les plus défavorisés
- Ceinture verte
- Espaces en cours de gentrification

2. Les aménagements de la métropole

- Principaux axes ferrés
- Principales autoroutes
- Aéroports
- Principal site olympique
- Zone industrialo-portuaire
- Zone de péage urbain

Récap' express

Le continent américain sous tensions

140

Quelles tensions animent le continent américain ? Sont-elles régionales ou liées à l'hégémonie des États-Unis ?

1 Des tensions régionales

A Des tensions interétatiques durables…

▶ Les États américains ont **beaucoup en commun** : nouveaux mondes, peuplement européen, passé esclavagiste et colonial, tradition chrétienne… Pourtant, depuis les indépendances, nombreuses sont les tensions interétatiques et les **contestations frontalières.**

▶ La plupart des modifications territoriales ont eu lieu à l'amiable avant 1945. Mais certaines tensions perdurent : ainsi, la **Bolivie** revendique toujours l'accès à la mer qu'elle perdit entre 1879 et 1884 au profit du **Chili.**

B … souvent dues à des constructions nationales tardives

▶ Pays neufs, les États américains souffrent d'un **contrôle territorial inégal**, avec des frontières assez perméables, donc plus qu'ailleurs sujettes à différends.

▶ **Leur peuplement est sporadique** : la densité américaine n'est que de 22,5 hab./km^2 ; et les réseaux de transport sont souvent incomplets.

2 L'hégémonie des États-Unis

A L'affirmation de la puissance états-unienne

▶ Premier État américain à maîtriser son territoire, les États-Unis ont affirmé très tôt leur **volonté tutélaire** sur l'ensemble du continent.

▶ En 1823, la **doctrine Monroe** affirme l'indépendance de l'Amérique vis-à-vis de l'Europe. Très vite, cet isolationnisme se double d'un **impérialisme** en direction du Pacifique, de Cuba ou de l'Alaska.

▶ Théorisé par la politique du « ***big stick*** » de Théodore Roosevelt (président des États-Unis de 1901 à 1909), l'impérialisme américain s'accentue avec la guerre froide et l'installation d'un régime communiste à Cuba. Il favorise la mise en place de **régimes autoritaires** (ex. : Pinochet au Chili).

B Les recentrages post-guerre froide

▶ La fin de la guerre froide en 1989-1991 favorise le **retour de la démocratie** en Amérique latine.

▶ Les interventions états-uniennes se recentrent sur la **lutte contre la drogue**, notamment à travers un soutien massif au gouvernement colombien.

▶ Après les attentats du 11 septembre 2001, la **lutte contre le terrorisme** devient la priorité.

3 *Une domination économique contestée*

A L'« aspirateur » nord-américain

▶ Les États-Unis représentent de loin la **première puissance économique du continent**, avec un PIB de 16 768 milliards de dollars en 2013, contre 2 392 au Brésil.

▶ Le marché intérieur états-unien agit comme un véritable « aspirateur » des **exportations du reste du continent** : il absorbe 46 % de celles du Salvador et 78 % de celles du Mexique.

▶ Les États-Unis sont aussi le premier **fournisseur** du Mexique (50 % des importations de ce pays) ou de la Colombie (30 %).

B La subordination latino-américaine

▶ La structure des échanges est marquée par une **dissymétrie** : les États-Unis exportent des produits à haute valeur ajoutée et importent des matières premières.

▶ Ces échanges témoignent d'une position latino-américaine dominée dans la mondialisation, subordonnée dans la **division internationale du travail** (→ RÉCAP' EXPRESS 135).

▶ Les tentatives d'intégration régionale se définissent toujours en fonction des États-Unis, malgré la lutte contre l'« impérialisme yankee » menée par certains États d'extrême-gauche (Venezuela, Équateur) (→ FICHE 141).

CONCLURE

Bien que certaines tensions proviennent de différends durables entre États américains, la plupart sont liées à la domination géopolitique et économique des États-Unis sur le reste du continent.

L'intégration régionale aux Amériques

141

Comment les processus d'intégration régionale organisent-ils les Amériques ?

1 *L'intégration continentale et ses échecs*

A Essais et contre-essais d'intégration continentale

▶ Les États-Unis ont vu dans les organisations intégrées un moyen d'affirmer leur **hégémonie**.

▶ La guerre froide inaugure un **panaméricanisme institutionnel** : Traité interaméricain d'assistance réciproque (1947) ; Organisation des États américains (1948).

▶ Mais ces organisations apparaissent trop dépendantes des États-Unis. Des **tentatives autonomes** s'affirment : Association latino-américaine d'intégration (1980), « Groupe de Rio » (1986).

B Des marchés communs régionaux

▶ À une échelle régionale, d'autres structures se créent sous la forme de marchés communs, essentiellement pour **pallier les inconvénients économiques** de la fragmentation politique née des indépendances.

▶ Ainsi, le Marché commun centre-américain (MCCA) est créé en 1960 ; la Communauté andine des Nations (CAN) en 1969 ; la Communauté caraïbe (Caricom) en 1973. Mais il faut attendre le retour de l'Amérique latine à la démocratie et la fin de la guerre froide pour observer une **relance de l'intégration régionale**.

2 *Deux pôles majeurs d'intégration régionale*

A L'ALENA

▶ L'**Accord de libre-échange nord-américain** (1994) intègre les économies des États-Unis, du Canada et du Mexique.

▶ L'accord prévoit la **libre circulation** des **capitaux** et des **marchandises**, mais non celle des personnes, afin de limiter l'immigration mexicaine. L'intégration économique est très poussée : en vingt ans, les échanges ont triplé et les *maquiladoras* (usines mexicaines travaillant pour des firmes états-uniennes) se sont multipliées.

GÉOGRAPHIE

▶ La frontière sud des États-Unis, traversée de flux migratoires massifs, largement clandestins, est devenue une région multiculturelle : la **Mexamérique.**

B Le Mercosur

▶ Né en 1991 du rapprochement inattendu de deux puissances rivales, le Brésil et l'Argentine, le Mercosur compte aujourd'hui **10 pays membres et associés.**

▶ En vingt ans, les échanges intra-zone ont notablement augmenté en raison de l'union douanière, initiant une certaine **division régionale du travail**. Toutefois, les **tensions internes** et les crises monétaires de la fin du XXe siècle grippent le processus.

3 De nouvelles dynamiques d'intégration

A L'intégration contre les États-Unis ?

▶ Les États-Unis veulent créer une Zone de libre-échange des Amériques (**ZLEA**). Le projet ayant avorté en 2005, ils relancent des accords bilatéraux (Chili, Pérou) et créent la **CAFTA** (zone de libre-échange entre États-Unis, Amérique centrale et République dominicaine).

▶ Parallèlement leurs adversaires s'organisent : Hugo Chavez lance en 2001 l'**Alternative bolivarienne pour les Amériques.** Tout s'accélère avec la création de la Communauté sud-américaine des Nations en 2004, puis de l'**Unasur** (Union des nations sud-américaines) en 2008, qui réunit Mercosur et CAN et intègre la totalité des États sud-américains. En 2010, naît la CELAC (Communauté d'États latino-américains et caraïbes), dont seuls les États-Unis et le Canada sont absents. En 2011 est créée l'**Alliance du Pacifique**, bloc libéral qui tente de contrer l'hégémonie brésilienne naissante.

B Un continent plus fragmenté qu'intégré

▶ Le **jeu géopolitique** sur le continent est donc devenu très complexe. Le continent paraît plus fragmenté qu'intégré.

▶ **L'Inde et surtout la Chine** sont de plus en plus présentes, notamment dans l'exploitation des ressources naturelles.

CONCLURE

Les organisations continentales et régionales fragmentent le continent plus qu'elles ne l'intègrent. Seuls l'ALENA et l'Unasur semblent en position de jouer un rôle majeur.

États-Unis et Brésil : puissance globale, puissance émergente

142

Quel bilan comparé peut-on faire de la puissance des États-Unis et du Brésil ?

1 *La puissance économique*

A La puissance mondiale américaine

CHIFFRE CLÉ L'économie américaine représente 8 fois l'économie brésilienne.

▶ Les États-Unis ont la 3e superficie mondiale (9,6 millions de km²) et la **3e population mondiale** (319 millions).

▶ Ils sont la **1re économie mondiale**, avec un PIB de 16 768 milliards de dollars en 2013, soit environ 22 % des richesses mondiales.

▶ Les États-Unis sont le 2e exportateur et surtout le **1er importateur mondial** en 2014 avec un déficit extérieur que seuls le rôle mondial du dollar et la dette permettent de financer.

B Une puissance régionale en devenir : le Brésil

▶ **5e pays du monde par sa superficie** (8,5 millions de km²) comme par sa population (202 millions), le Brésil représente **53 % du PIB d'Amérique du Sud** (2 253 milliards de dollars).

▶ La croissance démographique (+ 0,8 % par an) se poursuit. Pays émergent, le Brésil est la **7e économie mondiale en 2014.**

▶ Le poids du Brésil dans l'économie mondiale est encore modeste. Son développement est entravé par de **fortes inégalités**, mais 40 millions de Brésiliens sont sortis de la pauvreté entre 2003 et 2011.

2 Hard power : *David et Goliath ?*

A L'hégémonie diplomatique et militaire : l'*imperium* américain

▶ Les États-Unis occupent une place prépondérante dans les grandes institutions internationales (FMI, Banque mondiale, **droit de veto** au Conseil de sécurité de l'ONU).

▶ Le budget militaire américain représente **37 % des dépenses militaires mondiales.** Outre leur capacité nucléaire, les États-Unis disposent des technologies militaires les plus avancées.

▶ Les **forces américaines** sont présentes partout : réseau de bases planétaire, groupes aéronavals, réseau de renseignements Echelon, programme de surveillance Prism.

B Le Brésil : un nain en phase de croissance ?

▶ Les dépenses militaires brésiliennes représentent 1,8 % des dépenses mondiales. Toutefois, ses capacités se renforcent.

▶ Par **tradition non interventionniste** dans les affaires mondiales, le Brésil agit sous mandat de l'ONU, et déploie une **diplomatie active**, qui stimule sa revendication d'une meilleure représentation (siège permanent au Conseil de sécurité). Il s'affirme au niveau mondial dans les **sommets des BRICS ou du G20**.

3 Soft power : *contestation et émergence*

A Un *soft power* américain complet mais contesté

▶ **L'anglais, langue véhiculaire internationale**, est un outil de *soft power*, tout comme les industries culturelles : le cinéma américain accapare 40 % des recettes mondiales du secteur !

▶ L'essor foudroyant de l'Internet participe de ce *soft power*, avec la diffusion planétaire des **réseaux sociaux**.

▶ Mais le **modèle américain** est de plus en plus **contesté** par d'autres modèles (altermondialiste, chinois, islamiste, etc.).

B Un *soft power* brésilien en voie d'affirmation

▶ Le Brésil bénéficie dans le monde d'une **image positive**. Le sport, et surtout le football, en est un élément majeur, sanctionné par l'organisation de la Coupe du monde de 2014 (contestée) et des Jeux olympiques de 2016 à Rio.

▶ La **communauté lusophone** compte 240 millions de locuteurs, et 335 millions sont prévus en 2050.

▶ Le Brésil accroît son **aide publique au développement**, axée sur des programmes sociaux, ce qui renforce son image positive dans le monde entier.

CONCLURE

Malgré les bénéfices de l'émergence, le Brésil est encore très loin de pouvoir rivaliser avec la puissance globale des États-Unis, tant au plan du *hard power* que du *soft power*.

États-Unis et Brésil : deux économies mondialisées

143

Quels rôles respectifs les économies du Brésil et des États-Unis jouent-elles dans la mondialisation ?

1 Des économies ouvertes et globalisées

A Les États-Unis, leader de la mondialisation

▶ Les États-Unis sont le 2ᵉ exportateur et le 1ᵉʳ importateur mondial.

▶ Ils accueillent 17 % des stocks d'IDE mondiaux et contrôlent en retour **22 % des stocks d'IDE dans le monde.**

▶ **132 des 500 plus grandes firmes mondiales** sont américaines. Leur puissance explique les fonctions mondiales que concentrent les métropoles américaines.

B Le Brésil : la mondialisation en marche

▶ Le Brésil est **loin de pouvoir rivaliser** avec les États-Unis : ses exportations ne représentent que 15 % des exportations américaines, et ses importations 10 % !

▶ Mais **le stock d'IDE** au Brésil dépasse 700 milliards de dollars. Le pays est devenu le **4ᵉ récepteur**, avec 65 milliards de dollars en 2012.

▶ Les **firmes brésiliennes progressent** dans les classements mondiaux : 8 parmi les 500 premières en 2013.

2 Des systèmes productifs inégalement avancés

A Un système productif américain avancé

▶ En 1945, les États-Unis représentaient 50 % de la production industrielle mondiale. Depuis, leur part relative a reculé au 2ᵉ rang (19,4 %).

▶ Depuis les années 1970, les secteurs des 1ʳᵉ et 2ᵉ révolutions industrielles (sidérurgie, automobile, etc.) ont subi la concurrence de pays à bas coût de main-d'œuvre. Les firmes transnationales américaines ont **délocalisé les productions** à plus faible valeur ajoutée.

▶ Les États-Unis se spécialisent aujourd'hui dans les **productions à forte valeur ajoutée** ou à **fort contenu technologique** (logiciels, bio-industries, aéronautique). Mais les industries à forte composante énergétique, tirées par le boom du gaz de schiste, sont en plein renouveau.

▶ Les **services à forte qualification** ont été les grands gagnants de cette transition : audit, conseil, finance… Wall Street et le Nasdaq concentrent 45 % des flux financiers de la planète !

B Une économie brésilienne puissante et diversifiée

▶ La **richesse du Brésil en matières premières** – minérales, énergétiques, agricoles – est immense. Les exportations vers les grands pays émergents financent le développement brésilien.

▶ L'industrie brésilienne est diversifiée : textile, sidérurgie ; automobile ; aéronautique, pharmacie, etc. Elle bénéficie des investissements étrangers et des **transferts de technologie**.

▶ Le **développement des services** est considérable : ils comptent pour deux tiers du PIB. Les banques brésiliennes jouent un rôle majeur en Amérique latine.

3 Deux agricultures mondiales rivales

A Deux agricultures mondiales

▶ L'agriculture américaine reste la 1re du monde, grâce à un **complexe agro-industriel** (*agrobusiness*) subventionné à la production et puissamment intégré.

▶ Le **complexe agro-industriel brésilien** est en **pleine croissance**. Les OGM sont largement cultivés et les rendements augmentent.

B Les atouts de la grande agriculture brésilienne

▶ L'agriculture brésilienne dispose des vastes espaces propres aux pays neufs : le **front pionnier amazonien** pourrait fournir 90 millions d'hectares supplémentaires, malgré les problèmes environnementaux qu'implique la déforestation.

▶ L'agriculture brésilienne bénéficie d'immenses exploitations mécanisées et d'excellentes ressources en eau, qui justifient son surnom de « **ferme du monde** ».

CONCLURE

Les économies des États-Unis et du Brésil sont toutes deux puissantes et mondialisées. Mais si l'agriculture brésilienne peut rivaliser avec celle des États-Unis, l'avance de ces derniers dans le domaine des nouvelles technologies demeure considérable. Les États-Unis restent l'économie leader de la mondialisation.

États-Unis et Brésil : des dynamiques territoriales décalées 144

Quelles sont les dynamiques territoriales actuelles au Brésil et aux États-Unis ?

1 *Deux anciens « pays neufs »*

A Des espaces à conquérir

▶ Brésil et États-Unis sont des **États-continents** (entre 8 et 10 millions de km²). La conquête et la maîtrise de l'espace et des distances sont donc déterminantes dans la **construction du territoire** de ces deux sociétés.

▶ Les États-Unis ont été construits par les pionniers, qui ont repoussé la **« frontière »** vers l'ouest. Le chemin de fer a hâté la maîtrise du territoire ; des millions de migrants sont arrivés d'Europe.

▶ Le Brésil, en revanche, a connu une succession de **cycles spéculatifs** (sucre, or et surtout café). Ceux-ci ont favorisé le développement de régions monoproductives, créant une **structure territoriale en archipel**.

B Des sociétés multiculturelles

▶ Entre 1872 et 1972, le Brésil a reçu 5,35 millions d'immigrants ; les États-Unis 71 millions entre 1820 et 2005. Les **migrations** ont été **massives et mondiales.**

CHIFFRES CLÉS 4 millions d'esclaves noirs ont été déportés au Brésil : c'est 10 fois plus qu'aux États-Unis.

▶ Dans les deux pays s'est posé le problème des esclaves noirs. Le système esclavagiste a pris plus d'ampleur au Brésil, qui représente à lui seul plus du tiers de la traite atlantique. Mais le métissage y a été intense.

▶ Aux États-Unis, en revanche, les mélanges ont été peu nombreux. Les régions de plantation du Sud-Est comme les grandes villes sont restées marquées par les **problèmes d'intégration de la minorité noire.**

2 *Des centres : métropoles et interfaces*

A Les centres aux États-Unis

▶ Le Nord-Est des États-Unis (Mégalopolis et Grands Lacs) est le berceau de la puissance américaine. Son déclin relatif témoigne du **grand**

« retournement spatial » à l'œuvre depuis 1945, au profit de la **Sun Belt** qui va de la Floride à la Californie, véritable deuxième centre.

▶ Ce basculement est lié à des **dynamiques spatiales à toutes les échelles** : progrès de la façade pacifique, développements transfrontaliers (ex. : Mexamérique), croissance des interfaces maritimes et littoralisation (Floride, Californie), métropolisation (centres de commandement mondiaux).

B Le centre du Brésil

▶ Le Brésil ne compte qu'un centre : le **Sudeste**. Polarisé par São Paulo, Rio de Janeiro, Belo Horizonte, il assure 70 % de la production industrielle du pays. Son **attraction** est considérable.

▶ Cette région centrale bénéficie de **dynamiques** comparables à celles de la Sun Belt : interfaces maritimes (Santos, Rio), dynamiques transfrontalières (Mercosur), métropolisation (São Paulo, 1er aéroport et 1re bourse d'Amérique latine).

3 *Espaces de conquête, espaces de réserve*

A Les périphéries brésiliennes

▶ Les **régions pionnières du Nord amazonien** couvrent presque 50 % du pays pour 5 % du PIB. La forêt est progressivement défrichée par le front pionnier. C'est un espace de conquête : la dernière frontière du Brésil.

▶ À l'inverse, l'ancien centre historique du **Nordeste** fait figure de repoussoir : de fortes inégalités sociales y entravent le développement.

B Les périphéries américaines

▶ Le **Vieux Sud** américain, jadis esclavagiste, a longtemps été en retard. Mais, depuis trente ans, par desserrement de la Mégalopolis, il se modernise, surtout dans sa partie orientale, de l'Alabama à la Virginie.

▶ Le **Grand Ouest**, en revanche, centré sur les Rocheuses, ne connaît de croissance que dans quelques centres urbains (Denver, Salt Lake City). Bien loin du dynamisme de la Sun Belt voisine, il s'agit d'un espace de réserve.

CONCLURE

Brésil et États-Unis sont deux anciens pays neufs, aux dynamiques territoriales comparables. Mais l'intégration spatiale est plus avancée aux États-Unis qu'au Brésil.

Récap' express 145

L'Amérique

UNE CARTE POUR MÉMORISER

Les contrastes de richesse ett de développement du continent américain

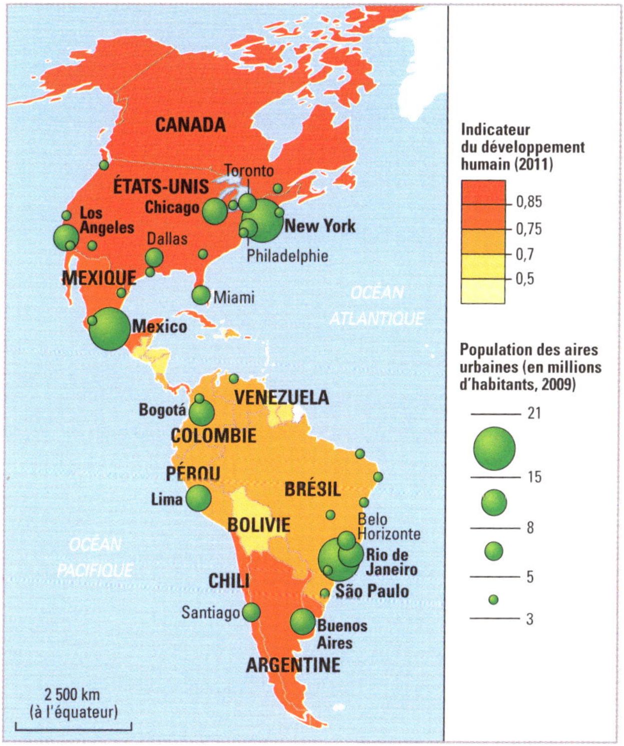

LES DÉFINITIONS

▶ **pays neuf** : pays tardivement peuplé par les Européens (mais pas par les peuples autochtones).

▶ **doctrine Monroe** : doctrine qui établit l'indépendance des Amériques envers l'Europe (du président américain James Monroe, 1817-1825).

GÉOGRAPHIE

▶ **interface** : ligne de contact entre deux espaces dont les différences génèrent des phénomènes d'échanges, de mutation, de domination.

▶ **intégration régionale** : processus de rapprochement et d'harmonisation d'États appartenant à un même ensemble géographique. L'intégration peut se réaliser sur le plan économique, commercial, voire politique.

▶ ***soft power*** : capacité d'influence et de persuasion d'un État.

▶ ***hard power*** : capacité de contrainte d'un État, c'est-à-dire capacité à imposer sa volonté par la force, voire le conflit.

▶ **politique du « *big stick* » (« gros bâton »)** : impérialisme qui n'hésite pas à s'exprimer par l'intervention militaire.

LES IDÉES ESSENTIELLES

États-Unis/Brésil : rôle mondial, dynamiques territoriales

États-Unis	Brésil
Données générales	
• 319 millions d'habitants • PIB : 16 768 Mds $ (1er) • 1er importateur • 2e exportateur • 22 % des IDE mondiaux • 132/500 premières firmes • Produits à forte valeur ajoutée • 1er producteur agricole mondial	• 202 millions d'habitants • PIB : 2 392 Mds $ (7e) • 18e importateur • 23e exportateur • 3 % des IDE mondiaux • 8/500 premières firmes • Matières premières, industrie diversifiée • 3e producteur agricole mondial
Rôle mondial	
• Conseil de sécurité de l'ONU • Omniprésence mondiale • Anglais, Hollywood, Internet	• BRICS, G20 • Diplomatie active • Image positive, football, lusophonie
Dynamiques territoriales	
• Des centres : Nord-Est et Sun Belt • Vieux Sud en reconversion	• Un centre : le Sudeste • Fronts pionniers d'Amazonie

Le Sahara, un désert aux ressources convoitées

146

Quels intérêts et quelles ressources font du Sahara un enjeu géopolitique majeur ?

1 Espaces sahariens

A Le plus grand désert du monde

▶ Le Sahara est le plus grand désert du monde : **8,5 millions de km²**. On le compare souvent à une mer, qui borde l'Atlas ou la Méditerranée au nord, et s'efface progressivement au sud : c'est le **Sahel**.

▶ L'**aridité** est la contrainte majeure : moins de 150 mm de précipitations, avec des températures très élevées le jour, glaciales la nuit. Les paysages du désert sont marqués par cette aridité.

B Un espace d'occupation ponctuelle et linéaire

▶ Cet espace saharien est d'abord un espace de peuplement ponctuel, **autour des oasis,** naturelles ou artificielles, lieux d'agriculture et centres de commerce. Parmi elles, la plus grande oasis du monde : la vallée du Nil.

▶ Les peuples du désert ont toujours été des **peuples nomades**. Mais le Sahara est un désert de **villes en forte croissance**. Nouakchott, créée *ex nihilo* en 1957, dépasse le million d'habitants.

▶ Le Sahara est un désert **traversé de flux** qui en font une **interface active**, dessinant un réseau complexe entre Nord et Sud, espace de contact entre civilisations noire et arabe, source de fructueux échanges.

C Un espace en cours de territorialisation

▶ Avec la colonisation s'est opéré un **grand retournement spatial** : le territoire colonial s'est construit à partir des littoraux, dos au désert. Le Sahara est devenu un espace répulsif, domaine de populations nomades.

▶ Depuis les indépendances, de nouvelles frontières découpent le désert. Mais malgré leurs efforts, les États sahariens se révèlent **incapables d'y exercer un contrôle territorial efficace**.

▶ Cela explique que s'y expriment des **puissances extra-régionales**, qui y protègent leurs intérêts : France, États-Unis, Chine.

GÉOGRAPHIE

2 Des ressources convoitées

A Des ressources liées aux matières premières

▶ Les ressources du Sahara sont convoitées à l'échelle régionale (nappes d'eau fossile) ou mondiale (le **pétrole**, déjà exploité en Afrique du Nord, au Soudan, dans les États sahéliens). Le Sahara est une **zone de fourniture d'énergie**.

▶ Le Sahara renferme de nombreuses **richesses minières**, de plus en plus exploitées (phosphates au Maroc, uranium au Niger). L'espace saharien est donc alimenté par des **économies de rente**, dont le partage est générateur de conflits.

B Des ressources liées aux circulations

▶ Le Sahara a toujours été un **espace de commerce**, jadis par dromadaire, aujourd'hui par 4 x 4. Massive est la contrebande de cigarettes chinoises, importées par l'Afrique de l'Ouest et réexportées depuis l'Algérie.

▶ **Interface de la mondialisation**, le Sahara l'est aussi pour le **trafic de stupéfiants**. 15 % de la production mondiale de cocaïne y transitent vers l'Europe. États et terroristes touchent leur dîme sur ce lucratif trafic illicite. En outre, la présence d'Occidentaux est l'occasion d'une nouvelle rente, la **prise d'otages**.

C Des ressources liées aux frontières

▶ Les frontières politiques sont d'une **grande porosité** au Sahara. La faiblesse des États constitue un avantage comparatif majeur pour les trafics en tous genres. La frontière fournit une rente aux pouvoirs locaux, qui monnaient le droit de passage.

▶ La frontière constitue même une ressource à part entière, en raison des **différences de taxation**. C'est le cas pour le lait en poudre, acheté à prix subventionné en Algérie, exporté en fraude dans les États du Sahel avec un gros bénéfice.

CONCLURE

Le désert saharien est un espace à la territorialisation incertaine. Ses ressources considérables, liées aux matières premières ou aux circulations, expliquent les conflits qui s'y expriment à de multiples échelles.

Le Sahara, un espace de conflits 147

Quels sont les conflits qui traversent l'espace saharien ?
À quelles échelles ces conflits peuvent-ils être analysés ?

1 Des conflictualités transsahariennes

A Le traumatisme nomade

▶ Les frontières entravent les déplacements des peuples nomades mais ne signifient rien pour eux. Populations nomades et États sahariens modernes ont donc des **intérêts contradictoires.**

▶ Redoutés des sédentaires tout au long de leur histoire, les nomades subissent aujourd'hui des changements dramatiques : déclin du nomadisme et des oasis, **progrès de la sédentarisation et de l'urbanisation.** Leurs modes de vie traditionnels s'en trouvent bouleversés.

B L'exemple des Touaregs

▶ Présents dans six États, **1,5 million de Touaregs**, appelés « hommes bleus » en raison de la couleur de leur voile, peuplent le Sahara. Dans les nouveaux États, les Touaregs se retrouvent dans une situation dominée, en voie de **sédentarisation forcée**, malgré des révoltes sanglantes au Mali et au Niger.

▶ Certains, mercenaires dans la Libye du colonel Kadhafi, aujourd'hui lourdement armés, se sont lancés dans de **nouvelles rébellions** visant à la création de l'Azawad, État touareg dans le nord-Mali. Ils ont été soutenus puis supplantés par les islamistes.

2 Des conflictualités régionales : l'exemple du Sahara occidental

A Sahara marocain ou république sahraouie ?

▶ Le conflit du Sahara occidental illustre l'**opposition entre deux puissances régionales.** Le Maroc annexe en 1975 (« marche verte ») cette ancienne colonie espagnole. Le Front Polisario proclame alors la République arabe sahraouie démocratique (RASD), avec le soutien de l'Algérie où il se réfugie devant la poussée militaire marocaine.

▶ Dans les années 1980, le Maroc construit un mur de défense, le « **mur des sables** », se réservant ainsi les ressources de l'Ouest. Un référendum d'autodétermination est toujours attendu, sans cesse différé.

B L'enjeu des ressources naturelles

▶ La présence de **ressources naturelles importantes** (pétrole, or, uranium, minerais stratégiques, comme le tantale ou le niobium) n'est pas étrangère au **blocage de la situation**.

▶ L'Algérie comme le Front Polisario dénoncent régulièrement la « **spoliation massive** » des ressources naturelles sahraouies par le Maroc. Mais l'importance de l'enjeu contribue au maintien du statu quo, favorable aux Marocains.

3 Des conflictualités globales

A Le Sahara, frontière migratoire de l'Europe

▶ Le Sahara est devenu une frontière migratoire pour l'Europe. Des populations y transitent à destination de l'Union européenne, qui tente de réguler ces flux via des **accords avec les États d'Afrique du Nord**.

▶ D'ordinaire, seuls **10 à 20 % des migrants transsahariens** cherchent à la rejoindre. La grande majorité préfère s'employer au Sahara libyen ou algérien. Depuis le « **printemps arabe** », toutefois, les migrations clandestines s'accroissent.

B Le Sahara, sanctuaire du terrorisme international ?

▶ Le Sahara devient aussi un espace conflictuel dans la lutte contre le terrorisme global. Les organisations terroristes y enlèvent des Occidentaux en échange de **rançons** leur assurant des moyens financiers importants. L'aide occidentale contre le terrorisme constitue une nouvelle rente pour les États sahéliens. Al-Qaida au Maghreb islamique (**AQMI**) bénéficie de la grande porosité des frontières et de l'inefficacité du contrôle territorial des États sahariens.

▶ La **rébellion touarègue au Mali** a été l'occasion d'une prise de contrôle au nord du pays. Il a fallu l'intervention militaire française pour y mettre un terme provisoire en 2013.

CONCLURE

Le Sahara connaît des conflictualités à de multiples échelles : transsaharienne, régionale, globale, qui démontrent la vigueur des recompositions géopolitiques à l'œuvre.

Enjeux et défis démographiques africains

148

Quelle est l'ampleur de la croissance démographique africaine ? Quels en sont les défis ?

1 *Une bombe démographique ?*

A La plus forte croissance démographique du monde

▶ En 2014, l'Afrique compte **1,138 milliard d'habitants.** C'est le continent où la croissance démographique est la plus forte.

CHIFFRES CLÉS **L'Afrique comptera 2,4 milliards d'habitants en 2050 et 4,5 milliards en 2100.**

▶ L'Afrique ne comprenait que 7 % de la population mondiale en 1900, mais près de 16 % à présent et 25 % en 2050. Son **poids relatif augmente** donc considérablement.

B Une transition démographique encore en cours

▶ La cause majeure de cette forte augmentation est l'entrée, depuis 1950, dans la **transition démographique**. La mortalité a beaucoup diminué, mais la **natalité** reste très élevée (35 ‰) et la fécondité très forte (4,6 enfants par femme).

▶ Ce passage d'un régime démographique « naturel » à un régime « artificiel » se traduit par des **soldes naturels très élevés** (2,4 %).

C Des stades d'avancement différents

▶ L'Afrique du Nord comme l'Afrique australe sont déjà bien avancées dans leur **transition démographique** (fécondité de 2,7), alors que le reste de l'Afrique voit seulement le début de la baisse de la fécondité (5,4 en moyenne).

▶ Le **sida** représente un facteur d'incertitude, surtout en Afrique australe (16,5 % des adultes y sont infectés).

2 *La croissance démographique : chance ou fardeau ?*

A Le continent de la jeunesse

▶ L'Afrique est un continent jeune : 41 % de sa population a moins de 15 ans (31 % en Afrique australe et septentrionale, 44 % sur le reste du continent).

▶ Le **passage de ces jeunes à l'âge de la fécondité** promet des décennies de croissance.

B La démographie comme charge

▶ Plus de **400 millions d'enfants africains sont à nourrir, à éduquer, à soigner**. D'ici à 15 ans, 330 millions de personnes arriveront sur le marché de l'emploi.

▶ Le **taux de dépendance** des économies africaines est donc très élevé et les besoins d'investissements sont considérables.

C La démographie comme chance

▶ La croissance démographique permet aussi le **développement des marchés intérieurs**, générant ainsi de l'activité. Ainsi, entre 1960 et 2014, le Niger est passé de 3 à 18,5 millions d'habitants.

▶ L'Afrique sera le seul réservoir de **main-d'œuvre de la planète** dans la **deuxième partie du XXIe siècle**.

3 *L'explosion urbaine*

A Un continent rural en croissance urbaine

▶ L'Afrique est le **continent le plus rural** (60 %), mais également celui où l'urbanisation progresse le plus vite.

▶ L'Afrique septentrionale (51 %) et l'Afrique australe (59 %) sont les plus urbanisées (contre 24 % en Afrique orientale).

B Les défis de l'urbanisation à grande vitesse

Sécurité et infrastructures sont un problème dans toutes les villes africaines (ex. : accès à l'eau potable). Toutes les villes africaines ont leurs **bidonvilles**.

C Les villes, avant-gardes de l'évolution

▶ Les villes sont les laboratoires de l'évolution du continent. La **baisse de la fécondité** y est nettement engagée.

▶ Les villes sont également mieux reliées au reste du monde, et sont donc les lieux d'arrivée des **IDE**.

CONCLURE

L'Afrique connaît la plus forte croissance démographique et urbaine du monde. Cette croissance est à la fois une chance et un fardeau.

L'Afrique face au développement et à la mondialisation

149

Quel rôle la mondialisation joue-t-elle dans la croissance africaine ?

1 L'Afrique face au développement

A Les retards différenciés du développement africain

▶ Le développement africain est en retard, surtout en **Afrique subsaharienne** : l'IDH y est de 0,475 en 2012, et l'Afrique abrite 33 des 48 PMA du monde. La population dont le revenu est inférieur au **seuil de pauvreté** dépasse 80 % au Burundi ou au Liberia.

▶ Pourtant, l'**économie informelle** et les solidarités familiales représentent un filet de sécurité vital pour les populations.

B Un retard multifactoriel

▶ Les **traites négrières** – orientale, saharienne et atlantique – ont déporté environ 42 millions de personnes. La domination coloniale européenne a créé des **économies de rente, littoralisées et extraverties**.

▶ Les États africains ont connu de nombreuses **guerres** (civiles ou internationales) depuis les indépendances ou, comme en Afrique du Sud, la lutte anti-apartheid, jusqu'en 1991.

▶ Souvent dominés par des oligarchies qui accaparent les richesses nationales, les États africains sont minés par une **corruption endémique**. Leurs choix économiques hasardeux ont été aggravés par la crise de la dette des années 1980.

C Aide au développement et nouveau contexte global

▶ Les États africains, en faillite, ont dû accepter les **programmes d'ajustement structurel du FMI**. La fin de la guerre froide s'est accompagnée d'une baisse de 40 % de l'Aide publique au développement (**APD**).

▶ Le XXIe siècle change le contexte : en 2000, l'ONU met en place les objectifs du millénaire pour le développement (130 milliards de dollars en 2012, dont 30 pour l'Afrique subsaharienne).

▶ Ce nouveau contexte ouvre une **fenêtre d'opportunité** pour le continent. La forte croissance économique mondiale jusqu'en 2008 propulse l'Afrique dans la mondialisation.

2 L'Afrique dans la mondialisation

A L'intégration par les matières premières

▶ L'Afrique est riche en matières premières agricoles, minières ou énergétiques, souvent exploitées par des **firmes transnationales**.

▶ Cette richesse génère des **économies de rente**. 64 % des exportations africaines sont des matières premières. Mais la croissance économique des pays émergents renchérit leur prix.

▶ Le taux de croissance des PIB africains a été de 4,8 % en moyenne par an de 2002 à 2012. L'augmentation des exportations africaines montre l'**insertion croissante du continent dans la mondialisation**.

B De nouvelles formes d'intégration

▶ Les besoins en infrastructures sont énormes. L'Afrique est devenue une **zone d'intérêt pour les investisseurs** : de 2000 à 2012, les IDE ont quintuplé pour atteindre 50 milliards de dollars.

▶ L'intégration à la mondialisation se fait aussi par la consommation. Les **classes moyennes** africaines montent en puissance : 355 millions de personnes en 2013, soit le tiers de la population.

▶ L'**intégration par les TIC** est plus manifeste encore : l'Afrique est devenue le 2e marché mondial pour la téléphonie mobile.

C L'Afrique, enjeu international

▶ Les **liens** et la **dépendance envers l'Europe**, ancienne puissance coloniale, restent forts. L'UE a signé des accords de partenariat économique, qui établissent des préférences commerciales et une aide au développement.

CHIFFRE CLÉ La Chine est depuis 2009 le premier partenaire commercial de l'Afrique : 210 milliards de dollars d'échanges en 2013.

▶ L'Afrique a acquis un **intérêt géopolitique pour les États-Unis** (guerre globale contre le terrorisme et pétrole du golfe de Guinée). Les importations et les IDE en provenance des États-Unis sont en forte croissance.

▶ La **Chine** investit massivement dans l'énergie et les mines, mais aussi dans le secteur manufacturier, l'agriculture et les services.

CONCLURE

Le retard de l'Afrique est encore très important. Toutefois, son insertion récente dans la mondialisation lui ouvre de réelles perspectives de croissance et de développement.

L'Afrique

Récap' express 150

UNE CARTE POUR MÉMORISER

L'indice de développement humain en 2011

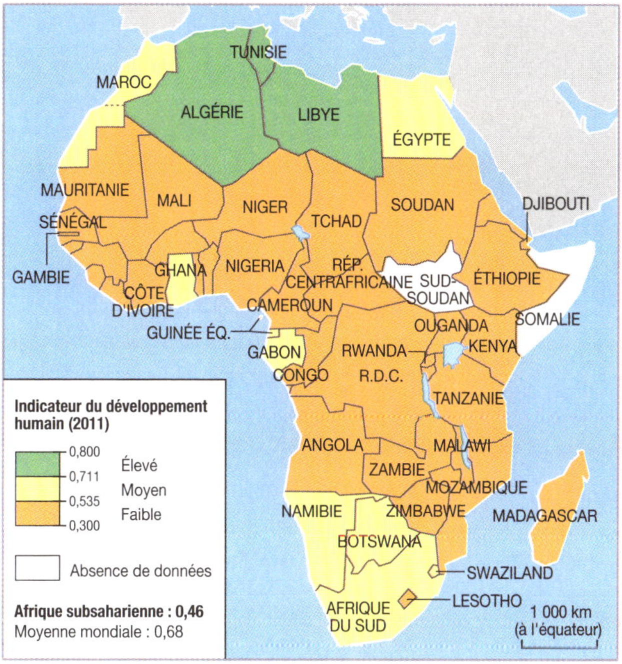

LES DÉFINITIONS

- **apartheid (« développement séparé »)** : ségrégation raciale mise en place en Afrique du Sud entre 1948 et 1991.
- **territoire** : espace structuré et mis en valeur par l'homme.
- **oasis** : lieu de vie autour d'un point d'eau dans le désert.
- **bidonville** : habitat précaire à faible coût et autoconstruit.

GÉOGRAPHIE

▶ **programme d'ajustement structurel** : programme d'assistance économique mis en place par le FMI pour remettre un État défaillant sur une trajectoire économique viable.

▶ **seuil de pauvreté** : 1,25 $ de revenu par jour, en parité de pouvoir d'achat.

▶ **taux de dépendance** : taux de charge des inactifs sur les actifs.

LES IDÉES ESSENTIELLES

L'Afrique : développement et mondialisation

Enjeux et défis démographiques
- Croissante forte
- Continent jeune
- Opportunités (main-d'œuvre)
- Explosion urbaine
- Transition démographique

Développement
- Faible IDH
- Grande pauvreté
- Importance de l'économie informelle
- Poids de l'histoire (traite négrière, colonisation, corruption)

Mondialisation
- Intérêt géopolitique pour l'Europe, la Chine, les États-Unis.
- Économie de rente mais croissance économique
- Intégration par IDE et consommation des classes moyennes

LES CHIFFRES CLÉS

Enjeux et défis démographiques

- Population : 1,138 milliard (16 % de la population mondiale).
- Population active : 432 millions en 2013 ; 523 millions en 2020.
- Solde naturel : 2,4 %.
- 41 % de la population a moins de 15 ans.

Développement et mondialisation

- IDH de l'Afrique subsaharienne : 0,366 en 1980 – 0,475 en 2012.
- 64 % des exportations sont des matières premières (pétrole surtout).
- Taux de croissance annuel moyen du PIB: 2002-2012 : + 4,8 %.

Mumbai, une mégapole en réaménagement

151

Pour quelles raisons Mumbai est-elle une mégapole et une ville mondiale ? Quelles sont les conséquences sur l'espace urbain ?

1 Mégapole et métropole

A Une mégapole en croissance

▶ La croissance de l'agglomération de Mumbai est foudroyante : 1 million d'habitants en 1911, **plus de 22 millions aujourd'hui**. Elle sera la plus peuplée du monde d'ici 2020.

▶ Mumbai est aussi une ville compacte, une **ville de l'ultra-densité** : 35 000 hab./km², avec des pics à 100 000.

▶ Le site est cependant fort peu commode : un ensemble d'îlots reliés les uns aux autres, la « *island city* ». Ces contraintes expliquent un **développement spatial gigantesque**, sur plus de 60 km du sud au nord.

B Une métropole majeure

▶ **Capitale de l'État géant du Maharashtra** (116 millions d'habitants), Bombay est rebaptisée Mumbai en 1996.

▶ C'est la **métropole la plus riche de l'Inde** : elle en assure 5 % du PIB, 25 % de l'industrie, 40 % du trafic portuaire international et 70 % des flux de capitaux.

▶ Son influence sur l'économie indienne se mesure au degré de **contrôle que le capitalisme local exerce sur le reste du pays.**

C Une ville mondiale ?

▶ Bombay fut dès l'origine une ville de la mondialisation. Sa situation sur l'océan Indien explique son succès : au XIXe siècle, elle fut l'**interface privilégiée** entre la métropole britannique et l'empire des Indes.

▶ Mumbai est toujours la **porte d'entrée de l'Inde sur le monde**, rassemblant les sièges sociaux des multinationales indiennes et la plus grande bourse régionale. Un aéroport international la relie à l'archipel mégalopolitain mondial.

▶ Le *soft power* est bien représenté : **Bollywood**, capitale du cinéma indien, premier cinéma mondial en nombre de films.

GÉOGRAPHIE

2 Un espace en réaménagement constant

A Gentrification et métropolisation

▶ Les **mutations spatiales** de cette mégapole engorgée sont liées à son accession au rang de ville mondiale.

▶ Les **classes populaires sont chassées du centre d'affaires** et repoussées vers les banlieues : c'est la **gentrification**.

▶ **Mumbai centre perd des habitants** : – 5,75 % entre 2001 et 2011, alors que les banlieues proches gagnent 8 % et les banlieues lointaines 36 %. Le centre garde les activités haut de gamme.

B L'industrie repoussée en périphérie

▶ Au commencement était le **textile** : en 1853, Bombay voit la création de la première filature de coton, activité à laquelle les importations britanniques assureront le succès.

▶ Aujourd'hui, Mumbai reste une **grande ville industrielle**, bien servie par un port en eau profonde. Presque toutes les branches sont représentées : industries chimiques et pétrolières, automobiles, machines-outils.

▶ La métropolisation oblige les ateliers à la fermeture et **repousse le corridor industriel vers la banlieue nord** jusqu'à Delhi.

C Aménagement et desserrement sur le *Greater Mumbai*

▶ Mais l'**engorgement** demeure. La ville est l'une des plus polluées au monde.

CHIFFRE CLÉ Aux heures de pointe, Western et Central Railways déversent au centre-ville 2 000 voyageurs par minute.

▶ Les projets d'aménagement se succèdent. Les banlieues nord poursuivent leur extension et une ville nouvelle a été implantée de l'autre côté de la baie : **Navi Mumbai**.

▶ D'autres projets améliorent et **modernisent les infrastructures** : trois lignes de métro, monorail aérien, systèmes de conduite ferroviaire automatisée…

CONCLURE

Porte d'entrée de la puissance indienne émergente, Mumbai est une mégapole en forte croissance dont s'affirment les fonctions mondiales. Cette évolution génère d'importants processus spatiaux qui restructurent l'espace urbain.

Mumbai, la ville de tous les contrastes

152

Quels sont les effets socio-spatiaux du développement et de la métropolisation à Mumbai ?

1 *Une ville cosmopolite et contrastée*

A Une ville cosmopolite

▶ Mumbai doit sa croissance au **facteur migratoire** autant que naturel. 40 % de ses habitants sont des migrants de l'Inde entière. L'**accroissement migratoire** représente 50 % de l'accroissement total.

▶ On y parle un **grand nombre de langues** : le marathi, langue officielle, mais aussi l'hindi, le gujarati et l'anglais. On y pratique toutes les religions : hindoue (80 %), mais aussi musulmane, chrétienne, sikhe, parsie, bouddhiste, juive…

B Un laboratoire de l'émergence indienne

▶ Malgré les bidonvilles, le revenu moyen à Mumbai est le triple du revenu national. La ville est le **moteur économique principal du pays**.

▶ Mumbai est devenue le laboratoire de l'émergence indienne, où s'élaborent les standards de vie de la **classe moyenne indienne**.

C Une ville de violents contrastes sociaux

▶ Mais si Mumbai compte plus de **millionnaires** que le reste du pays, elle abrite aussi les populations les plus pauvres dans des bidonvilles géants : les ***slums***.

▶ Ces contrastes se traduisent dans l'espace urbain. De puissants processus socio-spatiaux produisent des **territoires urbains nettement différenciés**.

2 *Mumbai la riche : la ville de l'émergence*

A Les quartiers de standing du sud

▶ Au sud, les quartiers de standing, comme Malabar Hill où réside **l'élite politique, économique et artistique** de la ville.

▶ À l'extrême sud, on trouve le quartier de standing de la **ville moderne** : Marine Drive et ses hôtels de luxe.

B Les quartiers d'affaires du centre-nord

▶ De nouveaux centres d'affaires ont été créés au nord, en complément du cœur historique, saturé : Worli, Bandra Kurla, Oshiwara. Nariman Point est le premier et le plus important des quartiers.

▶ Ces quartiers se transforment ainsi en **centres décisionnels**, avec immeubles de bureaux et gratte-ciel, sièges sociaux des multinationales indiennes et des filiales étrangères.

C Les nouveaux centres décisionnels

▶ Un troisième centre décisionnel se dessine à Bandra Kurla, **près de l'aéroport**, avec hôtels, immeubles et centres commerciaux.

▶ Des **aménagements** relient ces quartiers, tel le Bandra-Worli Sea Link, un pont de 5,6 km. Mais l'espace manque.

3 *Mumbai la pauvre : la ville des slums*

A La Mumbai des *slums*

▶ Les *slums* abritent la moitié de la population dans les **espaces interstitiels**, marécageux, proches des quartiers industriels.

▶ Ces poches de pauvreté occupent des espaces très convoités dans une ville où les **concurrences spatiales** sont exacerbées. La métropolisation induit une **ségrégation spatiale**.

B Dharavi, bidonville monstre

▶ Parmi ces *slums*, Dharavi, l'**un des plus grands bidonvilles d'Asie**, compte 1 million d'habitants.

▶ Dharavi est aussi une zone d'**activité économique informelle** (5 000 unités industrielles : textile, cuir, broderie).

C Dharavi, espace convoité

▶ Mais Dharavi représente aujourd'hui un espace convoité : la tentation est grande d'**expulser les pauvres**.

▶ Le « Dharavi Redevelopment Project » prévoit de libérer l'espace pour de **fructueuses opérations immobilières**.

CONCLURE

Mumbai est une ville cosmopolite et contrastée, où se côtoient les quartiers modernes de la métropole émergente et les *slums* caractéristiques d'une ville du Sud.

L'Asie du Sud et de l'Est : la moitié de l'humanité

153

Quels sont les défis posés par une population considérable ?

1 La moitié du monde

A D'énormes masses démographiques

▶ La masse démographique de l'Asie du Sud et de l'Est est colossale : sur 7,3 milliards d'humains, la zone en regroupe près de **4 milliards**.

CHIFFRE CLÉ L'Asie du Sud, de l'Est et du Sud-Est représentent plus de la moitié de l'humanité : 54 %.

▶ L'Asie méridionale compte 1,793 milliard d'habitants (**1,282 en Inde**) ; l'Asie orientale, 1,510 milliard (**1,4 pour la seule Chine**, État le plus peuplé du monde) ; l'Asie du Sud-Est, 633 millions.

B Des comportements démographiques contrastés

▶ Les pays les plus développés ont une **démographie avancée** (solde naturel de 0,5 % en Corée du Sud, négatif au Japon). La Chine a freiné violemment sa croissance démographique (+ 0,5 % : politique de l'enfant unique depuis 1979).

▶ Mais l'Inde ne ralentit que lentement et atteindra 1,652 milliard d'habitants en 2050. L'Asie du Sud connaît encore une **croissance démographique élevée**.

C D'exceptionnelles densités rurales

▶ Ces populations sont très denses, notamment dans les campagnes : **plaines et deltas rizicoles** concentrent parfois 1 000 hab./km².

▶ L'Asie reste donc **fortement rurale** : l'Inde l'est encore à 68 % et la Chine (à 48 %) n'est majoritairement urbaine que depuis 2011.

2 De grandes aires de civilisation

A La civilisation chinoise

▶ L'Asie de l'Est est le berceau d'**une des plus grandes civilisations** : la civilisation chinoise, vieille de 35 siècles.

▶ L'empire chinois perdure jusqu'en 1911 avec une remarquable **stabilité spatiale et philosophique** (confucianisme). Le monde sinisé s'étend jusqu'aux Corées et au Japon.

B La civilisation indienne

▶ L'Asie du Sud est marquée par la civilisation indienne. Sa religion majoritaire, l'**hindouisme**, est apparue il y a 35 siècles.

▶ Mais le monde indien, unifié par la colonisation britannique, est **aujourd'hui très divisé**, opposant l'Inde au Pakistan musulman.

C Le carrefour du Sud-Est asiatique

▶ L'Asie du Sud-Est est un **assemblage complexe**, héritier d'influences chinoises et indiennes, marqué par l'hindouisme et le bouddhisme.

▶ À partir du XVe siècle, la région a aussi connu l'influence de l'**islam** en Indonésie et en Malaisie ou du **catholicisme** aux Philippines.

3 *Le développement à l'aune de la démographie*

A De grandes disparités de niveau de vie

▶ La disparité des niveaux de vie (PIB/hab. du Japon : 37 100 $; Bangladesh : 2 100 $) suscite des **problématiques de développement différentes**.

▶ L'Asie du Sud reste marquée par une **grande pauvreté**, qui est en voie de réduction en Asie de l'Est et du Sud-Est.

B Une fenêtre d'opportunité démographique

▶ L'Asie de l'Est se trouve dans une configuration démographique très favorable, avec un **faible taux de dépendance de ses économies**, où dominent les classes d'âge adultes.

▶ La Chine représente **24 % de la population active mondiale**.

▶ En Asie du Sud, le poids des jeunes représente un **défi considérable** en termes d'équipements, d'éducation…

C Des perspectives différenciées

▶ L'avenir est lourd d'incertitudes : le Japon et la Corée du Sud stagnent, et la **Chine vieillit** très vite.

▶ Seule l'Asie du Sud devrait entrer dans une période favorable, avec des **classes adultes** plus nombreuses.

CONCLURE

La population de l'Asie du Sud et de l'Est (50 % de la population mondiale) poursuit sa croissance à des rythmes différents : ralenti en Asie de l'Est, élevé en Asie du Sud.

Des Asies entre croissance et développement

154

Comment s'est réalisée la croissance asiatique ? Peut-on réellement parler de développement ?

1 Des Asies en croissance

A La croissance asiatique : le « vol d'oies sauvages »

▶ La croissance asiatique a été **inégale dans le temps et dans l'espace** : elle s'est réalisée par vagues, en commençant par le Japon (ère Meiji de 1868, puis « haute croissance » des années 1955-1973).

▶ Dès les années 1960, les quatre « **Dragons** » (Hong Kong, Corée du Sud, Taïwan, Singapour) ont suivi, produisant pour l'exportation et remontant les filières industrielles.

▶ Dans les années 1970, c'est le tour des « **Tigres** » (Thaïlande, Malaisie, Indonésie, Philippines), puis, dans les années 1980, celui de la Chine et des pays de 3e génération (Vietnam). L'Asie du Sud décolle depuis les années 1990.

B Pays leaders, pays émergents

▶ Les niveaux de développement sont encore très différents. Le Japon et les Dragons, particulièrement la Corée du Sud, sont des pays leaders dans la **division régionale du travail.**

▶ La Chine, depuis 1979, voit les IDE affluer. Son PIB a été multiplié par 20 en trente ans. Elle devient « **l'usine du monde** » : 1er exportateur depuis 2009 ; 2e économie mondiale depuis 2010.

▶ L'Inde a libéralisé son économie à partir de 1991. 10e économie mondiale aujourd'hui, annoncée comme la 5e en 2020, l'Inde se spécialise dans les services informatiques : c'est le « **bureau du monde** ».

C Les modalités spatiales de la croissance asiatique

▶ La croissance asiatique s'est réalisée par l'insertion dans la **division internationale du travail** impulsée par les firmes transnationales.

▶ Les échanges ont explosé et les **économies asiatiques se sont littoralisées.** L'Asie compte 9 des 10 premiers ports mondiaux et d'immenses façades maritimes, interfaces de la mondialisation.

▶ Les grandes **métropoles asiatiques** – Tokyo, Séoul, Shanghai, Singapour, Hong Kong – sont devenues de grands centres d'impulsion de l'économie mondiale.

2 Des Asies en développement ?

A La croissance asiatique à l'épreuve du temps

▶ La croissance asiatique **dévore la main-d'œuvre et les matières premières** à un rythme peu soutenable.

▶ Elle est aussi **partiellement artificielle** : la moitié de la croissance chinoise est due aux investissements, le reste est fondé sur la colossale épargne des ménages et l'utilisation de technologies étrangères.

▶ La **convergence** des pays émergents d'Asie avec les pays développés de la Triade est réelle. Mais les **délocalisations** se dirigent à présent davantage vers l'Asie méridionale ou le Vietnam.

B Une croissance inégale ?

▶ Le développement est incontestable : l'IDH de l'Asie de l'Est est passé de 0,432 en 1980 à 0,683 en 2012 ; celui de l'Asie du Sud de 0,377 à 0,558. **Les classes moyennes se développent.**

▶ La mondialisation favorise les littoraux sur les espaces intérieurs. **Les campagnes restent attardées** face à l'essor urbain.

▶ La montée des **inégalités sociales** accompagne le développement. En Chine, les 10 % les plus riches contrôlent 45 % de la richesse.

C Une croissance au détriment de l'environnement ?

▶ La Chine est le **1er émetteur mondial de gaz à effet de serre.** Un « nuage brun » de **pollution** surplombe l'Asie orientale.

▶ La littoralisation des économies asiatiques et les fortes densités entraînent un accroissement des **risques naturels et industriels** (catastrophe nucléaire de Fukushima en 2011).

▶ La prise en compte des questions environnementales est encore très inégale. Priorité est donnée au développement.

CONCLURE

La croissance asiatique, en « vol d'oies sauvages », a généré un incontestable développement. L'Asie est globalement émergente, bien que marquée par les inégalités et d'immenses défis environnementaux.

Chine et Japon : un face-à-face historique

155

Quels sont les rapports entre les deux principales puissances asiatiques ?

1 De la filiation à l'agression

A Le Japon face à l'influence chinoise

▶ Dès le VIe siècle, **le bouddhisme et le confucianisme**, venus de Chine via la Corée, sont introduits au Japon. C'est le début d'une influence culturelle chinoise qui lègue idéogrammes, institutions, règles sociales, etc.

▶ L'empereur règne sur la Chine, mais aussi sur des **États vassaux**, perçus comme barbares et assujettis à un tribut. Or, le **Japon** a toujours **refusé ce système tributaire**.

B La modernisation du Japon

▶ L'irruption des Européens en Asie orientale marque un tournant. Face au défi technologique occidental, le Japon se lance dans la **modernisation Meiji** (1868). La Chine, en revanche, se voit imposer dès 1842 les « **traités inégaux** », qui marquent pour elle le début du « siècle de la honte ».

▶ La montée en puissance japonaise se traduit par l'**expansionnisme colonial vers la Corée et la Chine** (massacre de Nankin en 1937). La Chine orientale est occupée par le Japon jusqu'à la victoire américaine de 1945.

2 Croissances et reconnaissance

A Reconstruction et haute croissance

▶ Après la reconstruction, pendant la phase de « haute croissance » (1955-1973), le PIB du Japon augmente de 10 % par an. Le **Japon** devient la **2e puissance économique mondiale** en 1968.

▶ La **Chine devient communiste** en 1949 avec la victoire de **Mao Zedong**. Le gouvernement nationaliste se réfugie à Taïwan. En 1972, le Japon reconnaît la Chine populaire.

▶ Mais la Chine reste engluée dans le maoïsme du « **Grand Bond en avant** » (1958-1961) et de la **Révolution culturelle** (1966-1976).

B Le réveil chinois

▶ Il faut attendre la mort de Mao en 1976 et les « **quatre modernisations** » de **Deng Xiaoping** en 1979 pour que la Chine ouvre son économie et son territoire au capitalisme. En trente ans, la Chine rattrape et dépasse le Japon.

▶ Depuis 1990, le Japon connaît une croissance molle, mais demeure une grande puissance économique. Chine et Japon sont ainsi, pour la première fois, simultanément des **puissances régionales**.

3 Des atouts différents

A Des démographies différentes ?

▶ La **Chine** possède l'atout d'une population de **1,4 milliard d'habitants**, contre **127 millions** pour le **Japon**. La population chinoise représente 24 % de la population active mondiale, relayée par une diaspora de 50 millions de personnes.

▶ Avec un solde naturel négatif (– 0,1 %) et une immigration nulle, le Japon est entré en **décroissance** : 97 millions de Japonais prévus en 2050. Mais la Chine vieillit encore plus : en 2050, il n'y aura « que » 1,314 milliard de Chinois, dont 30 % de personnes âgées.

B Deux poids lourds de l'économie mondiale

▶ La Chine, grâce aux IDE et à ses investissements considérables, est devenue « l'usine du monde ». Le Japon risque d'être distancé en raison de la **faiblesse de sa croissance**, même si son PIB/hab. est de 37 100 $ contre 9 800 en Chine.

▶ La Chine est un **pays émergent**, avec une classe moyenne croissante, une industrie qui monte en gamme et de forts excédents commerciaux. Mais le Japon reste une **économie ultra-moderne**, à l'avance technologique considérable, **leader de la mondialisation**.

CONCLURE

Longtemps influencé par la Chine, le Japon l'a à son tour dominée à partir de 1868. Après le réveil chinois de 1979, les deux pays sont aujourd'hui simultanément des puissances régionales. Leurs atouts respectifs s'équilibrent, malgré la masse démographique chinoise.

Chine et Japon : entre complémentarité et concurrence 156

Jusqu'à quel point et dans quels domaines Chine et Japon sont-ils concurrents au niveau régional ?

1 La complémentarité du « circuit intégré asiatique »

A Un Japon toujours donneur d'ordres

▶ Les **grandes firmes japonaises** jouent un rôle considérable. Elles ont investi massivement depuis trente ans dans une Chine qui leur assurait une **plate-forme manufacturière idéale.**

CHIFFRE CLÉ La part de la Chine dans la valeur ajoutée d'un iPhone théoriquement « made in China » est de moins de 4 %.

▶ La Chine exporte ainsi des produits « made in China » dont les composants à forte valeur ajoutée viennent en réalité du Japon. Chine et Japon sont donc **plus complémentaires que concurrents** dans le « circuit intégré asiatique ».

B Le court-circuit chinois

▶ Mais la Chine n'est pas un pays émergent comme les autres : sa masse démographique, la taille de son économie et ses marges financières considérables lui permettent de **sortir progressivement de cette position dominée.**

▶ Les **transferts de technologies** occidentales l'aident à combler son retard. Les transferts technologiques allemands ont ainsi permis à la Chine de produire un TGV « 100 % chinois ». Aussi la Chine, court-circuitant la remontée de filières industrielles, se pose désormais en **concurrente du Japon**.

2 Les difficultés de l'intégration régionale

A L'enjeu de l'ASEAN

▶ Dans l'intégration régionale, Chine et Japon sont en concurrence. Toute la question est de **savoir au profit de qui s'opérera l'intégration**, qui peut modifier les équilibres économiques de la région.

▶ L'ASEAN est une zone de libre-échange et un forum de coopération politique. Face à l'**ASEAN +3** (qui vise à établir des accords de libre-échange entre l'ASEAN, la Chine, le Japon et la Corée du Sud), le Japon s'efforce de promouvoir un **ASEAN +6** (en intégrant également l'Australie, la Nouvelle-Zélande et l'Inde).

B L'Organisation de coopération de Shanghai (OCS)

▶ Créée en 2001, l'**OCS** regroupe la **Chine**, la **Russie** et **quatre pays d'Asie centrale**. Elle inclut également des pays observateurs, qui pourraient potentiellement intégrer l'organisation (Iran, Inde, Pakistan, Mongolie, Afghanistan).

▶ Le statut de pays observateur a été refusé au Japon ainsi qu'aux États-Unis. La Chine affirme ainsi son **leadership régional**. Sa situation géographique lui permet de jouer un rôle pivot : au nord l'OCS, au sud l'ASEAN +3.

3 *Des contentieux géopolitiques*

A Le contentieux mémoriel

▶ Chine et Japon témoignent de **nationalismes** en voie d'affirmation ou de résurgence. La Chine ne manque pas de rappeler le massacre de Nankin et les crimes de guerre perpétrés par l'armée japonaise entre 1937 et 1945.

▶ Le **sanctuaire shintoïste Yasukuni**, à Tokyo, dédié aux morts pour le Japon, est un enjeu très sensible depuis que les noms de certains criminels de guerre y ont été ajoutés.

B Le cas des îles Senkaku/Diaoyu

▶ Les **îles Senkaku/Diaoyu** ne sont que des îlots entre Taïwan et Okinawa. Administrées par le Japon depuis 1895, ces îles sont **revendiquées tant par Taïwan que par la Chine populaire**.

▶ Des incidents s'y produisent régulièrement. La zone a pris un nouvel intérêt en raison des **gisements pétroliers offshore**. Mais l'affaire des Senkaku/Diaoyu permet aussi au régime chinois de préserver son unité intérieure autour d'un nationalisme anti-nippon fédérateur.

CONCLURE

Chine et Japon sont plus complémentaires que concurrents dans le domaine économique. Toutefois, la Chine affirme ses ambitions économiques et géopolitiques régionales.

Chine et Japon : des ambitions mondiales

157

Comment s'expriment les ambitions chinoises et japonaises à l'échelle mondiale ? Quels sont les moyens de leurs ambitions respectives ?

1 *Des soft powers balbutiants ?*

A Le *Cool Japan* à la conquête du monde

▶ Chine comme Japon ont la puissance nécessaire pour jouer un rôle mondial. Le **Japon** a beaucoup développé son ***soft power*** : mangas, dessins animés (Miyazaki), jeux vidéo.

▶ Le Japon fournit une importante **aide au développement** : environ 10 milliards de dollars par an. Il participe largement aux **opérations de l'ONU** avec douze interventions depuis 1992, mais toujours avec des non-combattants.

B Le développement du *soft power* chinois

▶ Le ***soft power* chinois** est en plein essor, surtout en direction des pays du Sud, qui apprécient les principes chinois de non-ingérence et l'inconditionnalité de son aide.

▶ Les 360 **instituts Confucius** dans 105 pays enseignent la langue et l'histoire de la Chine. Les médias mondiaux diffusent l'**image d'une Chine moderne**, lors des Jeux olympiques de Pékin en 2008 ou de l'Exposition universelle de Shanghai en 2010.

2 *Une inégalité du* hard power *à nuancer*

A Des héritages diplomatiques inégaux

▶ Sur le plan du *hard power*, la situation est contrastée. La **Chine** fait partie des vainqueurs de 1945 et détient donc un siège de **membre permanent au Conseil de sécurité de l'ONU** (depuis 1971, où elle prend la place de Taïwan).

▶ Le **Japon**, vaincu en 1945, n'a pas ce statut qui donne un droit de veto. Il est toutefois le pays qui a été le plus souvent élu **membre non permanent** (20 ans), mais sa revendication au statut de membre permanent est bloquée par la Chine.

B Forces et faiblesses militaires

▶ Puissance nucléaire, la Chine modernise ses forces armées : le budget militaire est le 2e mondial. La sécurisation des routes maritimes passe par la **stratégie du « collier de perles »** dans l'océan Indien.

▶ Les forces japonaises d'autodéfense ont hérité de 1945 l'interdiction d'actions offensives et d'armes nucléaires. Leur budget est cependant le 6e mondial, avec la **protection militaire américaine**. Il est en hausse depuis 2013, en réaction à la menace chinoise.

3 *Les dimensions de la projection mondiale*

A La course aux matières premières et aux marchés mondiaux

▶ Les ambitions mondiales du Japon, comme de la Chine, s'expriment à travers la course aux marchés mondiaux et la recherche des matières premières nécessaires à leur développement économique. Les deux pays sont en effet très **dépendants de l'extérieur** : la Chine est le 1er importateur mondial de pétrole depuis 2013, le Japon est le 3e.

▶ Cette dépendance partagée explique les **liens privilégiés avec le Moyen-Orient et la Russie**. Elle explique également la concurrence acharnée que se livrent leurs firmes à travers le monde pour l'exploitation des gisements d'énergie et de matières premières, notamment en Afrique.

B Quels projets de puissance ?

▶ La puissance chinoise est au service de la « **géopolitique des trois cercles** » : rassembler les Chines historiques (Hong Kong, Macao, Taïwan), s'imposer dans l'aire Asie-Pacifique, affirmer sa puissance au niveau mondial, notamment face à l'hyperpuissance américaine.

▶ À l'échelle mondiale, en dépit de quelques regains nationalistes, le **Japon** n'a pas de volonté d'affirmation de puissance. Il se prépare plutôt à devenir une « **Suisse de l'Asie, prospère et pacifique** ».

CONCLURE

Bien que relativement comparables dans leurs moyens actuels de *hard* comme de *soft power*, Chine et Japon ont des ambitions mondiales différentes. Le Japon est plus tourné vers l'influence économique, tandis que la Chine tend vers une expression globale de sa puissance.

Récap' express 158

L'Asie du Sud et de l'Est

LES DÉFINITIONS

▶ **ASEAN** : Birmanie, Brunei, Cambodge, Indonésie, Laos, Malaisie, Philippines, Singapour, Thaïlande et Vietnam.

▶ **Dragons** : Hong Kong, Corée du Sud, Taïwan, Singapour.

▶ **Tigres** : Thaïlande, Malaisie, Indonésie, Philippines.

▶ **circuit intégré asiatique** : division régionale du travail en Asie orientale, impulsée par les firmes transnationales.

▶ **« collier de perles »** : réseau de facilités navales chinoises entre la Chine et le golfe Persique, pour sécuriser la route du pétrole.

▶ **« vol d'oies sauvages »** : processus de développement dont le « V » inversé symbolise la diffusion de la croissance dans l'espace et le temps.

LES IDÉES ESSENTIELLES

Chine/Japon : concurrence régionale, ambitions mondiales

Chine	Japon
Données générales	
• 1,4 milliard d'habitants • 2e économie mondiale • 1er exportateur mondial • PIB/hab. : 9 800 \$ • 1res réserves mondiales de change • « Usine du monde »	• 127 millions d'habitants • 3e économie mondiale • 4e exportateur mondial • PIB/hab. : 37 100 \$ • « Économie leader » • Produits de haute technologie
Concurrence régionale, ambitions mondiales	
• Conseil de sécurité de l'ONU • 2e budget militaire mondial • Diaspora, instituts Confucius • « Géopolitique des trois cercles »	• G8 • 6e budget militaire mondial • Mangas, jeux vidéo • « Suisse de l'Asie »

GÉOGRAPHIE

UN SCHÉMA POUR MÉMORISER

Le « vol d'oies sauvages » en Asie orientale

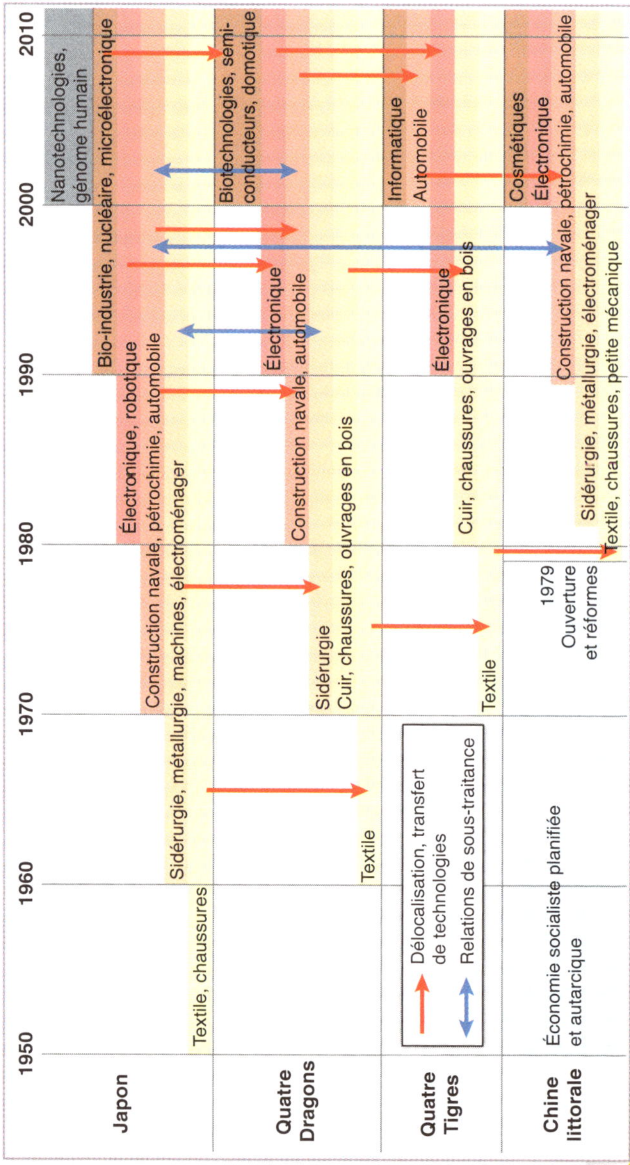

Récap' express

Philosophie

SOMMAIRE
PHILOSOPHIE

CHECK LIST

La morale

OK ☑

Crédits iconographiques

L'épreuve de philosophie au bac

L'épreuve de philosophie du bac dure quatre heures. Vous devez traiter au choix l'un des trois sujets proposés : deux dissertations et une explication de texte. Avant de revenir sur la méthode des deux exercices, voici quelques indications générales.

1 Les critères d'évaluation

A Un devoir bien construit avant toute chose

▶ C'est d'abord d'un point de vue formel que le correcteur apprécie une copie : la construction du devoir, sa manière de **progresser vers une solution** importent bien davantage que la « vérité » de cette solution ou des étapes permettant d'y accéder.

▶ En effet, il existe toujours plusieurs démarches possibles à partir d'une même problématique, et le correcteur ne juge que de la **cohérence de la démarche** qu'il découvre, indépendamment de ses choix personnels.

▶ Toutes les références, toutes les idées, sont de fait acceptables, à la condition d'être **intégrées dans un raisonnement valide**. Ce qui est sanctionné, c'est l'absence de construction d'un devoir, l'incohérence logique ou l'opinion formulée sans aucun recul critique.

B L'utilisation de vos connaissances

▶ En philosophie, la copie est appréciée de façon globale : la note n'est pas attribuée en réservant un certain nombre de points à tel ou tel aspect de la copie, elle reflète l'impression générale produite par la lecture du devoir.

▶ Cette impression dépend avant tout de la façon dont un certain nombre de **connaissances** ont été mises en œuvre **pour construire l'argumentation.**

NOTEZ BIEN

On peut argumenter correctement avec un savoir relativement modeste. À l'inverse, on peut raisonner de travers, ou pas du tout, en faisant étalage d'un savoir considérable : dans ce cas, vous risquez d'être déçu(e) par votre note…

2 *Quelques conseils généraux*

A Pour la rédaction

▶ À l'exigence de construction du devoir s'en ajoute une seconde, concernant sa rédaction. Vous devez prendre garde à rédiger votre devoir de façon **claire et accessible**.

▶ Il vous faut par ailleurs veiller au **respect de la grammaire et de l'orthographe**. Le correcteur peut en effet amputer d'un ou deux points la note initialement prévue lorsque les fautes surabondent dans les pages qu'il a lues.

B Pour la présentation

▶ N'oubliez pas que la **lisibilité** est une marque de politesse élémentaire dont vous saura gré le correcteur.

▶ **Proscrivez les abréviations**. Un texte confié à la lecture doit être intégralement rédigé. Respectez les règles élémentaires de la ponctuation : trop de candidats oublient qu'après un point une nouvelle phrase commence par une majuscule, ou que les virgules sont utiles pour scander la lecture.

▶ **Soulignez** dans votre copie les mots qui, si le texte était imprimé, appelleraient des lettres en italique. À savoir :

– les titres d'œuvres ;

– les mots d'origine étrangère ;

– les mots sur lesquels vous voulez insister particulièrement parce qu'ils ont un rôle important dans la copie. Quant aux citations, il suffit de les placer **entre guillemets**.

CONCLURE

Lors de l'épreuve de philosophie, il vous est demandé de construire votre réflexion en utilisant ce que vous avez retenu du travail accompli au cours de l'année.

La dissertation 160

La dissertation consiste à répondre à la question posée par le sujet, en exposant le problème qu'elle soulève.

1 *L'enjeu de l'exercice*

▶ La dissertation doit vous offrir l'occasion de montrer au correcteur que vous savez utiliser les connaissances acquises dans l'année pour élaborer un raisonnement.

▶ S'il est vain d'espérer réussir une bonne copie sans connaissances, il faut encore que ces connaissances soient intégrées dans une **démarche d'analyse et de démonstration**.

▶ L'analyse concerne le problème impliqué par le sujet que vous aurez choisi.

▶ La démonstration doit être menée de façon rigoureuse. La mise en ordre des idées avancées est donc capitale, comme l'est la capacité à opérer des déductions justes : on ne passe pas de n'importe quelle idée à n'importe quelle autre.

2 *Du choix du sujet au plan*

A Choisir le sujet

Consacrez 10 à 15 minutes au choix du sujet.

▶ Jetez rapidement au brouillon les principales idées suggérées par les sujets proposés. Il s'agit là, simplement, de **baliser une possible démonstration**.

▶ C'est la fécondité de cette réflexion sur une question qui vous amène à décider du sujet que vous traiterez.

B Élaborer le plan

Consacrez-y une heure.

▶ Le plan doit être construit de telle manière qu'il puisse servir de guide lors de la rédaction. Pour l'obtenir :
– **notez** sur une feuille tout ce qui vous vient à l'esprit (un quart d'heure) ;
– **triez** ces premières idées et organisez-les (trois quarts d'heure).

▶ Lors de ce tri :
1) n'hésitez pas à **éliminer** ce qui paraît ne pas être en rapport direct avec le sujet ;

PHILOSOPHIE

2) **regroupez** idées, allusions et exemples autour de quelques points de vue généraux sur le problème, qui donneront naissance aux différentes parties du devoir ;
3) formulez clairement, pour votre usage personnel, **la thématique de chaque partie en une phrase** ;
4) distinguez clairement les arguments des exemples.

NOTEZ BIEN

• L'idéal est de rédiger votre plan **sous la forme d'un tableau** en colonnes, en prenant des feuilles en largeur (une par partie).
1) Colonne de gauche : idée directrice de chaque partie.
2) Colonne centrale : résumé des différents arguments.
3) Colonne de droite (la plus large) : matériau étayant chaque argument ; exemples, références à des auteurs, citations éventuelles, emprunts à l'actualité, allusions culturelles.
• En procédant de la sorte, vous pouvez vous apercevoir s'il manque des transitions, des étapes d'analyse ou des exemples.

3 La rédaction et la relecture

A La rédaction

▶ Consacrez-y deux heures. Si le plan est bien détaillé, il vous suffit de **développer** clairement, sans hâte inutile, **le cheminement** que vous avez sous les yeux.
▶ **Pensez au lecteur** : séparez clairement l'introduction et la conclusion du texte principal, sautez une ligne après chaque partie, commencez chaque paragraphe en retrait de la marge.

B La relecture

▶ Consacrez tout le temps qui vous reste à contrôler que vous n'avez pas oublié de mot en écrivant et à **vérifier la correction** grammaticale et orthographique.
▶ Si vous vous apercevez qu'il manque un argument dans une partie, n'hésitez pas à inscrire dans votre texte un appel de note (signalé par un « * »), et à ajouter un paragraphe ainsi appelé en fin de copie.

CONCLURE

Vous disposez de quatre heures pour élaborer votre raisonnement et le mettre en forme : entraînez-vous, en cours d'année, à les utiliser efficacement.

L'explication de texte 161

L'explication de texte est une sorte de dissertation qui s'appuie sur une question posée par le texte.

1 Le texte, non l'auteur

A « La connaissance de l'auteur n'est pas requise »

▶ Le sujet du commentaire est suivi de ces lignes : « La connaissance de la doctrine de l'auteur n'est pas requise. Il faut et il suffit que l'explication rende compte, par la compréhension précise du texte, du problème dont il est question ».

▶ On peut choisir ce sujet même si l'on ignore à peu près tout de l'auteur des lignes à commenter : **ce qui compte, c'est la saisie du « problème »** (le thème) et la « compréhension précise du texte » (c'est-à-dire à la fois la thèse de l'auteur et son argumentation).

▶ Il est donc totalement inutile, sinon dangereux, de commencer la copie par ce que l'on peut savoir de l'auteur : on évitera aussi bien les notations biographiques que les « résumés » de sa philosophie, puisqu'ils ne concernent pas l'extrait à expliquer.

B Rien que le texte mais tout le texte

▶ Par principe, il faut expliquer **la totalité de l'extrait**. Dans le cas d'un passage difficile, mieux vaut signaler combien l'explication en est délicate ; au moins aura-t-on montré que l'on a conscience des difficultés.

▶ S'en tenir au texte signifie aussi que son explication ne doit en aucun cas servir de prétexte à l'étalage d'opinions personnelles du candidat, ni à la récitation de connaissances sur le problème abordé.

2 De l'examen du texte au plan

A Lire le texte

Il est nécessaire de lire le texte plusieurs fois, **avec la plus grande attention**. Au cours de ces lectures :
– découpez le texte en parties ;
– résumez chaque partie en une formule-titre ;
– résumez l'ensemble du texte en une phrase-titre : c'est la **thèse** ;
– rattachez cette thèse à une notion ou un thème philosophique.

B Élaborer le plan

Suivez un ordre inverse de celui de cet examen préparatoire.

▶ Le thème abordé (de quoi, de quelle notion, de quel concept parle l'auteur ?) doit être cité **dès l'introduction** de la copie. Annoncez également le point de vue de l'auteur sur ce thème (quelle est la position qu'il entend établir et faire admettre par son lecteur ?).

▶ **Chaque partie** sera ensuite consacrée à commenter rigoureusement **une étape de l'argumentation** de l'auteur. Il faut donc que cette argumentation soit clairement établie au brouillon. Il est possible que, dans le texte à expliquer, les idées ne soient pas en ordre : c'est à vous de rétablir ce dernier.

3 *Dégager les enjeux philosophiques*

▶ Pour expliquer pleinement un texte, il faut repérer le ou les postulats impliqués par la thèse de l'auteur. Demandez-vous **pourquoi l'auteur affirme sa thèse**, en vous posant deux questions : d'où vient sa thèse (pourquoi) ? Et où mène-t-elle (pour quoi) ?

▶ Chaque partie du devoir, ainsi consacrée à une étape de l'argumentation, peut donner lieu à des « enrichissements » de votre part. Ainsi, si vous croyez pouvoir **objecter** un argument à celui de l'auteur en vous appuyant sur un autre philosophe, vous pouvez le faire en cours d'explication, mais à la condition de revenir ensuite à la thèse.

▶ Si c'est la totalité de cette dernière que vous voulez contester, mieux vaut le faire en fin de devoir, dans une dernière partie qui constituera alors une **critique globale du texte**.

CONCLURE

L'explication de texte n'est pas plus « facile » que la dissertation classique. L'extrait proposé ne doit être le prétexte ni d'une simple paraphrase, ni d'un bavardage sans rigueur.

La conscience

On peut perdre conscience, prendre conscience d'un problème, avoir bonne ou mauvaise conscience, etc. Comment définir la conscience ?

1 Les deux sens du mot

A Conscience psychologique et conscience morale

▶ On évoque d'une part une conscience psychologique, « résumée » dans le « je », le **sentiment d'être un soi unique**, différent des autres.

▶ D'autre part, une conscience morale : c'est le « démon » de Socrate invitant à telle ou telle conduite, ou la **saisie en soi de valeurs** (le bien, le mal) déterminant la conduite. Prise dans ce sens, la conscience pose le problème de l'origine des valeurs morales. (→ FICHE 179)

B Les dimensions de la conscience psychologique

La conscience psychologique est un **savoir sur nos actes**, nos sentiments et nos états. Par ailleurs, elle nous donne dans la durée le **sentiment d'être un moi ininterrompu et singulier** : ce moi-sujet a la capacité de se différencier de tout ce qui n'est pas lui.

2 Le cogito cartésien et ses conséquences

A Présence de la pensée à elle-même

▶ C'est pour échapper à l'erreur que Descartes instaure son « doute hyperbolique », qui remet tout en cause, suspend toute adhésion à quoi que ce soit, et semble ainsi aboutir au néant.

▶ Il échappe au néant en découvrant la **première vérité indubitable et évidente** : « je pense donc je suis » (*cogito ergo sum*). Cette formule de Descartes évoque la coprésence immédiate de la pensée et de l'être, et n'implique pas, malgré le « donc », une déduction.

B Comment décrire la conscience ?

▶ Ce qui était métaphysique chez Descartes va être traduit en réalité psychologique : une fois affirmée, la conscience doit être explorée.

▶ En effectuant un retour réflexif sur ce qu'elle vit – **par introspection** –, la conscience s'analyse au présent et peut repérer ce qui la compose : attention, mémoire, etc.

▶ La rédaction scrupuleuse, au jour le jour, d'un journal intime permet de suivre dans la durée l'évolution de la conscience individuelle confrontée aux événements internes ou externes.

3 Le débat philosophique de Kant à Husserl

A La conscience est le propre de l'homme

▶ Selon **Kant**, c'est la capacité de dire « je » qui distingue l'homme des choses et des animaux.

▶ Selon **Hegel**, l'homme accède à la conscience de soi de deux façons : intérieurement ou « de manière théorique », et dans ses activités pratiques, lorsqu'il se reconnaît dans les choses qu'il transforme (par le travail) en leur apposant « le sceau de son intériorité ».

CITATION « Posséder le Je dans sa représentation : ce pouvoir élève l'homme infiniment au-dessus de tous les autres êtres vivants sur la Terre. Par là, il est une personne. »
Kant (1724-1804)

B La conscience est sélective

▶ La conscience ne peut tenir compte de tout ce qui survient en un instant donné. Selon **Bergson**, la sélection des phénomènes est opérée en fonction de ce que demande l'action envisagée.

▶ Complémentairement, Bergson considère que la **conscience « signifie avant tout mémoire »** : elle accompagne nos conduites en constituant notre personnalité comme continuité sans faille.

C La conscience comme conscience de

Pour la **phénoménologie (Husserl)**, c'est l'intentionnalité qui définit la conscience. La conscience est en effet toujours conscience de quelque chose : l'intentionnalité est à la fois visée et pensée d'un objet, en même temps que mise en jeu d'une signification (issue du projet de la conscience vers l'objet).

CONCLURE

Selon la tradition philosophique, la conscience définit l'homme comme sujet ou personne. Toutefois, la conscience ne peut être conçue comme close sur elle-même : chacun doit communiquer avec les autres et affirmer sa situation dans le monde.

L'inconscient

163

En affirmant la présence, dans le psychisme humain, d'un inconscient qui peut en grande partie déterminer nos conduites et nos affects, Freud a certainement bouleversé la conception même de l'homme.

1 Qu'enseigne la « révolution psychanalytique » ?

A La conscience n'est pas toute-puissante

▶ Les conceptions classiques de l'esprit affirmaient la conscience comme **capacité d'auto-connaissance et d'autocontrôle** (« Je suis maître de moi comme de l'univers »).

▶ Au XIXe siècle, on commence à soupçonner qu'elle n'est pas aussi efficace qu'on le pensait. Après Auguste Comte montrant les **limites de l'introspection** comme examen de soi-même, Marx établit que la conscience de classe, liée à la situation sociale de l'individu, est plus déterminante pour définir les valeurs ou les buts de l'action que la conscience individuelle. Enfin, Nietzsche considère que la conscience est **« superflue pour l'essentiel »** et que, liée au langage collectif, elle ne peut rendre compte de la singularité de l'individu.

B Il y a dans le psychisme plusieurs secteurs

Selon Freud, « l'assimilation conventionnelle du psychique et du conscient n'est absolument pas utilisable ». Tel qu'il le décrit, l'appareil psychique est en effet composé de trois instances.

▶ Les **valeurs reçues de la société** constituent la conscience, qui refuse ce qui lui semble incompatible avec ces valeurs.

▶ Des **éléments antérieurement conscients**, susceptibles de le redevenir mais qui ne le sont pas nécessairement en permanence (souvenirs, langage), constituent le préconscient.

▶ L'**inconscient au sens strict** résulte de la censure exercée par le « système préconscient-conscient », qui rejette les pulsions d'origine biologique et les contraint, pour se manifester, à se déguiser. La principale d'entre elles est la libido qui désigne, chez Freud, le dynamisme de la pulsion sexuelle.

2 Pourquoi devons-nous interpréter nos représentations, nos comportements ?

A L'inconscient déguise nos pulsions

▶ Ne pouvant mettre directement les pulsions et désirs en circulation, l'inconscient les déguise. Par exemple, en les glissant derrière des représentations préconscientes, qui peuvent accéder à la conscience.

▶ **C'est ce qui a lieu au cours d'un rêve.** Dès lors, l'image onirique offre deux contenus : l'un, dit manifeste, concerne la conscience éveillée (dans le récit du rêve), l'autre, dit latent, concerne l'inconscient. Déceler le second derrière le premier, c'est le travail du psychanalyste.

▶ Dans les oublis, les actes manqués, les lapsus, les phobies passagères ou les mots d'esprit, Freud décèle cette **coprésence de deux contenus.** Ces phénomènes, fréquents chez tout individu, constituent une « psychopathologie de la vie quotidienne ».

B Il agit jusque dans les domaines réputés les plus nobles

▶ Freud considère de surcroît que certaines activités telles que la création artistique ou la recherche scientifique résultent d'une **réorientation positive de pulsions initialement pathogènes** (théorie de la sublimation). Ainsi, l'artiste éviterait la maladie en proposant, à travers son œuvre, des solutions imaginaires à des conflits intérieurs.

▶ La **croyance religieuse** elle-même procéderait de la quête d'un « père tout-puissant », ravivant quelque chose de la sécurité vécue dans l'enfance.

CONCLURE

- L'affirmation de l'inconscient modifie assez radicalement la compréhension de nombreux phénomènes concernant la vie humaine.
- Freud a ainsi conçu ses théories comme la troisième grande révolution dans la conception que l'homme peut avoir de lui-même, après celle de Copernic et Galilée (l'homme n'est plus le centre de l'univers) et celle de Darwin (l'évolution des espèces révèle à l'homme sa nature animale). Cette fois, il faut admettre que le « moi » conscient n'est pas maître « dans sa propre maison ».

Autrui

164

On doit faire une différence entre « autrui » et « l'autre » ou « les autres ». C'est toujours l'altérité qui est évoquée, mais « autrui » ajoute une dimension morale.

1 *L'altérité est difficile à penser*

A Une altérité absolue ne serait pas dicible

Un homme totalement étranger à ce que je suis ne doit rien avoir de commun avec moi. Il paraît **impossible de l'évoquer avec le langage** habituel, dont les mots renvoient à des expériences communes, c'est-à-dire partagées.

B Même relative, l'altérité a pu être niée

▶ Pour les Grecs, les **non-Grecs** sont de **simples « barbares »**, non humains (un peu humanisés par l'esclavage : au moins comprendront-ils le grec).

▶ Pour certaines religions monothéistes (christianisme et islam), les **non-croyants** ne gagnent leur humanité que par la conversion à la « vraie » foi.

▶ Les relations entre cultures (colonisation, exterminations, ethnocide) montrent que « les autres » ne survivent que s'ils perdent ce qui les rendait différents.

2 *Ambiguïté de l'« alter ego »*

A « Alter ego » = autre moi

▶ La formule semble affirmer **l'égalité entre moi et l'autre**, ou que nous nous ressemblons. Son corps occupe un autre endroit dans l'espace, mais je lui prête volontiers une conscience et une pensée de même nature que les miennes.

▶ **Descartes**, voyant dans la rue des silhouettes vêtues comme lui, admet que ce sont des hommes, et non des automates.

B Une telle « égalité » reste abstraite

▶ Ainsi repérer « des hommes », ce n'est pas encore savoir qui ils sont, quelles sont leurs qualités ou leurs singularités.

▶ Dans l'« alter ego », souligner l'« ego » commun, ce peut être aussi préparer une confusion possible, ou souhaitée, entre les deux sujets : **l'altérité y disparaît**.

3 Possibilités de relations conflictuelles

A Je peux utiliser l'altérité à mon profit

▶ Selon **Hegel**, la conscience ne se constitue qu'en obtenant d'une autre la reconnaissance de sa liberté. Comme cette exigence se forme en même temps dans les deux consciences, il en résulte un conflit (ou « lutte à mort »).
▶ Ce conflit s'achève lorsqu'**une des deux consciences admet son infériorité** en reconnaissant l'autre comme libre par rapport à elle : elle se nie et devient chose, outil (c'est la conscience de l'« esclave »).

B Je peux craindre qu'autrui me chosifie

Selon **Sartre**, l'autre me chosifie lorsqu'il me regarde et me qualifie par un jugement qui ne dépend pas de moi : « Être vu me constitue comme un être sans défense pour une liberté qui n'est pas ma liberté. »

4 Autrui a une signification morale

A L'échange avec autrui par le dialogue

▶ Le dialogue n'est possible qu'après la **suspension de tout conflit**.
▶ Par le dialogue est élaborée une vision du monde différente de la mienne (et de celle de l'autre) : l'échange est fructueux si, au lieu de nier la différence entre les interlocuteurs, il propose un **enrichissement de chacun grâce à l'intervention de l'autre**.

B Le visage d'autrui est porteur de sens

▶ En préservant la différence entre les consciences, le dialogue invite à un respect global d'autrui.
▶ Ce respect est précisé par Emmanuel Levinas, qui découvre **dans le face-à-face le plus simple une loi morale** – « Tu ne tueras pas ».
▶ Cette signification disparaît dès qu'autrui se fond dans une collectivité (familiale, professionnelle, politique) : n'importe quel « nous » efface **l'altérité radicale d'autrui, qui fait précisément sa valeur.**

CONCLURE

C'est donc en percevant autrui dans sa distance et sa solitude que la signification dont il est porteur m'apparaît : il suscite en moi l'accès à la première exigence éthique et concourt ainsi à la définition de ma propre humanité.

Le désir

165

L'analyse du désir s'est durablement accompagnée d'un point de vue moral : n'y trouvant que les preuves d'une tendance de l'homme à retomber dans une quasi-animalité, la tradition philosophique l'a condamné en privilégiant un idéal spiritualiste.

1 *Le désir est traditionnellement réprimé*

A Parce que le désir implique une soumission de l'esprit au corps

▶ **Platon** (*Le Banquet*, mythe d'Aristophane) rappelle que le désir amoureux ou érotique révèle un manque résultant de la séparation en deux parties d'un androgyne primitif capable de s'auto-satisfaire.

▶ Les **épicuriens** recommandent, non de céder à tous les désirs, mais au contraire de les sélectionner : seuls seront satisfaits ceux qui sont « naturels et nécessaires » (manger, boire, dormir), qui garantissent notre survie.

B Parce qu'il est contraire à notre dignité

▶ Prenant la relève des sagesses antiques, le christianisme condamne à son tour le désir, puisqu'il **dépend de la « chair »**.

▶ La réalité du désir amoureux est niée : toute relation sexuelle n'obéissant qu'au pur désir, sans se réaliser dans la reproduction, désigne un **abaissement vers l'animalité**.

C Parce qu'il nous condamne à une quête sans fin

▶ Même s'il trouve sa satisfaction, le **désir renaît à propos d'un autre objet** – qu'il soit celui du collectionneur ou celui de don Juan.

▶ Il lancerait ainsi l'individu qui en est « victime » dans une **recherche interminable**, à jamais inassouvie : l'homme qui désire serait malheureux.

2 *D'où provient la valeur attribuée à l'objet désiré ?*

A De l'objet ou de l'homme ?

▶ Si je désire un objet, c'est parce que je lui accorde une **valeur qui devra combler mon attente**. Mais cette valeur est-elle bien présente dans l'objet ?

▶ En inversant la perspective, Spinoza conçoit le désir comme correspondant à l'essence même de l'homme, et comme **créateur de la valeur.**

CITATION « Nous jugeons qu'une chose est bonne, parce que nous faisons effort vers elle, que nous la voulons et tendons vers elle par appétit ou désir. »
Spinoza (1632-1677)

B La satisfaction implique-t-elle la destruction de l'objet ?

▶ Ce que désire la conscience est nécessairement autre qu'elle-même, mais Hegel souligne que l'activité désirante « ne produit la satisfaction qu'en supprimant l'objet », c'est-à-dire **en l'unissant au sujet.**
▶ Plus la conscience désire, plus elle prend ainsi conscience de ce qu'elle est : il y a dans le désir une **source de sa possible exaltation.**

3 *Désir et société*

A Comment concilier les désirs égoïstes ?

▶ Si l'on insiste sur la relation entre désir et satisfaction de la conscience individuelle, on doit se demander comment peuvent, dans une société, s'articuler des **désirs égoïstes.**
▶ La société moderne est très habile pour susciter (par la publicité) des désirs dont la satisfaction renforce simultanément l'individualisme et le sentiment d'appartenir à un groupe. Il y a une **exploitation économique de la faculté de désirer.**

B Le désir comme moteur social ?

▶ Une société qui prétendrait définir et combler les désirs de tous serait en fait totalitaire (c'est la société évoquée dans *1984* d'Orwell).
▶ On peut lui opposer l'utopie de Fourier, soucieuse de satisfaire chaque « passion », et rappeler que, à sa suite, les surréalistes ont vu dans le désir un **dynamisme capable de donner au quotidien une coloration imprévue.**

CONCLURE

L'insatisfaction définitive du désir peut être comprise comme le fondement de la dimension « utopique » d'une existence humaine. Celle-ci, loin de se contenter du donné, n'en finit pas de désirer son au-delà. Le désir fonde aussi l'histoire et la culture, et son absence condamnerait à une existence au rabais.

Le langage

166

La réflexion sur le langage est particulièrement importante en philosophie puisque c'est grâce à lui qu'elle se constitue.

1 Le langage est-il uniquement humain ?

A Langage et système

▶ Descartes affirme que **le langage n'appartient qu'à l'homme**, parce qu'il est le seul à penser. L'animal peut émettre des sons, mais, n'étant pas capable de justifier ce qu'il dit (en le reformulant) et de prouver qu'il en maîtrise la signification, il ne parle pas.

▶ La linguistique aboutit à un constat semblable en montrant que le langage est un **système de communication** caractérisé par une double articulation.

B La double articulation

▶ Ce « système » implique l'**existence d'unités isolables**, en nombre constant, constitutives de tous les messages, et celle de **règles stables** pour combiner ces unités.

▶ Un message est décomposable en **monèmes** (unités dotées d'une forme sonore et d'un sens) et en **phonèmes** (unités minimales d'articulation dénuées de sens). Par exemple, « parlons » est constitué de deux monèmes (parl/ons) et de cinq phonèmes (p/a/r/l/ons).

▶ Cet **aspect combinatoire** n'existe pas chez les animaux, incapables de produire de nouveaux messages avec des éléments de ceux dont ils disposent.

2 Les mots ressemblent-ils aux choses ?

A Arbitraire du signe linguistique

▶ Dans ***Cratyle*, Platon** pose cette question : existe-t-il une ressemblance entre les mots et les choses ?

▶ Oui, selon Cratyle, la langue coïncide avec le monde et en constitue une première connaissance. Non, selon Hermogène, le signe linguistique (le mot) est arbitraire et n'est lié par **aucune analogie** à ce qu'il désigne. La diversité des langues le confirme : ce que je nomme « chien » est dit ailleurs « *dog* ».

▶ Le langage instaure un **univers symbolique** qui évoque le monde en son absence. Ceci permet de parler sans être déterminé par la situation actuelle : Descartes soulignait déjà cette indépendance du discours relativement aux circonstances.

B Les mots découpent le monde

▶ Selon Rousseau, le vocabulaire des premières langues était plus étendu que le nôtre. À chaque objet devait correspondre un nom, car la raison n'élabore des concepts généraux, qui négligent les qualités apparentes des choses, que peu à peu.
▶ Le repérage des objets dépend ensuite de la richesse du vocabulaire. Le langage instaure un découpage initial ou une **première mise en ordre du monde qui nous entoure** : nous distinguons ce que nous pouvons nommer.

3 *Langage et pouvoir*

A Que révèle la maîtrise du langage ?

▶ Comme le souligne Hegel, la **pensée authentique** est celle qui se formule dans les mots les plus précis.
▶ Les différents niveaux de maîtrise de la langue renvoient ainsi à des différences sociales. « Mieux » parler que l'interlocuteur, c'est **manifester une supériorité**. Celle-ci peut provenir de l'usage d'un langage « secret » (cas du sorcier ou de l'initié) aussi bien que spécialisé (cas du scientifique).
▶ La compréhension partagée des allusions et connotations propres à certains écrivains – qui enrichissent la langue en la travaillant comme un matériau – souligne la **culture commune**.

B Des exemples de dérives : sophismes et démagogie

▶ Platon déplorait que la rhétorique aboutisse davantage à **persuader l'auditeur** qu'à se soucier de la vérité (cas du sophiste).
▶ Le langage de la séduction ou de la flatterie peut confirmer un **pouvoir injustement acquis** (cas du démagogue).

CONCLURE

Puisque ses formes peuvent véhiculer n'importe quel contenu, le libre usage de la langue présente une dimension éminemment politique. Le beau parleur a toujours quelque chance d'accéder plus facilement au pouvoir que celui qui parle mal.

L'art, que l'on dit volontiers inutile, existe pourtant dans toutes les sociétés : il répond sans doute à un besoin profond de l'humanité, qui génère des formes extrêmement diversifiées.

1 Art, savoir-faire et beaux-arts

A L'art comme manifestation de la beauté

▶ Le latin *ars* et le grec *technè* désignent **tout savoir-faire produisant un objet**, qui soit satisfaisant de quelque manière, d'un point de vue utilitaire ou non.

▶ Ce n'est qu'à partir du XVIe siècle que peintres et architectes revendiquent le nom d'artistes, pour se distinguer des artisans qui ne décident pas librement de leurs productions. L'artiste est alors celui qui s'adonne à l'un des beaux-arts ou arts **exclusivement orientés vers la manifestation de la beauté**.

B Mais comment définir la beauté ?

▶ **Sa conception change culturellement** : si *La Joconde* est « belle », ce n'est sans doute pas suivant les mêmes critères qu'un masque africain ou une toile de Picasso.

▶ Se pose de surcroît la **question de son origine** : l'artiste en est-il l'inventeur ? S'inspire-t-il au contraire de la nature ? Ou d'une idée de la perfection que ne pourrait atteindre la nature ?

2 L'invention et la satisfaction artistiques

A L'invention de l'artiste

▶ Contrairement à l'opinion reçue, l'invention de l'artiste **ne peut se ramener à une simple imitation de la nature**. Qu'imiteraient l'architecture ou la musique ? La plupart des paysages antérieurs à l'impressionnisme sont inventés dans les ateliers des peintres.

▶ Non soumis à un « modèle », l'artiste élabore une œuvre qui donne, selon les termes de Kant, « l'impression d'une finalité sans fin », ou intrinsèque. C'est-à-dire une organisation d'éléments pour **constituer une totalité autonome**, telle qu'on ne pourra lui ajouter ni en retrancher quoi que ce soit.

B La satisfaction artistique

▶ L'œuvre d'art n'a **pas d'intérêt pratique immédiat** – contrairement à l'objet technique : « elle ne sert à rien ». L'œuvre d'art nous apporte cependant une satisfaction.
▶ Cette satisfaction est **différente d'une connaissance** : une œuvre n'est pas un concept et n'a rien à nous apprendre.
▶ Le plaisir ressenti se voudrait cependant **universalisable** : j'aimerais que tout le monde partage mon jugement sur telle œuvre.

3 *L'art peut-il « mourir » ?*

A Son histoire est-elle achevée ?

▶ Selon Hegel, l'art témoigne fondamentalement d'une liberté de l'esprit qui se distingue de l'ordre naturel. L'art offre trois versions successives de la **« manifestation sensible d'une idée »**.
▶ La première présente un excès du sensible sur l'idée. C'est ce que Hegel nomme l'art symbolique (comme dans l'Égypte ancienne). Il y a ensuite équilibre entre les deux aspects : c'est l'art classique (soit l'art grec). Dans le troisième temps, l'intellectuel l'emporte sur le sensible : c'est l'art que Hegel qualifie de romantique.
▶ Conséquence : puisque ces trois moments sont achevés, **« l'art est mort, l'âge de l'esthétique est venu »**. À la création doivent succéder l'interprétation et la compréhension de ce que l'art aura été.

B Comment comprendre l'art « moderne » ?

▶ Quarante ans après l'annonce de cette « mort de l'art » commence l'**« art moderne »** dont les tendances successives (impressionnisme, cubisme, non-figuration, etc.) sont d'abord rejetées par le public.
▶ Que ce soit en littérature depuis Flaubert, en peinture depuis Manet, ou en musique depuis Wagner ou Debussy, la **modernité désigne un art qui élargit ses domaines**. Cet art a recours à des techniques et matériaux nouveaux, invente des formes inattendues et réfléchit sur sa propre histoire.

CONCLURE

S'il ne correspond plus à la définition de Hegel, ni au beau selon Kant, l'art moderne signifie que la liberté trouve toujours à se manifester dans un arrangement formel nouveau. Les régimes totalitaires ne s'y trompent pas, qui interdisent les recherches artistiques et encouragent les œuvres académiques.

Le travail et la technique

168

Omniprésents dans la société, le travail et la technique nécessitent une réflexion tant sur leur nature que sur leur évolution historique.

1 Le travail : malédiction ou humanisation ?

A Une tradition ancienne

▶ Chez les philosophes grecs, le travail est **jugé indigne de l'homme véritable**, sans doute parce que seuls les esclaves y sont soumis. Or, selon Aristote, l'esclave n'est rien de plus qu'un « outil animé », comparable à un bœuf de trait.

▶ La tradition chrétienne confirme cette **dimension punitive du travail** : chassés du Paradis après le péché originel, Adam devra « gagner son pain à la sueur de son front », et Ève « enfanter dans la douleur ».

B Le travail comme double transformation

▶ Le travail est nécessaire parce que **la nature ne peut satisfaire les besoins d'un groupe humain**. Platon le note déjà et Rousseau le confirme. C'est le rassemblement des hommes qui les oblige à transformer leur milieu pour en obtenir ce qui est nécessaire à leur survie.

▶ Mais le travail désigne aussi la **transformation de l'homme lui-même** : la satisfaction de besoins premiers détermine l'apparition de nouveaux besoins qui à leur tour entraînent la nécessité de modifier davantage la nature. C'est donc l'histoire de l'humanité en tant que telle qui est liée à l'existence du travail.

2 La technique, la main et la pensée

A La main, premier outil producteur de technique

▶ La « technique » (du grec *technè*) désigne un savoir-faire visant la **production efficace de choses utiles pour l'homme**. Dans *Protagoras*, Platon qualifie l'homme de « nu, sans chaussures, ni couvertures ni arme ». C'est pour remédier à ce dénuement que Prométhée lui fait présent du feu et de la connaissance technique.

▶ Aristote fait valoir que l'homme est doté de la main, qui est **« l'outil de loin le plus utile »**, parce qu'il en remplace plusieurs.

PHILOSOPHIE

B L'outil fait penser

▶ **Concevoir un outil, c'est anticiper sur son utilisation.** Il faut en déterminer la forme relativement à l'emploi qu'on en attend ainsi qu'à l'énergie qu'on lui appliquera.

▶ Il est vraisemblable, comme l'affirme Bergson, que l'*homo faber* a précédé l'*homo sapiens*. Cependant, le perfectionnement des outils suppose une capacité à penser et que s'établissent très vite des relations de **complémentarité entre l'activité et la réflexion**.

3 *Ambivalence du travail et de la technique*

A Le travail « aliéné »

▶ L'analyse du travail industriel montre que **le sens du travail est inversé**. Le travailleur pré-industriel pouvait retrouver une part de lui-même dans son produit ; l'ouvrier, qui ne définit ni les conditions, ni le but, ni les moyens de son travail, ne peut en tirer la moindre satisfaction directe.

▶ Cette situation n'est qu'un épisode de la division de toute société en une **classe de possédants des moyens de production** et une classe de travailleurs exploités.

CITATION « L'histoire de toute société jusqu'à nos jours n'a été que l'histoire de la lutte des classes. »
Marx (1818-1883)

B La technique a la valeur qu'on lui donne

▶ L'outil puis la machine semblent **capables d'aider l'homme dans sa production**. Mais on peut se demander si, au lieu d'apporter de l'aide au travailleur, ils ne finissent pas par supprimer son travail.

▶ La valeur de la technique vient de l'usage qui en est décidé : si elle est mal orientée (économiquement ou politiquement), c'est la **liberté de l'homme qui se trouve menacée**.

▶ Le développement des machines peut même sembler de nature à retirer toute initiative à l'homme lui-même, se retrouvant « au service » d'un fonctionnement de moins en moins maîtrisé.

CONCLURE

Une réflexion sérieuse sur la technique peut d'abord reconnaître sa participation bénéfique à l'histoire de l'humanité. Mais il lui faut aussi s'interroger sur les buts auxquels la technique peut désormais servir et sur les moyens de mieux en contrôler les développements futurs.

La religion

169

La religion désigne à la fois un ensemble de croyances communes, qui unit l'assemblée des fidèles à une divinité, et l'ensemble des rites et cérémonies par lesquels s'établit la relation entre le croyant et le divin.

1 Diversité des religions

A Évolution théorique des religions

▶ Pour Auguste Comte, l'état « théologique » est la première tentative de l'esprit humain pour **expliquer les phénomènes de la nature**.

▶ Cet état théologique s'est réalisé en trois temps :

– l'**animisme** affirme la présence de nombreux « esprits » dans la nature ;

– le **polythéisme** attribue à plusieurs dieux la responsabilité des événements ;

– le **monothéisme** conçoit un Dieu unique, créateur de tout et, dès lors, doté d'une puissance infinie.

B Sacré et profane

Toutes les attitudes religieuses semblent avoir en commun la distinction entre l'univers sacré et le monde profane.

▶ Le **sacré** est **simultanément attirant et terrifiant** : les forces qui s'y trouvent en jeu excèdent les possibilités humaines. C'est un espace de démesure, sinon de violence ; y accéder suppose le respect de règles strictes (du sacrifice ancien aux cérémonies de l'Église).

▶ Le **profane** – monde ordinaire de l'homme, de son travail et de sa culture – apparaît **plus paisible, mais insuffisant** et déchiré périodiquement par le besoin d'un contact avec le sacré.

2 Religion et philosophie

A Les « preuves » de Dieu

▶ Aristote élabore la première argumentation permettant d'affirmer l'existence d'un **« dieu », défini comme « premier moteur immobile »**. C'est-à-dire source de tous les mouvements constatés dans la nature (génération, accroissement, corruption, etc.).

▶ La philosophie a entretenu des relations complexes avec le christianisme. Au XIe siècle, saint Anselme entend montrer que l'affirmation de Dieu est seule **compatible avec l'exercice de la raison**.

▶ Plus tard, **Descartes** affirme que la raison est autonome : elle trouve ses vérités, tandis que la foi concerne le salut de l'âme. En scrutant parmi les idées présentes dans la raison, celle d'un être parfait, il en déduit que cet être parfait existe nécessairement (s'il lui manquait l'existence, il serait imparfait). C'est Dieu, dont l'existence est ainsi démontrée par l'argument « ontologique ».

B La philosophie doit-elle se préoccuper de Dieu ?

▶ Au XVIIIe siècle la « théologie naturelle » déduit l'existence de Dieu de considérations sur le monde, sans recourir aux vérités révélées. Mais, selon Hume, elle mène la raison à de fausses argumentations. Le concept de **Dieu est en effet « unique en son genre »** – ce qui est logiquement irrecevable : tout genre rassemble une pluralité d'exemplaires. Un tel concept condamne à mal raisonner à son propos : la philosophie ne devrait donc pas s'en préoccuper.

▶ **Kant** montre ultérieurement que la preuve ontologique des cartésiens ne devrait affirmer que la seule possibilité de Dieu, mais ne peut conclure à son existence.

3 *Spécificité de l'expérience religieuse*

A La croyance néglige les preuves

▶ **Il existe dans la foi des « vérités »** (les dogmes interdits d'examen, les mystères par nature incompréhensibles) qui dépassent l'analyse rationnelle.

▶ Même si les philosophes parvenaient à démontrer l'existence de Dieu, il ne saurait être confondu, selon Pascal, avec le **« Dieu sensible au cœur »** des croyants.

B La croyance reste insensible aux critiques

Admettre que l'attitude religieuse implique une négation des pulsions de vie (Nietzsche), qu'elle ne témoigne que d'une misère matérielle (Marx) ou qu'elle révèle une attitude névrotique (Freud), participe d'une **critique de la religion comme institution**, mais ne touche pas l'expérience individuelle.

CONCLURE

La croyance est effusion vers une transcendance ou sentiment de se confondre avec le divin lui-même : elle permet d'oublier la finitude de l'existence humaine.

Lorsque la société s'intéresse à son propre passé, que peut-elle attendre du récit le concernant ?

1 Comment une société peut-elle percevoir son passé ?

A L'évolution est-elle nécessairement valorisée ?

▶ On évoquait autrefois l'existence de **« peuples sans histoire »**. L'expression est excessive et mieux vaut considérer que ces sociétés ont une histoire « froide » ou « non cumulative », qui ne valorise pas l'évolution. Celle-ci y est donc lente.

▶ Par opposition, l'histoire « chaude » ou « cumulative » est **collectivement vécue selon l'ordre linéaire** d'une évolution, valorisée.

B Deux consciences possibles de la temporalité

Le passé peut être perçu selon **deux modalités principales** :

▶ soit comme origine de règles et de valeurs qui doivent être respectées et perpétuées (**conscience mythique**). Le mythe ravive un passé peu situable ; il légitime ce qui en demeure : ce qui a été établi par les ancêtres est nécessairement bien.

▶ soit comme désignant un état antérieur dont le présent résulte, à la suite de nombreuses transformations (**conscience historique**). Le récit historique reconstitue un passé datable et souligne ce qui le sépare du présent.

2 La constitution du récit historique

A Le récit historique comme littérature moralisatrice

▶ En grec, *historia* désigne une « enquête ». Cependant, l'histoire est, initialement, une **narration plus littéraire que scientifique.** Elle recueille des témoignages sans les critiquer, relate des rumeurs ou des opinions plus que des faits – comme le fait Hérodote.

▶ Cette histoire n'est, par ailleurs, **jamais neutre.** Dépendant de la mentalité de son époque, le narrateur en reflète les idées et préoccupations. Tite-Live relate comme des faits authentiques les fondations légendaires de Rome.

▶ On attend volontiers des « hommes illustres » du passé des **leçons – de courage ou de sagesse – utiles** pour l'éducation des « princes ».

B Le récit historique comme interprétation

▶ Au XVIIIe siècle, la réflexion historique commence à **rechercher les causes** (politiques, militaires, économiques) de ce qui a eu lieu.

▶ Se voulant dès lors « scientifique », le récit historique définit plus précisément son matériau (critique rigoureuse des documents) et ses méthodes : aux diverses causalités qu'il peut concevoir, il adjoint une **compréhension des faits.**

▶ Puisque ceux-ci concernent des hommes, on doit en déceler la signification – tant pour leurs contemporains que pour la société ultérieure : l'historien devient l'**interprète du passé.**

3 La vérité historique peut-elle être unique ?

A L'objectivité de l'historien

▶ Pour **Fénelon**, le « bon historien » n'est « d'aucun temps ni d'aucun pays ».

▶ Aujourd'hui, il est admis, au contraire, que c'est à partir de son temps et de son pays que l'historien travaille. Son objectivité consiste beaucoup plus à **exposer ses principes de recherche et d'interprétation** qu'à se prétendre « neutre ».

B Le récit se construit à partir du présent

▶ L'historien **appartient à une époque précise**, dont il partage les espoirs, les attentes ou les angoisses. C'est en fonction de ce présent que certaines questions peuvent être posées au passé. Par exemple, c'est sous la présidence du général de Gaulle que les historiens et le public se sont intéressés particulièrement à la Seconde Guerre mondiale, à la Résistance, etc.

▶ Les interprétations alors constituées ne peuvent être définitives, dans la mesure où l'évolution de la société entraîne l'apparition de curiosités différentes, aboutissant à d'autres analyses et à d'autres réponses. C'est pourquoi **le récit historique n'est jamais achevé** : le passé peut être redécouvert, « relu » en fonction de principes différents.

CONCLURE

L'histoire, comme connaissance du passé, ne peut livrer une version définitive des faits qu'elle étudie. La diversité des interprétations garantit que le passé a un sens ouvert qui continue à résonner dans le présent.

La démonstration 171

La démonstration est sans doute la forme la plus rigoureuse de la pensée. C'est pourquoi elle peut sembler en proposer la forme idéale ou parfaite. Mais est-elle possible en tous domaines ?

1 Les mathématiques, modèle de rigueur démonstrative

A Vertu pédagogique des mathématiques

▶ Pour Platon, l'univers mathématique constitue le **premier degré du monde intellectuel** (dont le deuxième degré rassemble les Idées) : ses notions ne sont pas de notre monde – bien qu'elles puissent y trouver des applications.

▶ Le raisonnement mathématique, qui procède « par hypothèse », constitue un **entraînement à la réflexion philosophique**, en nous habituant à réfléchir sur des concepts sans représentation adéquate.

B Un modèle pour la philosophie ?

▶ Descartes confirme la pureté des mathématiques, qui « traitent d'un objet assez pur et simple pour n'admettre absolument rien que l'expérience ait rendu incertain ». Leur clarté provient donc de leur **distance relativement aux « expériences trompeuses »**. La déduction (ou inférence) « ne saurait être mal faite même par l'entendement le moins capable de raisonner ».

▶ Pour rendre sa pensée aussi contraignante qu'une démonstration mathématique, **Spinoza** rédige son *Éthique* « à la manière des géomètres » : il pose définitions et axiomes, puis en déduit des propositions philosophiques démontrées. Il sera toutefois le seul philosophe à suivre de la sorte un modèle mathématique.

2 A priori *et vérités*

A L'a *priori* rompt avec l'empirisme

▶ Démontrer, c'est n'admettre comme nécessité que celle dont décide la raison elle-même. C'est, comme l'a montré Kant, travailler sur des notions entièrement *a priori* **qui ne doivent leurs propriétés qu'à leurs définitions**.

PHILOSOPHIE

▶ Les propriétés d'une figure géométrique ne dépendent pas de ce que son dessin (toujours approximatif) représente, mais uniquement de sa définition et de ce qui peut en dériver. Le triangle ne peut donc être perçu empiriquement, pas plus qu'un nombre ou une relation.

B Pure, la démonstration mathématique élabore des vérités formelles

▶ On a longtemps admis que les mathématiques se fondaient sur des propositions irréfutables, « évidentes » et universelles. Contredire de tels axiomes (par exemple, « le tout est plus grand que la partie ») serait un déni de rationalité.

▶ En élaborant, au XIXe siècle, des géométries qui ne respectent pas le cinquième postulat d'Euclide, Lobatchewski et Riemann ont montré que celui-ci n'avait rien de nécessaire : l'espace euclidien, loin d'être le seul, n'est qu'un espace parmi d'autres concevables. La déduction mathématique peut donc être effectuée **à partir d'un ensemble d'axiomes** dont la mise au point n'obéit qu'à des règles de cohérence interne.

▶ La vérité des systèmes mathématiques, dits hypothético-déductifs, est formelle, c'est-à-dire « vide » : la proposition $7 + 5 = 12$, vraie en arithmétique classique, **n'évoque aucun objet du monde.**

C La démonstration philosophique est moins pure

▶ La démonstration mathématique confirme – ce que soulignait déjà Aristote – que **la pensée ne peut pas régresser à l'infini**, c'est-à-dire être sans début repérable : il lui faut toujours des points de départ.

▶ **Ces points de départ varient d'un philosophe à l'autre**, en fonction du contexte intellectuel, de l'avancée des savoirs, de l'état de la société. Ils constituent des sortes d'axiomes intuitifs à partir desquels chaque système philosophique est élaboré : opposition entre sensible et intellectuel chez Platon, antériorité de l'existence sur l'essence chez Sartre.

CONCLURE

La démonstration philosophique consiste à déduire tout ce qui est possible des axiomes posés comme points de départ. Mais elle ne sera jamais aussi rigoureuse qu'en mathématiques : les énoncés philosophiques ne sont pas « vides », ils ambitionnent au contraire de formuler des vérités qui concernent la vie des hommes.

L'interprétation

Le verbe latin interpretari *signifie « expliquer », « traduire », « prendre dans tel ou tel sens ». Cette étymologie peut suggérer des axes de réflexion sur ce qu'est l'interprétation dans les sciences humaines.*

1 Le champ de l'interprétation

A Interpréter, c'est expliquer des événements de sens ouvert

Qu'il s'agisse d'un texte, d'une action ou d'un événement, ce qui se prête à l'interprétation présente des **fluctuations possibles du sens**, une signification dont les termes ultimes devront être à chaque fois précisés.

B L'interprétation dans les sciences humaines

▶ Un fait physique ou chimique n'a ni signification ni valeur : il est, tout simplement, et ne peut être autrement qu'il est. On ne saurait apprécier ce fait comme plus ou moins réussi ou satisfaisant, le juger « bon » ou « mauvais ».

▶ En revanche, un événement humain n'est pas uniquement soumis au déterminisme naturel : il fait aussi intervenir les intentions des acteurs. Le chercheur devra donc **interpréter ces intentions et leur réalisation**.

▶ L'**herméneutique** (initialement l'interprétation des textes bibliques) est une théorie générale de l'interprétation. Elle concerne les disciplines qui étudient les spécificités humaines : les sciences « humaines » ou « sociales ».

2 La situation de l'interprète

A Conditions d'apparition des sciences humaines

▶ La diffusion, après 1789, d'une **conception « égalitariste » de l'homme** oblige à mettre au point de nouveaux critères de hiérarchie sociale (en particulier dans le monde industriel qui se développe). Les capacités et fonctions de chacun ne dépendant plus de sa naissance ou de sa famille, il faut les mesurer (en psychologie : tester).

▶ D'autre part, le **développement de l'industrie** fait apparaître des problèmes concernant l'habitat, l'hygiène, l'éducation ou les loisirs, qu'aucun des discours politiques ou philosophiques classiques ne permet de traiter.

▶ Parallèlement, les effets durables de la Révolution, mais aussi le désir d'en saisir précisément les causes, encouragent **les historiens** à devenir **plus « scientifiques »** qu'auparavant. Cela les conduit à trouver dans l'histoire des formes spécifiques du déterminisme (démographique, économique, géographique, etc.).

B Quel homme cherche-t-on à connaître ?

▶ Les sciences humaines se constituent pour **répondre à des demandes d'origine sociale.** Elles ont une dimension idéologique immédiate : leur conception implicite de l'être humain est « instrumentaliste » (G. Canguilhem). L'objectif est que chacun trouve, dans la société telle qu'elle est, la place qui lui convient.

▶ Il est vrai que les sciences de la nature ne sont pas davantage déterminées par un pur désir de savoir : leurs applications techniques (militaires) et leurs implications économiques concernent directement le pouvoir politique. Mais les buts, avoués ou non, des différentes sciences ne sont pas équivalents.

C L'interprétation sert-elle un pouvoir ?

▶ Devenir « comme maître et possesseur de la nature » (Descartes) grâce aux sciences n'a pas la même signification que **devenir éventuellement maître et possesseur de l'homme** et de ses réactions – si l'on peut y parvenir en exploitant les données des sciences sociales (en politique, dans la publicité, etc.).

▶ Il est donc normal que les chercheurs en sciences humaines, spécialistes de l'interprétation, voient à leur tour **leurs propres pratiques interprétées**, par des philosophes ou des épistémologues, et selon un point de vue qui ne leur est pas toujours favorable.

CONCLURE

L'interprète ne peut s'extraire de son monde, de sa mentalité, de ses inquiétudes et de ses interrogations. Ses centres d'intérêt et les questions qu'il cherche à éclaircir sont déterminés par son époque, en même temps bien entendu que par le travail des chercheurs qui l'ont précédé. En changeant d'époque, on changera d'interprétation.

La matière et l'esprit

173

N'est-il pas évident que la matière est ce contre quoi je me cogne, alors que l'esprit est immatériel ? Comme souvent, cette évidence peut être trompeuse.

1 Le dualisme classique

A Comment unir l'âme et le corps ?

▶ Descartes caractérise le corps par l'étendue et l'âme par la pensée, officialisant **l'opposition intuitivement perçue entre matière et esprit**.

▶ Mais comment s'effectue l'union de l'âme et du corps ? C'est selon **Descartes** dans la glande pinéale (soit l'épiphyse).

B L'âme ne pourrait-elle être un produit de la matière ?

▶ Après Descartes, certains chercheront une solution moniste selon laquelle la pensée n'est rien d'autre qu'un **produit de la matière corporelle elle-même**.

▶ La Mettrie conçoit ainsi un « homme-machine » dont l'organisation complexe produit du sentiment et de la pensée. Le terme d'« âme » ne désigne plus rien d'autre que **« la partie qui pense en nous »** – de nature matérielle.

2 Idéalisme et matérialisme

A L'émergence du matérialisme

▶ Une tradition matérialiste commence avec **l'épicurisme** : l'âme est composée, comme tout, d'atomes matériels. On en déduit la négation de toute immortalité spirituelle (après la mort, l'âme se décompose comme le corps) et, au moins, une indifférence à l'égard des dieux. Ce matérialisme antique est scandaleux pour l'époque.

▶ Les **matérialistes français du XVIIIe siècle** (Diderot, Helvétius) ne le sont guère moins. Lorsqu'ils affirment que l'esprit est bien de nature matérielle, c'est aussi pour conforter leurs attaques **contre le spiritualisme chrétien**.

Il en ira de même avec Feuerbach, pour qui l'activité mentale est un ensemble de processus chimiques.

B Une matière introuvable : du corps solide à l'énergie

▶ Les avancées scientifiques modifient les termes de ces questions. Dès 1909, Poincaré affirme que **la matière n'existe pas** – du moins sous la forme grossière de nos perceptions approximatives. La physique quantique la comprend davantage en effet comme « événement » que comme « fait ».

▶ Ce que l'on nomme « matière » est de l'énergie en réserve dans un espace qui est lui-même un champ d'énergie. Au lieu d'être « situable » dans un objet compact, la matière **résulte d'échanges d'énergie**.

3 Des « sciences de l'esprit » aux neurosciences

A L'« âme » évacuée comme le « corps »

▶ Les « sciences de l'esprit » ont durablement sous-entendu l'existence d'un domaine d'étude autonome (« conscience », « esprit » ou « sujet »). Mais certains logiciens ou épistémologues affirment qu'il n'y a guère de différence entre ce qu'étudient les sciences « de la nature » et les sciences « de l'esprit ».

▶ Bertrand Russell considère ainsi que, de même que la matière a perdu sa matérialité dans la physique moderne, il serait temps de reconnaître que **« l'esprit a perdu sa spiritualité »**.

CITATION « Ni l'"âme" ni le "corps" n'ont de place dans la science moderne. »
Russell (1872-1970)

B Les neurosciences suppriment-elles l'esprit ?

▶ Les avancées des neurosciences paraissent raviver le point de vue de La Mettrie : elles étudient le lien « entre une organisation anatomique de neurones et de connexions » (Changeux) et le comportement, entendu comme ensemble d'apprentissages, de réactions affectives et de réponses intellectuelles. Elles montrent ainsi que **la pensée est une « fonction » du cerveau**.

▶ Les sciences dites « cognitives » peuvent ainsi considérer que le terme « esprit » fait seulement « référence à de quelconques forces occultes ou à quelque mystère des origines » (Changeux).

CONCLURE

Renoncer à évoquer l'esprit, même pour des raisons scientifiques, ne va pas de soi, parce qu'il nous semble toujours que c'est là que réside notre supériorité.

La vérité

174

L'esprit est avide de vérités. Mais comment les construire et les distinguer de simples opinions ?

1 Vérité, réalité et jugement

A La vérité qualifie un jugement et non un fait

▶ Lorsque je dis « Il pleut », je dis vrai si, au moment où je parle, la pluie tombe effectivement : il y a donc **accord entre l'expérience et le langage**. La vérité qualifie mon jugement, non la pluie.

▶ La chose n'est pas vraie ou fausse : elle est ou n'est pas. Si je dis « Il ne pleut pas » alors que la pluie tombe, celle-ci ne s'interrompt pas et c'est bien mon jugement qui est faux.

B La vérité relève du langage

▶ La vérité étant une valeur, elle ne peut en effet appartenir aux choses. Ces choses n'acquièrent de valeur qu'en raison d'un projet formé à leur égard.

▶ La vérité relève donc du langage, c'est-à-dire de la **façon dont l'esprit rend compte de son rapport aux choses.**

2 Vérité formelle, vérité matérielle

A Tout discours a une forme

▶ En logique classique, le **principe de non-contradiction** m'interdit de formuler simultanément et à propos du même objet une affirmation et sa négation.

▶ Pour dire vrai, il faut donc **respecter les règles de la logique**, et ce sont les seules à considérer dans les discours qui n'évoquent pas d'objets – par exemple en mathématiques.

▶ La **vérité** est alors qualifiée de **formelle** : elle ne s'intéresse qu'à la forme du discours, à sa cohérence interne.

B Mais le discours peut avoir aussi un contenu

▶ Lorsque le langage évoque les choses du monde, il faut garantir que les termes ou symboles utilisés soient adaptés à ce que je saisis du monde : on se préoccupe alors de la **vérité matérielle ou empirique.**

Aux exigences de forme s'ajoutent celles concernant le « contenu » du langage.

▶ C'est le cas dans toutes les sciences, étant admis depuis **Kant** que leur discours vise, non les choses en elles-mêmes, mais bien ce qui nous en apparaît (**les phénomènes**).

3 *Des vérités non scientifiques*

A La science ne répond pas à tout

▶ Si notre connaissance est déterminée par la structure de notre esprit (Kant), le domaine de la pensée reste ouvert au-delà. Cette pensée, dépassant l'expérience, doit élaborer la métaphysique, puisqu'elle n'est constituée que d'idées pures.

▶ Le scientisme – aujourd'hui récusé – affirmait que la science est le seul discours qui puisse nous fournir des vérités. On peut à l'inverse admettre qu'une place soit réservée pour **d'autres vérités : morales, religieuses ou métaphysiques**.

B Opinions et dignité de la pensée

▶ Pour être respectables, ces vérités non scientifiques **ne peuvent être de simples opinions**, injustifiables et susceptibles de refuser toute contradiction : il leur faut aussi une cohérence ou un accord avec des conduites.

▶ Lorsque Kant postule l'existence de Dieu, de l'immortalité de l'âme et de la liberté, c'est précisément pour confirmer la cohérence globale de la morale et du monde. Puisque aucune vérification empirique n'est possible en métaphysique, ces postulats y respectent les **exigences de la vérité formelle**.

CONCLURE

Qu'il s'agisse donc des vérités auxquelles la science nous donne accès ou de celles dont le domaine est extra-scientifique, c'est toujours vers des propositions valorisées positivement que l'esprit se dirige. La recherche des vérités concerne la dignité de la pensée, et c'est en ce sens qu'elle peut constituer un devoir.

La société et les échanges

175

L'échange humain a une dimension économique qui le rend complexe, et suscite des problèmes.

1 Les formes premières de l'échange

A Des formes qui ne sont pas qu'économiques

▶ L'« échange » désigne **tout mouvement correspondant à une intention de réciprocité** entre deux individus ou deux groupes. On peut donc échanger des paroles et des messages au même titre que des biens.

▶ En ethnologie, on évoque un « échange des femmes » : afin de respecter la prohibition de l'inceste, l'épouse provenant d'un groupe étranger est échangée contre une dot ; cette dot est ensuite rééchangée contre une épouse provenant d'un troisième groupe.

B Troc et profit

▶ Dans sa forme la plus simple, l'échange se présente sous la forme du troc (un bien contre un autre), qui suppose que les **deux biens soient estimés l'un par rapport à l'autre** (X mesures de sel contre Y mesures de grain).

▶ Le troc peut mettre en circulation des biens intermédiaires – troquer X contre Y, puis Y contre A –, ce qui permet une généralisation des échanges, une extension des personnes concernées et la **possibilité d'un profit**.

2 Monnaie et échange monétaire

A La monnaie, moyen d'échange universel

▶ L'échange peut concerner des marchandises qui, au lieu de satisfaire un besoin immédiat, sont stockées. Elles serviront d'intermédiaires lors d'un échange ultérieur. De tels biens ont tendance à perdre leur valeur initiale d'usage : ils ne sont considérés que pour leur valeur d'échange.

▶ Aristote est sans doute le premier à avoir ainsi distingué **valeur d'usage et valeur d'échange**. La valeur d'usage concerne les biens destinés à la consommation du producteur ; la valeur d'échange, les biens destinés à l'échange.

▶ Cet échange, pour se généraliser, suppose l'apparition d'un **bien à valeur universelle**, comparable à toutes les marchandises possibles. Cela facilite ainsi les calculs d'équivalence : c'est **la monnaie**.

B Division du travail et échange monétaire

▶ La mise en circulation par l'échange **favorise la division du travail**. Chaque producteur cherche à produire ce qu'il pourra échanger parce que nécessaire à tous, et non la totalité de ce dont il a besoin.
▶ Cela instaure une **dépendance réciproque entre les individus** qui confirme un droit de propriété privée. Tout possesseur d'un bien peut en transmettre l'usage ou le droit d'en disposer à un autre.
▶ Selon Marx, le développement de l'échange a favorisé la transformation de la marchandise en monnaie. L'échange monétaire prend **deux formes principales** : soit l'argent ne sert que d'intermédiaire pour un échange de marchandises (cycle marchandise-argent-marchandise), soit la marchandise intervient seulement comme moyen pour réaliser un profit (cycle argent-marchandise-argent).

3 *La consommation*

A La circulation de biens éphémères

La société moderne accélère le **rythme des échanges et de la consommation**, de sorte que tout produit (vêtement ou réfrigérateur) est fabriqué pour être rapidement remplacé.

B Pourquoi consommer ?

▶ Les objets apparaissent sur le marché dans des conditions telles que celles de leur fabrication sont aisément oubliées. **Seule compte leur valeur de signes.**
▶ Consommer, c'est ainsi **confirmer sa propre capacité à échanger** de l'argent disponible contre une quantité croissante d'objets.

CONCLURE

Adam Smith affirmait que l'obéissance au profit personnel élabore le bien collectif et assure l'harmonie sociale. Mais le profit qu'autorisent les échanges paraît peu compatible avec cette harmonie, tant à l'intérieur d'une société que dans les relations entre sociétés différentes.

La société et l'État

Nous sommes habitués à vivre dans un État. La formation de l'État résulte pourtant d'une histoire que nous oublions volontiers. Et rien ne prouve que cette histoire soit achevée.

1 De la société à l'État

A État et institutions

▶ L'État est l'**ensemble des institutions** qui organisent la vie d'une société, couvrant tous les domaines de la vie collective : politique, militaire, juridique, administratif, économique.

▶ Au sens large, toute organisation politique pourrait être nommée État, mais ce dernier **résulte d'une évolution historique.** La Cité grecque n'a pas encore les dimensions d'un État et les sociétés « primitives » ne le connaissent pas.

B La « chose publique »

▶ L'existence de l'État suppose que le pouvoir politique soit conçu comme une institution. Cet **État est indépendant** de celui ou de ceux qui exercent le pouvoir et il est durable.

▶ Il faut aussi que s'impose le principe de la « république » (*res publica*, « chose publique »). Puisque le pouvoir de l'État n'appartient pas à son détenteur momentané, c'est qu'il **« appartient » à tous ses membres.**

2 La légitimité de l'État

A L'État est une réalisation rationnelle, soucieuse du bien général

▶ L'État moderne est conçu, dès le XVIe siècle en Europe, comme **indépendant du pouvoir religieux.**

▶ Pour les théoriciens du contrat social (Locke, Hobbes, Rousseau), son autorité vient d'un **accord conventionnel entre les citoyens.** En renonçant à leur indépendance initiale, les hommes choisissent la paix civile, la sécurité et la liberté définies par les lois.

▶ L'« État de droit » prolonge ces conceptions : l'État est une **réalisation rationnelle, soucieuse du bien général.** Pour Hegel, il est « le rationnel en soi et pour soi », parce que la liberté y trouve sa valeur suprême. Le « plus haut devoir » de l'individu est d'en être membre.

B État cosmopolite et paix universelle

▶ L'État suppose que chacun dépasse ses intérêts personnels, nécessairement divergents, pour se préoccuper d'un **intérêt général** qui constitue au moins une esquisse d'universalité.

▶ L'histoire serait donc orientée, affirme Kant, vers la constitution d'un **État cosmopolite assurant la paix universelle**.

▶ De cette **unification finale de l'humanité**, des organismes comme la Société des Nations, l'ONU ou les tribunaux internationaux ne sont que des manifestations imparfaites.

3 *Contestations de l'État*

A Justification des contraintes

▶ En fondant des droits, l'État impose des devoirs, que le citoyen n'accepte pas toujours volontiers (personne n'aime payer ses impôts). Le « bon » État est alors celui qui parvient à **équilibrer avantages et contraintes**, et fait comprendre que les secondes sont l'envers des premiers.

▶ Le caractère rationnel de l'État affirme que la **contrainte de la loi**, pourvu qu'elle formule ce que Rousseau nomme la « volonté générale », est librement acceptée par un citoyen de plus en plus moral.

B Des sociétés sans État ?

▶ Pour Marx, l'idée même d'universalité reflète l'idéologie bourgeoise. L'État ne **représente** donc que **les intérêts de la classe dominante**, et non l'intérêt de tous. Celui-ci n'émergera qu'au terme de processus révolutionnaires supprimant les classes sociales et entamant un dépérissement de l'État. L'État « socialiste » serait ainsi le dernier, assurant la transition vers un « homme communiste » entièrement nouveau.

▶ Pour les anarchistes (de Stirner à Bakounine ou Proudhon), l'État représente une **structure qui opprime la liberté créatrice des individus**. Il n'est pas question de le transformer en espérant son extinction finale. Il faut lui substituer des associations plus modestes, susceptibles de se fédérer, mais sans jamais atteindre les dimensions et le pouvoir d'un « monstre froid ».

CONCLURE

La « froideur » de l'État et de ses représentants devrait garantir sa neutralité. Celle-ci est cependant mal assurée : c'est aux citoyens de faire en sorte qu'elle soit mieux établie.

La justice et le droit

C'est parce que la vie collective rencontre des difficultés, dans l'articulation des intérêts individuels, que le droit et la justice sont nécessaires et doivent être élaborés.

1 *Droit et société*

A Le droit résout les problèmes de la vie en société

▶ Le droit désigne ce qui est **conforme à une règle** (on a « le droit de faire » ceci ou cela), c'est-à-dire ce qui, généralement, est permis.

▶ L'existence d'un cadre juridique relatif à l'organisation sociale permet ainsi à un sujet **d'exercer et de préserver sa liberté.**

B Droit naturel et droit positif

▶ L'expression **« droit naturel »** apparaît, aux XVIIe et XVIIIe siècles, pour contester la théorie selon laquelle le droit aurait pour origine l'autorité de Dieu. Elle a ainsi une valeur d'abord polémique et affirme que le droit ne renvoie pas à une transcendance.

▶ Le **droit positif**, de son côté, résulte des lois écrites formulées par une société. On peut alors reconnaître sa variabilité, pourvu que son efficacité soit garantie par des sanctions socialement organisées.

2 *Droit et force*

A Peut-on fonder le droit sur la force ?

▶ Le monde humain est traversé de **conflits qui se règlent par la force.** Mais on affirme que la sphère du droit ne peut se confondre avec celle des simples faits. La transformation d'un rapport de forces initial en droit est-elle dès lors concevable ?

▶ Rousseau montre que l'expression « droit du plus fort » n'a aucun sens et que **la force ne fait pas droit.** Risquant toujours d'être supplantée par une force supérieure (aucune stabilité sociale garantie), la force ne conserve le pouvoir qu'en s'exerçant en tant que telle. Pourquoi aurait-elle besoin de devenir du droit ?

▶ La force renvoie à la nature, le droit appartient au contraire à l'ordre culturel : il y a, entre les deux, **discontinuité.**

B Le droit définit l'usage légitime de la force

▶ Dans une société bien organisée, le recours à la force est lui-même soumis au droit. Ce dernier définit les conditions de son exercice légitime. On constate ainsi que la **force est alors au service du droit**, et non le contraire.

▶ Car l'idée même du droit et de ses lois n'implique pas que tous les membres de la communauté les respectent automatiquement : tout acte « hors la loi » conteste le droit. C'est **dans le cadre des sanctions** à appliquer pour défendre la loi que la force peut être utilisée.

3 Des droits universels ?

A La justice instituée est variable

▶ Tout système juridique est relatif à une société. Il est donc permis de déplorer la **relativité de la justice institutionnelle**.

▶ La justice ne pourrait-elle donc se concevoir comme un **principe universel** ?

CITATION
« Plaisante justice qu'une rivière borne ! Vérité en deçà des Pyrénées, erreur au-delà. »
Pascal (1623-1662)

B Peut-on universaliser les « droits de l'homme » ?

▶ On affirme pourtant des « droits de l'homme et du citoyen », signalant la **coïncidence « en droit »** de tout « homme » et de tout « citoyen ».

▶ Cette coïncidence est **loin d'être universelle**. De tels droits ne peuvent donc être affirmés que dans des communautés qui la réalisent. Ils concernent cependant tout être humain – y compris celui d'une communauté encore incapable de penser l'universalité de l'humain ou la citoyenneté.

CONCLURE

Bien que résultant d'une histoire particulière, notre droit positif peut concerner tout être humain : l'appartenance de celui-ci à l'humanité lui confère au minimum les droits que demande l'affirmation de sa dignité.

La liberté

178

Le concept de « liberté » concerne aussi bien l'individu que la société. Mais l'articulation entre ses différentes versions n'est pas toujours simple.

1 *Un concept difficile à définir*

A Être libre, est-ce faire ce que l'on veut ?

L'expérience d'un comportement libre enseigne qu'il n'est **soumis à aucun empêchement** : être libre, c'est faire ce que l'on veut… Dès l'Antiquité, le terme désigne le statut du citoyen ou du maître, par opposition à l'esclave.

B La liberté résulte d'une histoire

▶ Cette liberté reconnue au citoyen reste, comme le souligne Hegel, un **privilège** : ce n'est pas encore l'homme en général qui est conçu comme libre.

▶ Pour reconnaître que tout homme est libre, il faudra que le christianisme confirme les affirmations des stoïciens, en faisant de la liberté un **principe spirituel**.

▶ De cette liberté intérieure à la liberté concrète, dans le réel, le chemin parcouru est pour Hegel le « long processus qui constitue l'histoire elle-même ».

2 *De la liberté intérieure à la liberté en situation*

A Indifférence, choix et obéissance à la loi

▶ Descartes conçoit la liberté comme le **pouvoir de choisir entre deux partis** (« liberté d'indifférence ») sans subir aucune contrainte extérieure ; mais la connaissance du bien aide à choisir.

▶ Kant postule l'existence de la liberté dans l'homme, parce que notre raison est non conditionnée lorsqu'elle effectue un choix moral. Il réoriente la conception politique de Rousseau. Dans les deux cas, la vie en commun nécessite de **penser la relation entre la liberté et la loi.**

CITATION « La véritable liberté est l'obéissance à la loi qu'on s'est prescrite. » Rousseau (1712-1778)

PHILOSOPHIE

B Responsabilité et action dans l'histoire

▶ L'existentialisme sartrien néglige d'abord la présence du social : **la liberté de chacun est absolue**. Mais tout choix individuel engage une conception possible de l'humanité en général : la responsabilité devient écrasante.

▶ La multiplicité des choix individuels mène nécessairement à des conflits. Lorsque Sartre éprouve le besoin d'orienter globalement les actions dans l'histoire, il ne trouve d'autre solution qu'un rapprochement avec le marxisme. La liberté initiale de chacun se fond alors dans la **conquête de la liberté par une classe sociale**.

3 *Liberté et politique*

A La liberté se réalise à travers les droits

▶ Aujourd'hui, être libre, politiquement et socialement, signifie **bénéficier d'un certain nombre de droits** (liberté d'expression et d'opinion, sécurité des biens) garantis par la loi.

▶ Cette loi doit correspondre à l'**expression de la « volonté générale »** – ce qui entraîne de nouvelles difficultés. La persistance, dans les États, d'inégalités oblige à se demander si, par exemple, le droit de vote – aspect positif de la liberté – va nécessairement de pair avec d'autres dimensions, économiques ou sociales, de la liberté.

B Liberté ou inachevable libération ?

▶ Marx reproche à Hegel de s'illusionner sur la réalisation de la liberté qu'aurait constituée la Révolution française. Elle n'est aux yeux de Marx rien de plus que la **libération d'une classe sociale, au détriment de la suivante**.

▶ Dans cette optique, la liberté serait plutôt à penser sous l'aspect d'une **libération progressive**, dont l'achèvement serait, si l'on néglige les prévisions de Marx, interminable.

CONCLURE

Relativement à la réalité politique, les libertés acquises sont toujours à défendre, tandis que d'autres sont à revendiquer. Toute la difficulté est d'admettre que, si l'État garantit aux citoyens l'absence de contraintes arbitraires, on ne peut guère lui demander davantage.

Le devoir

Si tout était imposé à l'individu, il n'aurait rien « à faire » : pas d'obligation ni de devoir à observer. Déceler les devoirs de l'être humain, c'est confirmer sa possibilité d'être moral en même temps que la responsabilité de sa conduite.

1 Devoir et obligation

A Le devoir implique un choix volontaire

▶ Tout devoir (même scolaire) désigne ce qui est « à faire » et s'oppose à ce qui est déjà donné ou acquis. Faire son devoir **implique une décision**, un choix volontaire (on peut aussi choisir de ne pas le faire).
▶ Obéir au devoir à faire, c'est **ressentir une obligation**, qui ne relève pas d'une nécessité naturelle.

B Le devoir véritable ne peut être déterminé par l'intérêt

▶ Certaines obligations ne constituent pas encore d'authentiques devoirs : je suis sans doute obligé d'obéir à un supérieur hiérarchique, mais c'est mon intérêt qui m'y oblige (je tiens à mon emploi).
▶ Le **devoir moral** doit être **indépendant de l'intérêt immédiat**, comme des circonstances extérieures. Sinon, il ne dépendrait pas d'un choix et je serais soumis, comme n'importe quel phénomène, au déterminisme.

2 Devoir et moralité

A La conscience du devoir révèle sa nature

▶ Avant Kant, les moralistes se sont préoccupés des fins de la vie morale. Pour les eudémonistes, il s'agit du bonheur (Aristote : « L'homme vit pour être heureux »). Pour les hédonistes, il convient de privilégier le plaisir : c'est en privilégiant le plaisir que l'on vit comme il convient, c'est-à-dire avec sagesse (c'est ce qu'affirment les épicuriens).
▶ Selon Kant, le bonheur est un but trop élevé, mais le plaisir vise trop bas. Il est plus simple de **repérer ce qui nous fait agir** moralement **dans la conscience du devoir**, puisque les formules dans lesquelles s'énonce la moralité consistent en interdictions (il ne faut pas) ou en ordres (il faut).

B Maximes et lois

▶ Ces formules peuvent prendre l'aspect de maximes ou de lois. Les **maximes** sont « subjectives » et proposent une version du devoir valable pour un sujet. Les **lois** sont au contraire « objectives » et valables pour tout être raisonnable. Mais elles peuvent sembler lointaines à un sujet qui a une raison, mais aussi des penchants.

▶ C'est à ces penchants que s'adressent les maximes. Mais il reste à séparer les bonnes des mauvaises : **sont bonnes les maximes universalisables**, celles qui ont bien force de loi.

3 *Les deux impératifs*

A Pureté de l'impératif catégorique

▶ La formule authentique du devoir se trouve pour Kant dans l'impératif catégorique – distinct de l'impératif hypothétique.

▶ Cet impératif catégorique **ne considère pas la fin à poursuivre**. Il vaut donc, non par ce qu'il ordonne, mais par sa seule forme, qui est celle de l'universalité, donc de la loi.

▶ **Formule kantienne du devoir** : « Agis uniquement d'après la maxime qui fait que tu peux vouloir en même temps qu'elle devienne une loi universelle. »

B Qu'est-ce que le « fanatisme des fins » ?

▶ De son côté, l'impératif hypothétique énonce une condition à la conduite (si tu veux avoir bonne réputation, sois honnête), et la subordonne à un but qui serait bon en lui-même.

▶ On risque alors d'aboutir au « fanatisme des fins » : **une fin, jugée bonne, déterminerait des moyens discutables.**

C Vie quotidienne et impératif catégorique

▶ S'il est en apparence facile de savoir en quoi consiste le devoir, les **conditions de la vie quotidienne** rendent parfois difficile de lui obéir.

▶ La loi morale m'interdit de tuer mon prochain. M'interdit-elle aussi de prendre les armes pour défendre ma patrie agressée ? La violence semble, dans certains cas (comme la légitime défense), pouvoir se justifier – même si elle n'est jamais totalement rationnelle.

CONCLURE

Les devoirs que m'impose ma société peuvent ne pas être compatibles avec la moralité pure : résoudre ces conflits implique de choisir entre différents systèmes de valeurs.

Le bonheur

180

Si l'on en croit Pascal, « Tous les hommes recherchent d'être heureux ». Mais comment s'entendre sur ce qui rend heureux ? et comment garantir que l'on puisse s'en rendre maître ?

1 La quête du bonheur

A Le bonheur dépend-il de la chance ?

▶ Le bonheur désigne **ce qui échoit à un sujet**, mais par hasard, en fonction d'une « chance ». L'individu le recevrait alors passivement.

▶ Si cette chance est « bonne », nous accorde-t-elle un « bien » (y compris moral) ou plus simplement **quelque chose de momentanément agréable** ? Par ailleurs, si le bonheur nous est accordé par des circonstances heureuses, comment s'en rendre maître ?

B La conscience d'être heureux

Le bonheur ne peut concerner qu'un être conscient et capable, d'une part, de concevoir ce qui pourrait le rendre heureux, et de l'autre, d'apprécier sa situation. Il n'y a de bonheur qu'avec une **réflexion sur l'accord possible entre l'être et le monde.**

2 Bonheur et moralité

A La vertu favorise-t-elle le bonheur ?

▶ La philosophie antique affirme une **relation entre vie heureuse et exigence morale** : rechercher le bonheur, c'est viser le souverain Bien. Ce bonheur résulte de décisions humaines, il ne dépend plus seulement du hasard. Il est la conséquence de la pratique de la vertu. Le sage, l'homme vertueux, est justement récompensé de ses efforts.

▶ **La vertu** peut être **diversement conçue.** Selon les épicuriens, elle suppose une sélection des désirs à combler pour gagner l'ataraxie (absence de trouble). Elle est selon les stoïciens acquiescement à l'ordre et à la rationalité globale du monde. Mais dans tous les cas, elle **autorise ou favorise l'accès au bonheur de qui la pratique.**

B Le bonheur dans l'au-delà ?

▶ Kant considère, au contraire, que **le bonheur ne peut constituer un but** pour l'existence morale. Cette dernière doit être réglée par l'idée de loi qui émane de l'autonomie de la volonté. De plus, le bonheur accessible au cours de la vie terrestre lui paraît manquer de plénitude.

▶ Prendre le bonheur au sérieux, c'est le penser comme devant être illimité. Aussi **ne peut-il concerner que la vie posthume de l'âme.**

3 *Bonheur et société*

A Bonheur et progrès

▶ Le rigorisme kantien rejoint ainsi la tradition chrétienne : le bonheur n'est pas de ce monde.

▶ C'est **au XVIIIe siècle** que l'éventualité du bonheur commence à être pensée en relation avec les conditions de la vie sociale. L'addition des progrès ne permettrait-elle pas de garantir **une vie de plus en plus heureuse** pour une population de plus en plus nombreuse ?

B La fuite en avant par la consommation

▶ Rousseau réagit contre cet espoir de bonheur généralisé, en dénonçant l'**aliénation de l'être dans l'extériorité** et dans un paraître trompeur.

▶ Les analyses ultérieures de la société de consommation considèrent de même que les « petits bonheurs » qu'elle promet ont une **fonction idéologique.** L'acquisition interminable d'indices de distinction sociale n'aboutit qu'à une fuite en avant, masquant les inégalités dans l'accès aux marchandises.

C Toute société est répressive

La plénitude impliquée par le bonheur est-elle réalisable ? Selon Freud, toute culture s'élabore sur un refoulement des pulsions, les désirs les plus profonds sont condamnés à **ne jamais trouver leur satisfaction.**

CITATION

« Le bonheur n'est pas une valeur culturelle. »

Freud (1856-1939)

CONCLURE

Si l'on admet que toute civilisation est nécessairement répressive, le bonheur n'est rien de plus qu'une utopie. Celle-ci est peut-être nécessaire au déploiement de notre activité, mais la lucidité nous oblige à la situer comme un but impossible à atteindre.

Achevé d'imprimer par Loire Offset Titoulet à Saint-Etienne -France

Dépôt légal : 99677-1/01 - janvier 2016